Wolfgang König

Kleine Geschichte der Konsumgesellschaft

Konsum als Lebensform der Moderne

Franz Steiner Verlag 2008

Bibliografische Information der Deutschen Nationalbibliothek
Die Deutsche Nationalbibliothek verzeichnet diese Publikation in der Deutschen Nationalbibliografie; detaillierte bibliografische Daten sind im Internet über <http://dnb.d-nb.de> abrufbar.
ISBN 978-3-515-09103-9

Einbandgestaltung: deblik, Berlin
Gedruckt auf säurefreiem, alterungsbeständigem Papier.
Druck: AZ Druck und Datentechnik, Kempten
Printed in Germany

Inhaltsverzeichnis

Vorwort

Die »Kleine Geschichte der Konsumgesellschaft« beleuchtet die historischen Hintergründe und sozialen Zusammenhänge unserer heutigen Konsumgesellschaft, welche die zentrale Lebensform der Moderne darstellt. Wie bei allen grundlegenden strukturgeschichtlichen Erscheinungen reichen ihre Anfänge Jahrhunderte zurück. Hier werden die Wurzeln unseres »westlich« geprägten Konsumverhaltens zumindest seit Beginn der Industrialisierung verfolgt. Das Buch geht der Frage nach, wie es zu dieser konsumtiven Lebensweise überhaupt gekommen ist. Mittlerweile ist Konsumgeschichte eines der dynamischsten Forschungsfelder der internationalen Geschichtswissenschaft. Die »Kleine Geschichte der Konsumgesellschaft« fasst die Ergebnisse dieser historischen Konsumforschung zusammen. In den mittleren Hauptkapiteln des Buches wird deutlich, unter welchen Bedingungen der Massenkonsum überhaupt erst möglich wurde und wie die Konsumgüter den Alltag der Menschen verändert haben.

Thema ist die Konsumgesellschaft, nicht der Konsum. Konsum als Gebrauch von Dingen hat es zu allen historischen Zeiten gegeben. Die Konsumgesellschaft dagegen ist ein Phänomen des 20. Jahrhunderts. Sie zeichnet sich dadurch aus, dass die Mehrheit der

Bevölkerung an neuen Konsumformen teilhat und der Konsum herausragende kulturelle, soziale und ökonomische Bedeutung besitzt. In der Konsumgesellschaft wird der Konsument zur soziokulturellen Leitfigur; Konsumhandlungen sind für zentrale ökonomische Größen wie Wachstum und Beschäftigung mit verantwortlich; Konsum dient der individuellen und sozialen Selbstentfaltung und Selbstdarstellung.

Die Konsumgesellschaft entstand zuerst in den USA. Von den USA aus verbreitete sie sich in andere Länder und beeinflusste schließlich die ganze Welt. Dort wurden die nordamerikanischen Konsumformen nur teilweise übernommen, häufig umgestaltet oder auch mit eigenen Traditionen verbunden. Als Ergebnis entstanden nationale Konsumkulturen als Mischformen. Länder wie China demonstrieren, dass diese Entwicklung auch heute noch nicht abgeschlossen ist. Die »Kleine Geschichte« konzentriert sich aber auf die Herausbildung und die Entfaltung der Konsumgesellschaft in der Zwischenkriegszeit in den Vereinigten Staaten und in der Nachkriegszeit in der Bundesrepublik Deutschland – und zwar in durchgängig vergleichender Perspektive.

Im Zentrum des Buches stehen die Konsumenten, ihr Handeln und die jeweiligen Kontexte, in welche der Konsum eingebettet ist. Massenproduktion und Massendistribution sowie die Entwicklung der Einkommen und der Freizeit werden als notwendige – aber nicht hinreichende – Voraussetzungen der Konsumgesellschaft interpretiert.

Der Hauptteil des Buches ist nach den Konsumfeldern gegliedert: Ernährung, Bekleidung, Wohnen, Sexualität, Mobilität und Massentourismus sowie Unterhaltung und Vergnügen. Dies ist eine in der Konsumforschung gut eingeführte Systematik, die es erlaubt, parallele Entwicklungen zu unterschiedlichen Zeitpunkten und an verschiedenen Orten herauszuarbeiten.

Unter dem Begriff »Konsumverstärker« werden Instrumente behandelt, die den Konsum fördern: Moden, Werbung, Verpackungen und Gebrauchshilfen, Substitute, Surrogate und Imitate sowie Wegwerfprodukte. »Individualisierung« und »Globalisierung« kennzeichnen zentrale mit der Expansion des Konsumismus in Zusammenhang stehende Tendenzen. Am Ende des Buches geht es um die

Grenzen der Konsumgesellschaft. Der globale Klimawandel hat in verschärfter Form die Frage aufgeworfen, ob unsere Art zu konsumieren Zukunft haben kann oder ob wir unsere Lebensweise ändern müssen. Ich bin davon überzeugt, dass die Konsumgesellschaft sich einem tiefgreifenden Wandel unterziehen muss, wenn sie sich als Lebensform der Wohlhabenden halten oder gar zur globalen Lebensweise aller werden soll. Wahrscheinlich wird die damit angesprochene Herausforderung die Zukunft der Menschheit wesentlich bestimmen.

Konsum und Konsumgesellschaft

»Konsum« kommt vom lateinischen »consumere« und steht für nutzen, verwenden, verbrauchen, verzehren, verprassen. Diese Wortbedeutung ist bis zur Gegenwart dominant. Konsum in unserer Gesellschaft meint die Verwendung, Nutzung und den Gebrauch von Gütern und Dienstleistungen. Gleichzeitig ist »Konsumtion« ein komplementärer Gegenbegriff zu »Produktion«. Die beiden Begriffe bedingen sich wechselseitig: ohne Produktion keine Konsumtion und ohne Konsumtion keine Produktion. Man kann nur etwas konsumieren, das die Produktion geschaffen hat. Und es wäre sinnlos, etwas zu produzieren, das anschließend keine Verwendung fände.

Das Wechselverhältnis von Produktion und Konsumtion

Produktion und Konsumtion stehen also in einem engen Wechselverhältnis. Die Konsumtion bildet das Ziel der Produktion. Der Produzent hat von vornherein die Verwendung seiner Erzeugnisse und Angebote im Blick. Er lässt sich von Erfahrungen leiten, die er oder andere in der Konsumsphäre mit Produkten und Dienstleistungen gemacht haben. Im Hinblick auf den Gebrauch stattet der Produzent seine Produkte mit Eigenschaften aus, welche deren Verwendung bis zu einem gewissen Grad determinieren. Allerdings halten sich die Konsumenten nicht immer an dieses den Produkten mitgegebene Programm und gebrauchen sie stattdessen auf eigensinnige Weise. Diese eigensinnigen Verwendungsweisen wirken wieder auf die Produkte zurück; die Produzenten passen sie der Konsumtion an.

Unabhängig von dem engen Wechselverhältnis von Produktion und Konsumtion ist es manchmal schwer, konkrete Berufe und Aufgaben eindeutig als Produktion oder Konsumtion zu bestimmen. Tatsächlich handelt es sich – in theoretischer Betrachtung – um relative Begriffe: Produktion ist gleichzeitig Konsumtion und Konsumtion gleichzeitig Produktion. Ein Beispiel: Wenn der Heimwerker sich mit Hilfe einer Stichsäge und eines Handbohrers ein Garderobenbrett bastelt, konsumiert er sozusagen die beiden Heim-Werkzeuge und produziert gleichzeitig die Garderobe. Es kommt also immer auf die Perspektive an.

Für eine Geschichte der Konsumgesellschaft sind theoretische Spitzfindigkeiten über die Zugehörigkeit der Phänomene zur Produktions- oder zur Konsumtionssphäre interessant, aber von geringer praktischer Bedeutung. Die Konsumgüter und Dienstleistungen, denen hier das Interesse gilt, werden in Wirtschaftsunternehmen produziert und in privaten Lebenszusammenhängen konsumiert. Produktions- und Konsumtionssphäre sind räumlich voneinander getrennt, wenn auch funktional aufeinander bezogen. Im Selbstverständnis der meisten Menschen handelt es sich bei Arbeit und Freizeit sowie bei Produktion und Konsum um verschiedene Sphären.

Konsum als menschheitsgeschichtliches Phänomen

In einem mehr anthropologischen Verständnis ist Konsum so alt wie der Werkzeuge gebrauchende Mensch. Mit Hilfe von Werkzeugen stellten die frühen Menschen Erzeugnisse her, die sie dann selbst konsumierten. Im Laufe der Geschichte nahmen Arbeitsteilung und Spezialisierung zu und traten Produktion und Konsumtion auseinander. Die Marktversorgung löste die Selbstversorgung ab. Vor diesem Hintergrund betrachten manche Historiker Geldwirtschaft, Kommerzialisierung, Kommodifizierung und Werbung nicht nur als Voraussetzungen, sondern als zentrale Elemente des Konsums.

In ihren Darstellungen nehmen der Handel und der Einkauf einen größeren Raum ein als der Verbrauch. Damit schließen sie sich an ökonomische Betrachtungsweisen an. Für diese ist der Konsum jenseits des Kaufakts weniger interessant, weil dann monetäre Größen keine Bedeutung mehr besitzen.

Im Gegensatz zu dieser aus der Ökonomie kommenden und von manchen historischen Autoren aufgegriffenen Interpretation des Konsums stehen in diesem Buch der Verbrauch im ursprünglichen Sinne und damit die Konsumenten im Mittelpunkt. Produktion und Distribution werden als wichtige Voraussetzungen und Rahmenbedingungen des Konsums behandelt; der Kaufakt markiert gewissermaßen die Nahtstelle zwischen dem Konsum und der Distribution.

Warum konsumiert der Mensch? Die Frage hat in den einzelnen Wissenschaften, so in der Anthropologie, der Kulturwissenschaft, der Ökonomie und der Psychologie, sehr unterschiedliche Antworten gefunden. Diese widersprechen sich jedoch nicht unbedingt, sondern bedingen sich sogar teilweise. Die disziplinären Differenzen sind nicht verwunderlich, geht es doch um das Problem einer fundamentalen Interpretation des Menschen und seiner Geschichte. Außerdem können sich die Antworten der Wissenschaften auf die Menschen in ihrer Gesamtheit, auf einzelne Gruppen oder auf Individuen beziehen.

Für Anthropologen wurzelt der Konsum letztlich in der Erweiterungsfähigkeit und dem Erweiterungsstreben des Menschen, der Neues aufnimmt und schafft und dadurch seine Lebenswelt erweitert. Für Kulturwissenschaftler ist Konsum das Ergebnis von Akkulturationsprozessen. Die jeweilige kulturelle Umgebung bestimmt die Ausprägung des Konsums, und der Konsum wirkt an der Schaffung neuer Formen der Kultur mit. Konsum kann demnach zwar globale Charakteristika entwickeln, zeichnet sich aber vor allem durch eine nationale, regionale und lokale Formenvielfalt aus.

Die Herausbildung der Kulturbedürfnisse

Manche Konsumtheoretiker greifen für die Ursprünge und Ursachen des Konsums auf die Bedürfnisse des Menschen zurück. Bedürfnisse beziehen sie auf Materielles, Soziales und Geistiges. Bedürfnisse stehen für das, was die Menschen jeweils, abhängig vom soziokulturellen Entwicklungsstand, als notwendig für ihre Lebenserhaltung und Lebensentfaltung betrachten. In der Menschheitsgeschichte ging es dabei lange Zeit vor allem um die Subsistenz, um die Sicherung der Grundbedürfnisse Ernährung, Bekleidung, Wohnung, Fortpflanzung und Sexualität. Diese Grundbedürfnisse existieren natürlich auch heute noch. Doch haben sie in den Wohlstands-, Überfluss- und Konsumgesellschaften ihren Charakter als anthropologisches Apriori verloren und treten vorwiegend als Kulturbedürfnisse in Erscheinung. Es geht nicht mehr um Ernährung, Bekleidung und Wohnung an sich, sondern um Entfaltung und Ausdruck der eigenen Persönlichkeit und um die Integration in gesellschaftliche Gruppierungen. Die Art und Weise des Speisens, Kleidens und Wohnens drückt gewissermaßen individuelle und soziale Identitäten aus.

Das Spektrum der Kulturbedürfnisse ist so reich wie das menschliche Leben selbst. Man hat es zu beschreiben und zu gliedern versucht in Bedürfnissystemen und Bedürfniskatalogen, welche bis zu Hundert Nennungen umfassen. Häufig genannt werden dabei: das Bedürfnis nach neuen Erfahrungen und Abwechslung, das seinen Ausdruck unter anderem im Streben nach räumlicher Mobilität findet, das Bedürfnis des »homo ludens« nach Spiel, Sport, Leistung, das Bedürfnis nach Sozialkontakten und sozialer Anerkennung.

Bei den Bedürfnissen handelt es sich um ein dynamisches, sich historisch wandelndes, gesellschaftlich-kulturelles System. Veränderungen im System der Bedürfnisse spielen sich nicht plötzlich ab, sondern in längeren Zeiträumen. Dabei verschwinden nicht einzelne Bedürfnisse, und andere entstehen neu, sondern es kommt zu Umgewichtungen und Aktualisierungen. Die Befriedigung elementarer Bedürfnisse aktiviert weitergehende Wünsche. Manche Bedürfnisse treten in den Hintergrund, andere in den Vordergrund.

Konservative und marxistische Konsumkritik

Auf der bislang gewählten Reflexionsebene ging es um allgemeine anthropologische und kulturgeschichtliche Ursachen des Konsums. Auf einer weiteren Konkretisierungsebene lässt sich nach den historischen, kausalen und funktionalen Zusammenhängen zwischen der Produktion und der Konsumtion fragen. Über lange Zeit wurde dabei in ganz unterschiedlichen Weltanschauungen und Forschungstraditionen eine Dominanz der Produktion über die Konsumtion behauptet. So stellte der Marxismus die Art und Weise der Produktion als entscheidende Triebkraft der Geschichte heraus. Der Liberalismus ging davon aus, dass sich jedwede Produktion einen Markt schaffe.

Auf diesen theoretischen Grundlagen aufbauend, interpretierten rechte wie linke Kritiker Konsum als Ausfluss des Produktionssystems. Indem die Produzenten die Konsumenten manipulierten, schafften sie Absatz für ihre Waren. Bedarfsdeckung werde abgelöst durch Bedarfsweckung. Mit Hilfe von Marketing, Werbung, attraktiver Verpackung und anderen Kaufanreizen werde ein »Konsumzwang«, ja ein »Konsumterror« ausgeübt.

In der sich nach dem Zweiten Weltkrieg in der Bundesrepublik entwickelnden Reflexion über die Konsumgesellschaft dominierten zunächst konservative Stimmen. Arnold Gehlen sah in seiner »Seele im technischen Zeitalter« (1949) die Herausbildung des Konsumenten als Begleiterscheinung der durch Industrie, Technik und Naturwissenschaften gebildeten gesellschaftlichen Superstrukturen und interpretierte diesen Prozess als »Konsumdiktatur« und »Konsumquietismus«. Hans Freyer charakterisierte in seiner »Schwelle der Zeiten« (1965) das moderne Industriesystem dadurch, dass es »die Bedürfnisse für die Produkte, die es produziert, laufend mit(produziert). … Im Schlaraffenland fliegen die gebratenen Tauben den Leuten in den Mund, wenn sie diesen nur aufmachen. Eben darauf verlässt sich die Konsumkultur nicht. Sie schießt die Tauben gezielt in die Münder und tut überdies alles dazu, dass diese weit aufgemacht werden.«

Auf der linken Seite des politischen Spektrums beschrieb Herbert Marcuse in »Der eindimensionale Mensch« (1964/1970) die fortgeschrittene Industrie-, Wohlfahrts- und Konsumgesellschaft als totalen, mit dem Mittel der Manipulation arbeitenden Repressionsapparat der Herrschenden. In »Technik und Wissenschaft als Ideologie« (1968) behauptete Jürgen Habermas eine Herrschaft von Industrie, Produktion und Arbeit über Alltag, Konsumtion und Kommunikation. In solchen neomarxistischen Traditionen entstand im Kontext der Studentenbewegung ein ganzer Schwarm konsumkritischer Literatur – die bis heute nachwirkt.

Seit den 1970er Jahren wurden empirische Einwände gegen die sozialphilosophischen Thesen einer Dominanz der Produktion und einer totalen Manipulation des Konsumenten vorgetragen. Die Kritiker der Konsumkritik wiesen darauf hin, dass die Produzenten allzu oft die Nachfrage am Markt falsch einschätzten. Alles in allem scheiterten mehr Produkte auf dem Markt, als dass sie reüssierten. Dies zeige die Macht der Käufer. Die Produzenten betrieben häufig einen großen Aufwand, um etwas über die Wünsche der Konsumenten zu erfahren und ihre Produkte danach auszurichten. Jedes Produkt gewähre den Konsumenten Freiheitsräume hinsichtlich der Art und Weise der Nutzung. So könne ein Fahrrad zum sportlichen Training, zur geselligen, beschaulichen Ausfahrt, als Transportmittel beim Einkauf, für die Fahrt zur Arbeitsstätte oder allem zusammen dienen. Manchmal nutzten die Konsumenten die Produkte entgegen der Intentionen und Empfehlungen der Produzenten. So versahen amerikanische Farmer die angetriebenen Räder ihres aufgebockten Ford mit einer Riementransmission und wandelten das Auto damit in eine stationäre Kraftmaschine um.

Die Konsumenten stellen also in solchen Perspektiven keine einfluss- und willenlosen Opfer des Produktionssystems dar. Sie agieren in der Konsumgesellschaft als »Ko-Produzenten« und »Ko-Konstrukteure«. Den meisten Einfluss dürften sie mit ihrem Kaufverhalten ausüben. Damit entscheiden sie letztlich über Erfolg und Misserfolg der Produkt- und Dienstleistungsangebote und über Wohl und Wehe der Unternehmen. Darüber hinaus gibt es Instanzen, »Mediatoren«, die zwischen den Produzenten und den Konsumenten zu vermitteln suchen. Hierzu lassen sich mehr auf der Seite der Produzenten Marketing, Werbung, Marktforschung rechnen, mehr auf der Seite der Konsumenten Verbraucherverbände, Warentests und staatliche Überwachungseinrichtungen.

Weder die Vorstellung von einer totalen Konsumentenfreiheit noch die einer totalen Verbrauchermanipulation wirkt sehr überzeugend. Gefragt sind stattdessen Vermittlungsmodelle, die Strukturen thematisieren, welche Produktion und Konsumtion überwölben, oder Wechselwirkungsmodelle, welche die Beziehungen zwischen Produktion und Konsumtion thematisieren. Solche Modelle können mehr ökonomistischer Art sein und Angebot und Nachfrage auf Märkten behandeln. Sie können sich als kulturalistische auf die Bedeutung von Welt- und Leitbildern und daraus abgeleiteten Mentalitäten für die Entwicklung des Konsums beziehen. Und sie können sich als soziologistische den Zusammenhängen zwischen dem Konsum und der Gesellschaftsordnung widmen. Alle diese Ansätze schließen sich nicht aus, sondern können in komplexen Konsumtheorien zusammengeführt werden.

Das Konsumverhalten aus wirtschaftspsychologischer Sicht

Die Frage nach den Ursachen des Konsums lässt sich – wie bislang geschehen – auf der Ebene der Menschheit oder der Gesellschaft diskutieren, aber auch auf der Ebene des Individuums. Güter und Dienstleistungen besitzen für den Einzelnen einen Gebrauchswert: Ein Getränk löscht den Durst; eine Mütze schützt vor Kälte; mit dem Auto lässt sich der Badesee erreichen. In der entwickelten Konsumgesellschaft sind solche Beschreibungen unzureichend und bedürfen der Erweiterung: Ich trinke nur Coca-Cola; die Mütze wähle ich in meiner Lieblingsfarbe; ich liebe das flotte Fahren im offenen Wagen. Der Gebrauchswert verschwindet nicht, aber er wird durch anderes überlagert. Die frühen, aus den Wirtschaftswissenschaften kommenden Konsumforscher unterschieden dies mit den Begriffen Grund- und Zusatznutzen.

Der ökonomische Zusatznutzen lässt sich psychologisch ausdifferenzieren. Die Wirtschaftspsychologie wies mit Begriffen wie Mitläufer-, Snob- und Vebleneffekte (nach dem Sozialökonomen Thorstein Veblen) darauf hin, dass Güter und Dienstleistungen auch dem Streben nach Prestige und Distinktion dienen. Solche prestigeträchtigen Angebote, mit denen sich die Konsumenten von anderen absetzen, erzielen höhere Preise. Dynamiken des Konsums und der Moden lassen sich auf diese Weise erklären. Mit neuen, zunächst noch teuren Produkten setzen sich diejenigen, die es sich leisten können, von den weniger Kaufkräftigen ab. Kaufkrafterhöhungen oder Preisreduzierungen erlauben den weniger Begüterten nachzuziehen, was die Reichen zum Ausweichen in neue Konsumformen zwingt. Konsum verbreitet sich also sozial – per Trickle-down – von oben nach unten. In der entwickelten Konsumgesellschaft ist dieser Mechanismus vielfach gestört. Konsumgüter wie der Videorecorder oder das Handy, aber auch Kleidungsmoden verbreiten sich nicht mehr von den Wohlhabenderen zu den weniger Besitzenden, sondern auf anderen sozialen Wegen.

Beim Konsum geht es nicht nur ums Prestige, sondern Waren werden mit Bedeutungen aufgeladen. Mit Hilfe von Konsumgütern wird die eigene Persönlichkeit dargestellt oder die Zugehörigkeit zu einer Gruppe dokumentiert. Sie dienen also der Selbstverwirklichung und Selbstinszenierung. Mit ihnen werden Werte und Haltungen ausgedrückt. Konsumgüter spielen eine wichtige Rolle bei der Ausdifferenzierung moderner Gesellschaften in Form verschiedener Lebensstile.

Manche Wirtschaftspsychologen schreiben Konsumgütern auch kompensatorische Funktionen zu. Persönliche Defizite könnten durch Konsumgüter kompensiert werden, z. B. mangelndes Selbstwertgefühl durch hochwertige Produkte, innere Leere durch Kaufhandlungen. Damit ließen sich aber die zugrunde liegenden Probleme nicht beheben, was in eine Vermehrung des Konsums münden könne. Konsum ist in solchen Interpretationen quasi eine pathologische Erscheinung. Es sei dahingestellt, ob dies verallgemeinert werden kann oder eben nur für die Beschreibung pathologischer Fälle taugt.

Konsum als gesellschaftsprägende Kraft

Bereits der Begriff des »Konsums« wird in den Wissenschaften verschieden gedeutet, bei dem Begriff »Konsumgesellschaft« herrscht erst recht Uneinigkeit – besonders in den Geschichtswissenschaften. Dies lässt sich schon daraus ersehen, dass die Anfänge der »Konsumgesellschaft« in ganz unterschiedlichen Zeiträumen zwischen Renaissance und Gegenwart angesiedelt werden. In der Tat lässt sich die Konsumgesellschaft leichter als Prozess beschreiben denn als abgegrenzte Epoche. »Konsumgesellschaft« bedeutet aber mehr als Konsum in einer Gesellschaft. Denn da es Konsum schon seit

Beginn der Menschheitsgeschichte gegeben hat, hätten wir schon immer in einer Konsumgesellschaft gelebt. Der Begriff verlöre jegliches Unterscheidungsvermögen.

»Konsumgesellschaft« impliziert, dass der Konsum in einer bestimmten Zeit eine wichtige, wenn nicht die wichtigste, gesellschaftsprägende Kraft darstellte. Woran lässt sich nun die Prägung einer Gesellschaft durch Konsum festmachen? Meine Kriterienvorschläge sind auf zwei Ebenen angesiedelt. Die erste ist eine mehr methodologische Ebene. Wenn der Konsum tatsächlich eine Gesellschaft umgestaltete, dann sollte dies markanten Niederschlag in den Diskursen der Zeitgenossen gefunden haben – bis hin zu Versuchen, die Veränderungen auf den Begriff – wie dem einer »Konsumgesellschaft« – zu bringen.

Weiter macht es Sinn, »Konsumgesellschaft« als Ablösung anderer Gesellschaftsformen zu verstehen und damit Anschluss an etablierte historische Periodisierungsbegriffe zu suchen. Wenn die Konsumgesellschaft etwas grundlegend Neues darstellt, dann muss sie an die Stelle anderer gesellschaftlicher Orientierungen getreten sein. »Produktionsgesellschaft« ließe sich als direkter Gegenbegriff zu »Konsumgesellschaft« zwar begründen, ist aber wenig gebräuchlich. »Konsumgesellschaft« steht vielmehr in enger Verbindung mit anderen hochgeneralisierten Gesellschaftsbegriffen wie »Dienstleistungsgesellschaft«, »Freizeitgesellschaft«, »Wohlstands-« und »Überflussgesellschaft«. Die Gegenbegriffe hierzu sind »Industriegesellschaft«, »Arbeitsgesellschaft« und »Mangelgesellschaft«. In überzeugender Weise lässt sich demnach »Konsumgesellschaft« nur für Zeiten verwenden, in denen die Industrieproduktion nicht mehr im Zentrum der Wirtschaft steht, die Arbeit nicht mehr den Mittelpunkt des Lebens bildet und der Mangel nicht mehr den Alltag und das Denken bestimmt.

Die zweite mehr empirische Ebene einer Bestimmung der »Konsumgesellschaft« greift auf Kriterien zurück, die aus unserem Gegenwartsverständnis abgeleitet sind: Nicht nur eine Minderheit, sondern die Mehrheit der Bevölkerung hat an neuen Konsumformen teil. Damit wird der Konsum zu einem Massenphänomen und gewinnt herausragende kulturelle, soziale und ökonomische Bedeutung. Der Konsument wird zu einer gesellschaftlichen Leitfigur; es sind überwiegend Konsumhandlungen, welche die ökonomischen Grundgrößen bestimmen. Im Vordergrund des Konsums steht nicht mehr die Deckung des Grundbedarfs, sondern der gehobenen Bedürfnisse. Konsum besitzt vor allem symbolische Qualität; er dient der individuellen und sozialen Selbstentfaltung und Selbstdarstellung.

Anfänge und Entfaltung der Konsumgesellschaft

In einzelnen historischen Werken wird die »Konsumgesellschaft« bis auf die Renaissance zurückgeführt. Größere Resonanzerzielten britische Historiker mit Interpretationen, die – mehr oder weniger parallel zur Industriellen Revolution – eine Konsumrevolution im 18. Jahrhundertfeststellten. Sie verweisen darauf, dass eine grundlegende Veränderung der Produktion mit einer entsprechenden Veränderung des Konsums einhergehen müsse. Im Zusammenhang mit der Verstädterung habe sich das Distributionssystem von der Selbst- zur Marktversorgung gewandelt. Ladengeschäfte und Hausierhandel blühten auf. Marketing und Werbung durch Anzeigen, Plakate und Geschäftskarten oder attraktive Schaufensterauslagen, Sonderangebote und das Rückgaberecht für Waren bei Nichtgefallen, förderten den Verkauf.

Die Konsumenten richteten sich mit ihren Kaufentscheidungen nach der Mode. Sie begannen dem Neuen grundsätzlich einen höheren Wert als dem Alten zuzumessen. Zu den traditionellen Grundnahrungsmitteln traten Genussmittel wie Kaffee, Kakao, mit Zucker gesüßter Tee, Tabak und Alkoholika. Bei der Kleidung fand ein Umstieg von der Wolle zur Baumwolle statt. Das leichtere Färben und Bedrucken erweiterte die Möglichkeiten modischer Variation. Überhaupt entwickelte sich Mode zu einem bis in die Unterschichten hinein genutzten Mittel sozialer Distinktion. Die Dienstboten und der Altkleiderhandel transferierten modische Strömungen von den Begüterten in die breite Bevölkerung. Kollektive Vergnügungen verbreiteten sich, wie Kneipenbesuch, Tanzveranstaltungen, Volksfeste und Jahrmärkte, sowie kommerzielle Sportarten, wie Kricket, Boxen, Pferderennen.

Eine andere Forschungsrichtung stellt den konstatierten Zusammenhang zwischen der Industriellen Revolution im England des 18. Jahrhunderts und der Entstehung der Konsumgesellschaft in Frage. Sie verweist darauf, dass auch die Revolutionierung des Produktionssystems lange Zeit in Anspruch nahm. Die Produktivitätsgewinne flossen nicht zuletzt in Verbesserungen der Infrastruktur und der gewerblichen Ausrüstung sowie in das Militär. Es dauerte seine Zeit, bis die Gewinne die Endverbraucher erreichten. Die wichtigsten Veränderungen des Konsumniveaus betrafen die Grundbedürfnisse und erfassten nur Minderheiten der Bevölkerung. Die breiten Massen verfügten weder über nennenswerte Einkommen noch über ausreichend Freizeit, um als Konsumenten im modernen Sinne in Erscheinung treten zu können.

Viele Autoren beschreiben das Entstehen der Konsumgesellschaft als Prozess, der sich in den fortgeschrittenen Industrieländern im Laufe des 19. oder des 20. Jahrhunderts durchsetzte. Sie argumentieren, dass die Industrialisierung außerhalb Englands später begann und etwa ein Jahrhundert brauchte, um die Wirtschaft umzugestalten. Zu den Wegbereitern der Konsumgesellschaft gehörten dabei – besonders in den USA – Großunternehmen, welche Massenproduktion und Massendistribution von Markenartikeln integrierten. In Kaufhäusern, Versandhandlungen, Ladenketten, Konsum- und Einkaufsgenossenschaften und durch Direktverkauf an der Haustür wurden die Waren vermarktet. Steigende Einkommen und vermehrte Freizeit erweiterten die Konsummöglichkeiten. Für teure Konsumgüter und Dienstleistungen wurde gespart oder man finanzierte sie mit Hilfe von Krediten.

Der erweiterte Konsum umfasste industriell hergestellte Lebensmittel und Konfektionskleidung. Mehr und mehr Wohnungen erreichten hygienische Mindeststandards und erhielten einen Anschluss an die Wasserversorgung und Abwasserentsorgung sowie an das Gas- und Elektrizitätsnetz. Unterhaltungsmedien wie das Kino verbreiteten sich auch in den unteren Klassen. Angehörige aller Schichten unternahmen Sonntagsausflüge, bei den Mittelschichten bürgerte sich allmählich die Urlaubsreise ein.

Andere Konsumhistoriker halten die Verortung der Konsumgesellschaft im 19. oder 20. Jahrhundert für zu unbestimmt. Sie argumentieren, dass nicht wenige der genannten Konsumformen nur

Minderheiten der Bevölkerung erfassten. Stattdessen bemühen sie sich um eine präzisere Bestimmung der Durchsetzung der Konsumgesellschaft in den einzelnen Ländern. Den Begriff »Konsumgesellschaft« wenden sie erstmals auf die USA der Zwischenkriegszeit oder genauer seit den 1930er Jahren an. Die in den USA seit etwa 1800 überproportional hohen Einkommen stiegen bis in die 1920er Jahre. Als in der Zwischenkriegszeit die Frauen vermehrt eine Erwerbsarbeit aufnahmen, steigerte sich die Kaufkraft der Familien noch weiter. Franklin D. Roosevelts New Deal-Politik richtete sich gegen die Massenarbeitslosigkeit nach der Weltwirtschaftskrise. Sie pumpte Riesensummen in die Infrastruktur, förderte aber auch unmittelbar den Konsum.

Seit der Jahrhundertwende staunten ausländische Besucher über den hohen Lebensstandard in den Vereinigten Staaten, die Güterausstattung der amerikanischen Haushalte und das breite Dienstleistungsangebot. In den 1930er Jahren lebten viele Familien in elektrisch beleuchteten, zentral beheizten und mit langlebigen Konsumgütern gut ausgerüsteten Einfamilienhäusern. In der Garage standen Automobile, mit denen sie Ausflüge unternahmen und die neuen Unterhaltungsstätten besuchten. Die Frauen kauften im Supermarkt industriell verarbeitete Lebensmittel. Die amerikanische Konsumgesellschaft konzentrierte sich zwar in der Stadt und in den sich ausbreitenden Vorstädten, nahm aber mehr und mehr auch vom ländlichen Raum Besitz.

Das Zentrum des »American Way of Life« bildeten die Familienhaushalte. Gut ausgestattete Wohnungen boten den Familienmitgliedern ein attraktives, behagliches Zuhause. Es waren vor allem die Frauen, die den Konsum steuerten und damit ihre Position in der Familie verbesserten. Die Kinder erhielten Taschengeld und wurden zu Konsumenten sozialisiert. Die Industrie bewarb die weiblichen, jugendlichen und kindlichen Käufer gezielt mit immer neuen Methoden.

Der das Leben durchdringende Konsumismus wurde zum Forschungsobjekt und zum Gegenstand öffentlicher Debatten. Konsum rückte mehr und mehr in das Zentrum des Selbstverständnisses der amerikanischen Bürger. Konsum verband die Klassen und Rassen, die Generationen und Geschlechter. Der amerikanische »Kunden-

Werbung für das amerikanische Konsumniveau am Ende des Zweiten Weltkriegs

bürger« beanspruchte ein Recht auf Konsum; Konsum stellte aber auch quasi eine staatsbürgerliche Pflicht dar, die Wirtschaft am Laufen zu halten. Nach dem Zweiten Weltkrieg diente der Konsum im Kalten Krieg gegenüber der Sowjetunion und den sozialistischen Ländern als Ausweis der Überlegenheit des amerikanischen und des westlichen Systems.

Im deutschen Kaiserreich entfalteten sich neue Formen des Verbrauchs vor allem im Bürgertum. In der Zwischenkriegszeit verhinderten die ökonomischen Krisen eine durchgreifende materielle und soziale Expansion des Konsums. Im Gegensatz zum amerikanischen New Deal dienten die nationalsozialistischen Investitionsmaßnahmen der Aufrüstung und der Autarkie. Günstige Bedingungen für die Entwicklung einer Konsumgesellschaft ergaben sich erst nach dem Krieg. Um 1960 erreichten die Bürger der Bundesrepublik Deutschland in etwa das amerikanische Konsumniveau von 1930. Die unterschiedlichen Konsummuster der sozialen Klassen und Milieus näherten sich einander an. In späterer Zeit differenzierten sie sich zu vielfältigen Lebensstilen aus.

Die bundesdeutsche Konsumgesellschaft besaß eine eigenständige Basis, verarbeitete aber auch amerikanische Einflüsse. Besatzungssoldaten führten der Bevölkerung amerikanische Konsumformen vor, international agierende amerikanische Großkonzerne vermarkteten ihre Produkte. Sie wirkten an der Umgestaltung der Massenkultur insbesondere der Jugendlichen sowie des Ernährungsverhaltens breiter Bevölkerungsschichten mit. Auf der anderen Seite entwickelten die Kriegs- und Nachkriegsgenerationen aus ihren Erfahrungen heraus spezielle Konsummuster. Der in den Kriegen und Krisen erlebte Mangel schlug sich in Vorratshaltung und Sparen nieder. Die Haushalte griffen bei ihren Anschaffungen zögerlicher auf Konsumentenkredite zurück. Eine weitere deutsche Besonderheit stellte der mehrwöchige Jahresurlaub dar, der bestimmte Formen des Tourismus begünstigte.

Die revolutionäre Kraft des Konsums

Die »Konsumgesellschaft« bewirkte einen epochalen Wandel in der Gesellschaftsgeschichte: von der »Paupertas« zur »Cupiditas«, vom Entbehren zum Begehren, vom Mangel zum Überfluss, von der Sparsamkeit zur Verschwendung, von der Bedarfsdeckung zur Bedarfsweckung, von Armut zu Wohlstand, von der Arbeit zur Freizeit, von der Produktion zum Konsum. Wie alle strukturgeschichtlichen Veränderungen erfolgte der Wandel nicht plötzlich, sondern in langen Zeiträumen, nicht als totaler Ablösungsprozess, sondern als Umgewichtung, nicht in gesamtgesellschaftlichem Gleichschritt, sondern in sozialer Differenzierung. Auch wenn die Einkommens- und Vermögensunterschiede selbst in Wohlstandsländern gewaltig sind, beim Konsum verbinden die Reicheren und die Ärmeren nicht wenige Gemeinsamkeiten. Zwar liegen zwischen den reichen und den armen Ländern dieser Erde Welten, aber die Wohlhabenden in den Ländern der Dritten und Vierten Welt orientieren sich doch an den Konsumformen der Wohlstandsländer. Immerhin lebt heute etwa die Hälfte der üppig Konsumierenden in Schwellen- und Entwicklungsländern.

Die Steigerung des Konsums bis hin zur Konsumgesellschaft förderte eine Reihe säkularer Tendenzen. Religiöse Orientierungen und der durch die Geburt bestimmte Stand wurden abgelöst durch mehr weltliche und leistungsorientierte, im Konsum sich realisierende Lebensformen. Die Neigung des Menschen zum Wettbewerb entfaltete sich spätestens in der Zeit der Industrialisierung und mündete in die ökonomische und soziale Konkurrenzgesellschaft. In der zumindest formal durch Gleichheit ausgezeichneten demokratischen Gesellschaft ließen sich Unterschiede durch Konsum markieren. Die allgemeine soziale Mobilisierung verpflichtete zumindest zu Bemühungen, mit den Nachbarn mitzuhalten, »keeping up with the Joneses«. Die Möglichkeiten zum sozialen Vergleich erweiterten sich aufgrund der Verstädterung sowie der Globalisierung. Die Mehrheit der Menschen lebte nicht mehr auf dem Land, sondern in der Stadt, wo sich die Lebenswelt dynamisch veränderte. Die Erschließung und Verdichtung der Welt durch Verkehrs- und Kommunikationstechnik brachte global eine Fülle von Konsumweisen in Reichweite und präsentierte sie über Satellit auf dem Fernsehbildschirm.

In den Wohlstandsländern folgte die Ausdehnung des Konsums bestimmten Mustern. Neue – insbesondere kostspielige – Güter und Dienstleistungen verbreiteten sich sozial von oben nach unten. Anfangs erlaubte der hohe Preis nur Begüterten die Anschaffung. Einkommenssteigerungen und Preissenkungen rückten die Konsumgüter in Reichweite der ärmeren Bevölkerungsschichten. Die soziale Ungleichheit bestand zwar fort, aber bestimmte Formen des Konsums verallgemeinerten sich. An die Stelle von Klassen und Schichten trat eine Vielzahl von Lebensstilen. Soziale Differenzen manifestierten sich weniger am Besitz oder Nichtbesitz von langlebigen Konsumgütern, sondern mehr in »feinen Unterschieden« (Pierre Bourdieu).

Über lange Zeit bildete die Familie die Kernzelle des Konsums. Erweiterte Konsummöglichkeiten gingen häufig mit einer Stärkung der Position der Frauen und der Jugendlichen einher. Heute ist Konsum in großem Umfang ein individuelles Phänomen. Die Konsumpioniere, diejenigen, welche sich neuartige Konsumgüter als erste aneignen, sind nicht mehr unbedingt arrivierte Mitglieder der Oberschichten. Im Vergleich zu früher treten häufiger junge Leute und Angehörige der Mittelschichten als Wegbereiter des Konsums auf.

Eine Begriffsdefinition für Konsumgesellschaft könnte daher lauten: In der »Konsumgesellschaft« konsumiert ein überwiegender Teil der Bevölkerung deutlich über die Grundbedürfnisse hinaus. Dabei stehen neuartige, kulturell geprägte Konsumformen im Mittelpunkt, wie der ubiquitäre und omnitemporale Verzehr industriell hergestellter Lebensmittel, die Bekleidung mit modischer Massenkonfektion, das Wohnen in technisierten Haushalten, eine dramatisch gestiegene Mobilität und eine medial gestaltete Freizeit.

Die Konsumgesellschaft in der Wissenschaft

Die einen grundlegenden Umbruch in der Menschheitsgeschichte bildende Konsumgesellschaft wurde von den Wissenschaften lange Zeit missachtet. Dies dürfte auf die Jahrhunderte und Jahrtausende alte Erfahrung des Mangels zurückzuführen sein. Die existierende ubiquitäre Knappheit lenkte den Blick auf das Produktionssystem, dem die Aufgabe zugeschrieben wurde, dem Mangel abzuhelfen. Hieraus entstand die ganz unterschiedliche Disziplinen und Weltanschauungen beherrschende Vorstellung einer Dominanz der Produktion über die Konsumtion.

Die liberale Position: Der Begründer des Wirtschaftsliberalismus, Adam Smith, formulierte in seinem »Wohlstand der Nationen« (1776): »Der Verbrauch allein ist Ziel und Zweck einer jeden Produktion ...«. Im Folgenden ging er den dadurch implizierten Fragen aber nicht weiter nach. In seinem Werk nahm die Produktion den zentralen Platz ein; die Konsumtion rückte ganz an den Rand. In der klassischen Volkswirtschaftslehre legitimierte das Saysche Theorem, dass sich jede Produktion ihren Absatz schaffe, die Vernachlässigung des Konsums.

Die marxistische Position: Auf der anderen Seite des wirtschaftstheoretischen Spektrums verfasste Karl Marx in seiner »Einleitung zur Kritik der Politischen Ökonomie« (1858) tiefgründige Überlegungen zum Zusammenhang zwischen Produktion und Konsumtion. In seinem späteren Hauptwerk war jedoch fast nur noch von der Produktion die Rede, welche er zu einem entscheidenden Movens der Geschichte stilisierte. Ganz seiner Zeit verhaftet, erschienen Marx die »Luxuswaren« im privaten Bereich für die Entwicklung von Wirtschaft und Gesellschaft nicht der Rede wert. In dieser Tradition betrachteten die sozialistischen Staaten bis zu ihrem Untergang die Arbeit als die eigentliche Sphäre der menschlichen Selbstverwirklichung und sahen bei den Konsumgütern nur auf deren bedürfnisgerechten Gebrauchswert.

Sozialforschung in Europa: Noch um und nach 1900 räumten nur wissenschaftliche Außenseiter dem Konsum einen größeren Stellenwert ein. Hierzu gehörte der englische Nationalökonom John Hobson in »Imperialism« (1902), der Sozialphilosoph Georg Simmel in seinen Veröffentlichungen über das Geld und die Stadt sowie der Historiker Werner Sombart in »Der moderne Kapitalismus« (1916–1927). Größeren Stellenwert gewann das Thema Konsum erst parallel zur Herausbildung der Konsumgesellschaft – wenig überraschend zuerst in den USA. In der Zwischenkriegszeit erschien die Buchreihe »Getting und Spending: The Consumer's Dilemma«. Darin setzte sich die wirtschaftswissenschaftliche Arbeit von Hazel Kyrk »A Theory of Consumption« (1923) kritisch mit der Frage nach der Konsumentenfreiheit auseinander und den Möglichkeiten, die Grenznutzentheorie für die Konsumtion zu verwenden. Nach der Weltwirtschaftskrise, als Massenarbeitslosigkeit und Einkommensverluste die wirtschaftliche Entwicklung gefährdeten, rückte der Konsument verstärkt in das Blickfeld der Wirtschaftswissenschaften. Nach dem Zweiten Weltkrieg suchten im Zusammenhang mit der Umstellung auf eine Friedenswirtschaft und der Systemkonkurrenz mit der Sowjetunion Wirtschaftspsychologen wie George Katona das Konsumentenverhalten mit psychologischen und weiteren verhaltenswissenschaftlichen Methoden zu erkunden und zu messen.

Diese amerikanischen Arbeiten rezipierten europäische Sozialforscher wie der Katona-Schüler Ernest Zahn in seiner »Soziologie der Prosperität« (1960). Man kann Zahns Buch als – lange überhörten – Appell an die Soziologie lesen, sich vermehrt empirisch mit dem Phänomen Konsum zu beschäftigen. Spätere sozialwissenschaftliche Pionierarbeiten wie Karl H. Hörnings »Ansätze zu einer Konsumsoziologie« (1970) besaßen eine Stoßrichtung gegen die Ökonomie, gegen ihre Prämisse, der Konsument treffe als Homo oeconomicus zweckrationale Wahlentscheidungen. Ebenso kritisierten Mary Douglas und Baron Isherwood in »The World of Goods« (1979) die vorherrschende ökonomisch-materialistische Interpretation des Konsums. Stattdessen betonten sie die strukturierenden und kommunikativen Funktionen der Konsumgüter und konkretisierten ihren Ansatz mit Hilfe von Vergleichen zwischen marktfernen Völkern und Wohlstandsgesellschaften.

Nach dem Zweiten Weltkrieg erschienen in den USA Arbeiten, die den Konsum als Kern des amerikanischen Nationalcharakters beschrieben. Der Soziologe David Riesman modellierte in »The Lonely Crowd« (1950) den amerikanischen Konsumenten als außengeleiteten Menschen, der nicht mehr länger Traditionen verhaftet war oder inneren Maximen folgte. Der Historiker David M. Potter griff für seine Interpretation der amerikanischen Nation in »People of Plenty« (1954) auf solche sozialpsychologischen Konzepte zurück.

Konsum wurde in der amerikanischen Geschichtswissenschaft zu einem wichtigen Thema – vertreten durch zahlreiche empirische Einzelstudien. Darüber hinaus wurde er in historische Überblicksdarstellungen integriert, wie von Daniel Boorstin in seine große Nationalgeschichte »The Americans« (1974).

Geschichtsschreiber aus der Bundesrepublik thematisierten Konsum dagegen in größerem Umfang erst seit etwa 1990. Die Verzögerung lässt sich durch den verspäteten Eintritt der Deutschen in die Konsumgesellschaft erklären. Es liegt aber auch daran, dass sich die deutschen Historiker vorrangig anderen Themengebieten widmeten. Im Zentrum der politischen Geschichte stand lange Zeit der Nationalstaat und stehen heute Nationalsozialismus und Holocaust. Die Sozialgeschichte, zu deren Themen der Konsum hätte zählen können, arbeitete sich vorwiegend an der Klassenfrage und der Arbeiterbewegung ab. Die gegenwärtige Konjunktur des Konsumthemas steht in Zusammenhang mit dem Aufstieg kulturgeschichtlicher Fragestellungen. Dabei sind die vorgetragenen kulturgeschichtlichen Konzepte eher diffus, aber damit auch so flexibel, dass sie vielfältige Annäherungen an den Konsum und die Konsumgesellschaft zulassen.

Die Entstehung der Konsumgesellschaft in den USA

Versteht man Konsumgesellschaft als eine Gesellschaft, welche deutlich über die Grundbedürfnisse hinaus konsumiert, so ist in Bezug auf die USA bereits in der Zwischenkriegszeit von Konsumgesellschaft zu sprechen, in Bezug auf Deutschland erst nach dem Zweiten Weltkrieg.

Die Anfänge der amerikanischen Konsumgesellschaft reichen bis in die Zeit um 1800 zurück. Die industrielle Entwicklung und das Konsumverhalten setzten an dem britischen Vorbild an und damit an dem damals dynamischsten Wirtschafts- und Gesellschaftssystem. Von dieser Basis aus erlebten die Vereinigten Staaten in den folgenden zwei Jahrhunderten ein wirtschaftliches Wachstum und eine Steigerung des privaten Wohlstands ohnegleichen.

Die Amerikaner profitierten dabei vom Ressourcenreichtum ihres Landes. Um die Mitte des 19. Jahrhunderts erreichte die amerikanische Nation in etwa die heutige territoriale Ausdehnung. Die Erschließung der eroberten oder gekauften Territorien dauerte aber noch viele Jahrzehnte. Der im Überfluss zur Verfügung stehende fruchtbare Boden lieferte preiswerte Lebensmittel für die rapide wachsende Bevölkerung sowie für den Export und sorgte für kostengünstige landwirtschaftliche Rohstoffe. Für industrielle Ansiedlungen, den Verkehrswegebau und den privaten Hausbau stand billiges Land reichlich zur Verfügung. Die riesigen Wälder stellten Holz als Bau-, Werk- und Brennstoff bereit. Die Ausbeutung mächtiger Steinkohlefelder, die Erschließung gewaltiger Wasserkraftvorkommen und die Gewinnung von Erdöl seit den 1860er Jahren verbreiterten die Energiebasis. Bereits in der Zwischenkriegszeit griff die amerikanische Gesellschaft in großem Umfang auf Heizöl für private Hausheizungen und industrielle Feuerungen sowie auf Benzin als Treibstoff für die Massenmotorisierung zurück.

Die Bevölkerung wuchs mehr oder weniger kontinuierlich von 5 Millionen 1800 über 76 Millionen 1900 bis 300 Millionen im Jahre 2006. Tendenziell reduzierten sich die Wachstumsraten in diesen zwei Jahrhunderten mit einem Tiefpunkt nach der Weltwirtschaftskrise in den 1930er Jahren. Die Zunahme der Bevölkerung beruhte zum größeren Teil auf hohen Geburtenraten, zum kleineren Teil auf Einwanderung. Seit den 1920er Jahren suchte die Regierung die Einwanderung durch Quotenregelungen zu steuern, welche europäische Immigranten gegenüber anderen begünstigten. Sie konnte jedoch nicht verhindern, dass bis zur Gegenwart die Südamerikaner, besonders die Mexikaner, und die Asiaten die größten Einwandererkontingente stellten.

Die Wachstumsraten der Wirtschaft und der Nachfrage lagen – besonders nach dem 1865 beendeten Bürgerkrieg – allerdings noch höher als die der Bevölkerung. Dies hieß, dass Arbeitskräfte knapp und die Löhne hoch blieben. Die Lohnsteigerungen und das Bevölkerungswachstum sorgten zusammen für eine kräftige Binnennachfrage. Bedingt durch die niedrigen Lebensmittelpreise konnten Familien größere Einkommensanteile für die Anschaffung höherwertiger Güter ausgeben. Zudem waren die Einkommen – trotz der Differenzen zwischen Nord und Süd – gleichmäßiger verteilt als in Europa. Dies lag daran, dass die sozialen Startbedingungen nicht so unterschiedlich waren und die Möglichkeit bestand, relativ billig Land zu erwerben. Die durch das Einkommen definierte Mittelschicht war also in den USA relativ breit. Hinzu kam die in der amerikanischen Wirtschaft weit verbreitete Massenproduktion, die Konsumgüter zu günstigen Preisen ausstieß.

Vor allem die Not in den Herkunftsländern trieb im 19. Jahrhundert große Scharen von Einwanderern in die Vereinigten Staaten. Neben persönlicher Freiheit suchten sie eine gesicherte Existenz. Ganz im Vordergrund stand für sie die Versorgung mit Gütern – zunächst für die dringendsten Lebensbedürfnisse. Wenn die Einwanderer reüssierten, richteten sich ihre Wünsche auf die Befriedigung weitergehender Bedürfnisse, auf ein bequemes und angenehmes Leben, auf Unterhaltung und Vergnügen. Sie fanden eine reichhaltige Warenwelt und ein breites Dienstleistungsangebot vor, welche für sie das gelobte und gesuchte Land Amerika repräsentierten. Amerikaner werden bedeutete: sich auf diese Konsumwelt einzulassen. Der Erwerb massenproduzierter Güter und die Teilhabe an Produkten der Unterhaltungsindustrie machten einen Teil des Akkulturationsprozesses aus. Wer sein Zuhause verließ und sich für die Neue Welt entschied, brachte eine große Bereitschaft mit, sich den dortigen Gegebenheiten anzupassen. Wenige Generationen genügten, um aus den eingewanderten Iren, Deutschen und Italienern Amerikaner zu machen. Aus dem Schmelztiegel länger und kürzer im Land Ansässiger, Eingesessener und Einwanderer, Einheimischer und Zugereister entstand die riesige güterorientierte Verbrauchergruppe der Amerikaner, deren Geschmack sich durch Traditionslosigkeit, Unsicherheit und Unbestimmtheit auszeichnete.

Die Größe des Dienstleistungssektors kann als Indikator dafür dienen, welche Wegstrecke eine Volkswirtschaft in Richtung Konsumgesellschaft bereits zurückgelegt hat. Der industrielle Sektor dagegen schrumpft in Folge von Rationalisierung und Massenproduktion. Der amerikanische Dienstleistungssektor profitierte von der Ausweitung und Differenzierung des Distributionssystems, also von wachsenden Märkten und zunehmendem Konsum. Ebenso zogen Banken, Versicherungen, Anwaltskanzleien, Werbeagenturen und andere Dienstleistungsunternehmen Gewinne aus dieser Entwicklung. Die technischen Neuerungen auf dem Gebiet der Kommunika-

Konsumgesellschaft und Arbeitslosigkeit kennzeichnen nebeneinander das Amerika der 1930er Jahre

tion und Information riefen Telegraphie-, Telefon- und Filmgesellschaften ins Leben. Ein Teil der von den Arbeitnehmern errungenen Freizeit diente dem Sport, der Unterhaltung und dem Vergnügen. Als Folge vergrößerte sich der amerikanische Dienstleistungssektor mit großer Dynamik und überflügelte Landwirtschaft und Industrie bereits vor dem Ersten Weltkrieg. In Deutschland fand dies erst nach dem Zweiten Weltkrieg statt.

Aufgrund der Ergebnisse des Ersten Weltkriegs herrschten in den USA in der Zwischenkriegszeit viel günstigere Bedingungen für wirtschaftliches Wachstum als in Europa – von Deutschland ganz zu schweigen. Die Weltwirtschaftskrise unterbrach die Steigerung des privaten Wohlstands nur kurzzeitig – jedenfalls für jene, die nicht längere Zeit aus der Arbeitsgesellschaft herausfielen. Mit seiner New Deal-Politik bemühte sich Präsident Franklin D. Roosevelt seit 1933, in der Bevölkerung wirtschaftliche Zuversicht zu wecken und den Konsum anzukurbeln.

Tatsächlich erreichte in der Zwischenkriegszeit eine Mehrheit der Amerikaner einen Lebensstandard, der es rechtfertigt, von einer

Konsumgesellschaft zu sprechen. Die Mitglieder dieser Konsumgesellschaft lebten in mit Elektrizität, Öl-Zentralheizungen, Badezimmern und WCs, Garage und Automobil ausgestatteten Einfamilienhäusern. Mit dem Auto fuhren sie zur Arbeit, erledigten Einkäufe und sonstige Geschäfte, unternahmen Ausfahrten und Ausflüge. Die meisten Haushalte verfügten über Telefon, Staubsauger, elektrische Ventilatoren und Kleingeräte, mit Natureis oder Kältemaschinen betriebene Kühlschränke, die Wohlhabenden auch über Waschmaschinen. Die Hausfrauen brachten industriell verarbeitete Lebensmittel auf den Tisch. Phonograph oder Grammophon sowie Radio boten häusliche Unterhaltung. Abends oder am Wochenende fuhren die Angehörigen der konsumstarken Mittelschicht in die Stadt zum Bummeln, gingen in Pubs oder Restaurants, sahen einen Kinofilm oder besuchten den »Amusement Park« (Vergnügungspark).

Kinder und Jugendliche erhielten Taschengeld und wurden dadurch zur kommerziell interessanten Zielgruppe. Werbeanzeigen sprachen die jungen Konsumenten indirekt über die Eltern oder unmittelbar an. Kaufhäuser und Geschäfte richteten eigene Kinderabteilungen ein. Jugendmagazine führten den Lesern die Welt des Konsums vor Augen. Die Jugendlichen orientierten sich in ihrem Konsumverhalten an den Gleichaltrigen, an den Peers. Die Eltern suchten ihre Sprösslinge durch erweiterte Konsummöglichkeiten an die Familien zu binden. Sie statteten die Kinderzimmer mit Spielzeug aus, die der Jugendlichen mit Radioapparaten.

Die amerikanische Konsumgesellschaft konzentrierte sich zwar zunächst auf die Stadt, nahm aber mehr und mehr auch vom ländlichen Raum Besitz. Im Allgemeinen besaßen die ländlichen Wohnungen eine einfachere technische Ausstattung, Infrastruktureinrichtungen und Unterhaltungsmöglichkeiten waren weniger entwickelt. Doch bereits am Vorabend des Ersten Weltkrieges kauften die Farmer mehr Automobile und Telefone als die Städter. Die isolierte Lage der Farmen machte technische Verbindungen zur Außenwelt zu einem dringenden Bedürfnis.

Ein gewisses Konsumniveau wurde gesellschaftlicher Standard. Die Nachbarn kontrollierten sich wechselseitig, ob sie den Erwartungen entsprachen. Zwischen 1913 und 1941 erschien der Comicstrip »Keeping Up with the Joneses«, dessen Titel zum Idiom wurde.

Er karikierte den Konsumismus, festigte ihn damit aber auch. Die Existenz der Konsumgesellschaft manifestierte sich in der Gründung von Verbraucherorganisationen, in Warentests und in einer systematischen Konsumforschung.

Die Werbewirtschaft beschwor das erreichte Konsumniveau mit Begriffen wie dem einer »democracy of goods«. Viele Politiker und Konsumenten setzten, zumindest teilweise, den Staatsbürger mit dem Konsumenten gleich, verbanden Bürgerrechte mit Konsummöglichkeiten, politische Freiheit mit der Wahlfreiheit beim Kauf von Gütern und Dienstleistungen. Darüber hinaus erschien Konsum als vielversprechender Weg zur sozialen Gleichheit. Tatsächlich verfügte ein immer größerer Teil der Amerikaner über eine ähnliche konsumtive Grundausstattung. Dessen ungeachtet bestanden die teilweise gravierenden sozialen Unterschiede zwischen Arm und Reich, Schwarz und Weiß und den einzelnen Ethnien fort.

In der nach dem Zweiten Weltkrieg entstehenden globalen Systemkonkurrenz zwischen Kapitalismus und Sozialismus diente die amerikanische Güterwelt als Ausweis der Überlegenheit der westlichen Welt. Typisch das Statement eines amerikanischen Werbemanagers, wie man den Sowjetkommunismus bekämpfen könne. Es genüge, jedem Russen ein Exemplar des neuesten Versandkatalogs von Sears zu geben. Der real existierende Sozialismus hatte dem nichts entgegenzusetzen als Hinweise auf fortdauernde Missstände in den westlichen Wohlstandsgesellschaften und die Utopie der alle Bedürfnisse erfüllenden kommunistischen Zukunftsgesellschaft.

Auch in der Gegenwart betrachten die amerikanischen Konsumenten steigenden Lebensstandard und Verbrauch als zentrale Zielsetzungen. Hierfür sind sie bereit, hart und lang zu arbeiten und sich gegebenenfalls hoch zu verschulden. Die nur selten und jeweils nur kurz unterbrochene, mehr als zwei Jahrhunderte währende Prosperität hat ein tief verwurzeltes Vertrauen entstehen lassen, dass wirtschaftliches Wachstum und privater Wohlstand erreicht und gesichert werden können. Die Frage ist, ob die gegenwärtige Immobilien- und Wirtschaftskrise die amerikanischen Konsummentalitäten verändern wird.

Die Herausbildung der Konsumgesellschaft in Deutschland

In Deutschland besitzt die Konsumgesellschaft eine besondere Vorgeschichte. In den Jahrzehnten vor dem Ersten Weltkrieg expandierte der Konsum – in den einzelnen Gesellschaftsschichten allerdings in unterschiedlicher Weise. Die unterbürgerlichen Schichten mussten weiterhin den ganz überwiegenden Teil des Einkommens für die Sicherung der Grundbedürfnisse aufwenden. Einkommenssteigerungen dienten in erster Linie dazu, die Ernährung zu verbessern, mehr Kleidung anzuschaffen und die Wohnverhältnisse erträglicher zu gestalten. Bürgerliche Schichten nutzten dagegen das größere disponible Einkommen auch für neuartige Unterhaltungsangebote und die Anschaffung langlebiger Konsumgüter.

In der Zwischenkriegszeit ließen die wirtschaftlichen Wechsellagen eine relevante Ausweitung des Konsums nicht zu. Neue Medien, wie der Rundfunk und das Kino, erreichten nur Teile der Bevölkerung und wurden nur in Maßen genutzt. Langlebige Konsumgüter, wie Automobile oder Waschmaschinen und Kühlschränke, befanden sich ohnehin außer Reichweite der meisten, mutierten aber zu Symbolen des Konsumismus. Das amerikanische Wohlstands- und Konsummodell fand weite Beachtung und veranlasste kritische Kommentare. Häufig kamen die kritischen Stimmen aus dem Bildungsbürgertum. Die »Masse« hätte die amerikanischen Produkte gerne angenommen, wenn es ihr nur möglich gewesen wäre. Für die Kritiker verkörperte der amerikanische Konsumismus eine kulturlose, Äußerlichkeiten betonende materialistische »Zivilisation«, in welcher sich alles um den Mammon drehe. Als Gegenentwurf führten sie die geistige Tiefe der deutschen »Kultur« ins Feld. Besondere Kritik erfuhr der Einheitsgeschmack des amerikanischen Konsumenten – in der Formulierung des die USA bereisenden Journalisten Egon Erwin Kisch: der »hundertprozentige Herdeninstinkt von Onkel Sams sämtlichen Neffen«.

Die Visionen der Nationalsozialisten zielten auf ein dem amerikanischen adäquates »Lebensniveau«, welches aber den Idealen der propagierten »Volksgemeinschaft« entsprechen sollte. Tatsächlich schränkte die Priorisierung von Aufrüstung und Autarkie die Konsummöglichkeiten gravierend ein. Bis zum Zweiten Weltkrieg erhöhten sich die Realeinkommen nur geringfügig, am wenigsten noch die Reallöhne der Arbeiter. Die in eine Steigerung der Produktivität gesetzten Hoffnungen erwiesen sich als überzogen; Rationalisierungen kamen vor allem der Rüstung zugute. Die vom Regime initiierten »Volksprodukte« gaukelten der Bevölkerung eine Konsumpolitik vor, welche eine spezifisch nationalsozialistische Konsumgesellschaft herbeiführen werde. Realisiert wurde davon nur das billige Radiogerät des »Volksempfängers«; beim »Volkswagen« und »Volkskühlschrank«, bei den »Führerwohnungen« und den gigantischen Seebädern blieb es bei zum Scheitern verurteilten Planungen und Vorbereitungen.

Günstige Bedingungen für eine wirtschaftliche und konsumgesellschaftliche Dynamik ergaben sich erst nach dem Krieg in der Bundesrepublik. Die Ausgangssituation stellte sich günstiger dar, als es eine nur oberflächliche Betrachtung vermuten lässt. Deutschland lag zwar in Trümmern, doch galt dies in erster Linie für die Gebäude in den Innenstädten und die Industrieanlagen. Ein größerer Teil der während des Krieges erweiterten maschinellen Ausrüstung der Fabriken war ausgelagert worden und hatte den Krieg unbeschädigt überstanden. Trotz aller Zerstörungen übertrafen bei Kriegsende die industriellen Kapazitäten jene zu Beginn des Krieges. Nach anfänglichen Unsicherheiten, wie mit dem für den Weltkrieg verantwortlichen Deutschland zu verfahren sei, entschieden sich die westlichen Alliierten für einen Wiederaufbau. Im Unterschied zur östlichen Besatzungszone hielten sich die Demontagen in Grenzen und wurden bald eingestellt. In dem Maß, wie die politischen Differenzen zwischen der Sowjetunion und den Westmächten wuchsen und in den Kalten Krieg einmündeten, wurde die Wirtschaftshilfe für die westlichen Besatzungszonen und die Bundesrepublik ausgeweitet.

Wirtschaftswunder und soziale Marktwirtschaft

Die 1948 durchgeführte Währungs- und Wirtschaftsreform kurbelte nicht zuletzt die Konsumgüterindustrie an. Das »Wirtschaftswunder« der 1950er und 1960er Jahre beruhte auf der Entfesselung einer wirtschaftlichen Dynamik, die den Nachholbedarf im Inneren deckte, sowie der Integration der Bundesrepublik in das expandierende System der Weltwirtschaft. Die wirtschaftliche Entwicklung stützte sich auf eine kräftig wachsende, arbeitsbereite und aufstiegswillige Bevölkerung. Bis 1950 kamen an die 8 Millionen Menschen aus dem Osten, bis 1961 weitere gut 3 Millionen aus der DDR.

Es dauerte längere Zeit, bis die Menschen Vertrauen in das System der sozialen Marktwirtschaft und in die wirtschaftliche Entwicklung fassten. Die politischen Umbrüche des 20. Jahrhunderts, die beiden Weltkriege, die Inflation und die Weltwirtschaftskrise hatten das Vertrauen in die Zukunft nachhaltig beschädigt. Dazu kamen persönliche negative Erfahrungen – im Krieg, durch Flucht und Vertreibung sowie in der Kriegsgefangenschaft. Ihr individuelles und kollektives Schicksal ließ die Bundesdeutschen zunächst sensibel auf Versorgungsengpässe, Erhöhungen der Lebensmittelpreise und Arbeitslosigkeit reagieren. Die politischen Krisen in der Zeit des Kalten Krieges, Korea, Suez und Ungarn, veranlassten sie zu Vorratskäufen und Vorratshaltung sowie einer Erhöhung der Sparquote. Noch Mitte der 1960er Jahre betrug die Verschuldung pro Kopf nur ein Zehntel der in den USA.

Die Familieneinkommen wuchsen in den 1950er und 1960er Jahren im Vergleich mit der wirtschaftlichen Entwicklung überproportional. Mehr Frauen – besonders aus Arbeiterfamilien – nahmen eine Erwerbstätigkeit auf und besserten damit die Haushaltskasse auf. Vor allem die Nahrungsmittel, aber auch die Kleidung machten nicht mehr wie in der Vergangenheit den überwiegenden Teil der Haushaltsausgaben aus. Die Bundesdeutschen statteten sich mit den langlebigen Konsumgütern aus, welche die meisten amerikanischen bereits in den 1930er Jahren erworben hatten: mit Autos, Waschmaschinen, Kühlschränken, Elektroherden, Radios und Plattenspielern. Dazu kamen neue Produkte wie der Fernseher.

Nicht wenige Konsumformen standen unter amerikanischem Einfluss. Die Besatzungssoldaten und ihre Familien demonstrierten den Deutschen amerikanische Lebensart. Die Beziehungen zwischen den beiden Ländern intensivierten sich aufgrund der Einbindung der Bundesrepublik in die amerikanisch-westliche Welt. Filme, Zeitschriften, Zeitungen und das Fernsehen gewährten Einblicke in den amerikanischen Alltag. Amerikanische Waren verbreiteten sich auf dem deutschen Markt. Die jüngere Generation stand amerikanischen Einflüssen aufgeschlossener gegenüber als die ältere. Seit den 1960er Jahren prägte sie eine eigene Jugendkultur, in deren Zentrum die Musik stand. Die deutsche Konsumgesellschaft nahm also Elemente der amerikanischen auf, modifizierte sie und entwickelte eigenständige Formen des Konsums.

Die Erweiterung der Konsummöglichkeiten trug viel zur politischen Stabilisierung der Bundesrepublik bei. Im Vergleich hierzu leistete die verzögerte konsumgesellschaftliche Entwicklung in der DDR einen Beitrag zum späteren Zusammenbruch des Systems. In der Bundesrepublik wurden die bislang zwischen den alten Berufsklassen der Bürger, Arbeiter und Bauern verlaufenden Grenzen des Konsums in der zweiten Hälfte des 20. Jahrhunderts durchlässiger und lösten sich teilweise auf. Die Stadt und Land trennende Konsumgrenze hatte schon deswegen keinen Bestand, weil die landwirtschaftliche Erwerbsbevölkerung zur kleinen Minderheit herabsank. Beim Konsum lassen sich auch heute noch große und kleine Unterschiede zwischen den sozialen Schichten feststellen. Diese hängen aber nicht mehr unbedingt vom Einkommen ab. In manchen Bereichen konsumieren niedrigere soziale Schichten mehr als höhere. Die Schichten zeichnen sich nicht mehr durch eine charakteristische Konsumweise aus. Besonders in der Mittelschicht existieren vielfältige konsumtive Lebensstile nebeneinander.

Bis in die 1970er Jahre erlebte die Bundesrepublik ein teilweise rasantes Wirtschaftswachstum. Parallel dazu stiegen die Einkommen. Das amerikanische Konsumniveau dürfte in den 1970er Jahren erreicht worden sein. Danach erlebten Wirtschaft und Einkommen geringere Wachstumsraten, stagnierten oder gingen sogar zurück. Dennoch stattfindende Konsumsteigerungen beruhten nicht zuletzt auf sinkenden Realpreisen. Sofern Spielräume verblieben, nutzten sie die Konsumenten für größere und modernere Wohnungen, für die Anschaffung immer preiswerterer Unterhaltungselektronik sowie für Reisen und Freizeit. Die von wirtschaftlichen Rückschlägen Betroffenen suchten das einmal erreichte Konsumniveau zu halten, was bei manchen in die Überschuldung führte. Die Konsumgesellschaft generierte also krisenhafte Erscheinungen, stand aber nicht grundsätzlich zur Debatte.

Die Prozession der bundesdeutschen Konsumgesellschaft führt 1957 den Volkswagen, den Fernseher und den Kühlschrank mit sich

Voraussetzungen der Konsumgesellschaft

Ohne Geld und Zeit kein Konsum

Die Industrialisierung leitete eine grundlegende Umwälzung des gesellschaftlichen Lebens ein. Viele Menschen zogen vom Land in die Stadt, um in den Fabriken zu arbeiten. In dieser Phase der Frühindustrialisierung wuchs die Fremdbestimmung der Arbeit und verschlechterten sich die Lebensverhältnisse. Die Arbeiter waren mehr und mehr auf ihren Lohn angewiesen, um den Lebensunterhalt zu bestreiten, weil sie keine eigenen Gärten mehr hatten. Marktversorgung ersetzte die Selbstversorgung und es entstand eine Trennung zwischen Arbeitszeit und Freizeit.

Die Entwicklung der Löhne im 19. und 20. Jahrhundert

In der Forschung ist es umstritten, ob sich die Reallöhne vor der Mitte des 19. Jahrhunderts positiv oder negativ entwickelten. Danach stiegen sie in den Industrieländern allmählich an und erweiterten die Konsummöglichkeiten. Allerdings reichten über längere Zeit die Einkommen der meisten Arbeiter gerade aus, um die Subsistenzbedürfnisse zu erfüllen. Lohnerhöhungen verwandten die Arbeiterfamilien vorwiegend für eine Verbesserung der Lebensmittelversorgung. Darüber hinaus bestanden nur geringe Spielräume für den Konsum.

In Deutschland erhöhten sich die Reallöhne von der Mitte des 19. Jahrhunderts bis zum Ersten Weltkrieg um mehr als das Doppelte. In der Zwischenkriegszeit stagnierten sie im Großen und Ganzen. Ein gravierender Zuwachs an Kaufkraft fällt in die Zeitspanne zwischen 1950 und den 1970er Jahren. Die nahezu Verdreifachung der Reallöhne indiziert den Eintritt der Bundesrepublik Deutschland in die Wohlstands- und Überflussgesellschaft. Seit den 1970er Jahren verlangsamte sich insgesamt die Reallohnsteigerung, unterbrochen durch Phasen der Stagnation sowie leichter Rückgänge. Zusätzlich öffnete sich in jüngerer Zeit die Schere zwischen Arm und Reich. Zuwächse verzeichneten vor allem noch die höheren Einkommen. Diese Entwicklung könnte darauf hindeuten, dass die Konsumgesellschaft an ihre Grenzen stößt.

Bis in die Zeit nach dem Zweiten Weltkrieg bewegten sich die Reallöhne der amerikanischen Arbeiter deutlich über denen der deutschen. Exakte Zahlenvergleiche stehen vor einer Fülle von Schwierigkeiten; zeitgenössische Schätzungen bezifferten den amerikanischen Einkommensvorsprung auf das Zwei- bis Dreifache. Er erwuchs aus dem natürlichen Reichtum des Landes und dem trotz Einwanderung herrschenden Mangel an Arbeitskräften. Dies führte zu hohen Löhnen und rief vermehrte Anstrengungen hervor, Arbeit durch Kapital, das heißt durch Maschineneinsatz, zu substituieren.

Allerdings bestanden gravierende Einkommensunterschiede zwischen den sozialen Schichten, zwischen Schwarz und Weiß, zwischen dem Süden und dem Norden und zwischen Stadt und Land. Im Unterschied zur städtischen Arbeiterschaft blieben die Einkommen der ländlichen Bevölkerung während des 19. Jahrhunderts eher niedrig. Die Nachfrage nach landwirtschaftlichen Produkten ließ sich lange Zeit durch Erschließung zusätzlicher Ländereien erfüllen. Erst, als die Landnahme weitgehend abgeschlossen war, also im späten 19. Jahrhundert, stiegen die Preise für landwirtschaftliche Produkte und damit auch die Einkommen der Farmerfamilien. Seitdem zählten sie, neben den Angestellten und den Industriearbeitern, zu den konsumstarken Gruppen. Das galt auch für die Kinder, von denen die meisten etwa seit der Jahrhundertwende Taschengeld erhielten. Erhöhungen des Taschengelds machten die Kinder in den folgenden Jahrzehnten zu einer interessanten Zielgruppe für den Handel. Der ungleichen Verteilung des Reichtums zum Trotz entwickelte sich in der Zwischenkriegszeit eine starke Mittelschicht, die den Kern der amerikanischen Konsumgesellschaft bildete.

Das Konsumverhalten der Arbeiter

Bei Konsumausgaben kann man zwischen Ausgaben für Grundbedürfnisse und Ausgaben für Kulturbedürfnisse unterscheiden. Zu den – allerdings immer kulturell überformten – Grundbedürfnissen gehören Ernährung, Bekleidung, Wohnen, Heizung und Beleuchtung. Zu den Kulturbedürfnissen rechnet man Reisen und Mobilität, Unterhaltung und Vergnügen, Bildung und Kultur. Ausgaben für Kulturbedürfnisse sind erst nach der Deckung der Grundbedürfnisse möglich. Es stellt sich also weniger die Frage nach den Reallöhnen als die der disponiblen Einkommen, die nach Deckung der Grundbedürfnisse übrig bleiben. Bis zum Zweiten Weltkrieg mussten Arbeiterfamilien in Deutschland den größten Teil ihres Einkommens für Lebensmittel ausgeben. Die Statistik weist zwar einen Anstieg des disponiblen Einkommens aus, doch war es immer von wirtschaftlichen Krisen bedroht. Im Unterschied zu den USA finden sich nur in einer Minderheit der Bevölkerung konsumgesellschaftliche Verhaltensmuster – bei Selbstständigen sowie besser verdienenden Facharbeitern, Angestellten und Beamten. Dies änderte sich erst in der Nachkriegszeit, als die Konsumgesellschaft mit großer Dynamik die Mehrheit der Bevölkerung erfasste.

Zu der quantitativen Betrachtung der Konsumausgaben kommt die qualitative hinzu. Das Einkommen setzt zwar dem Konsum einen Rahmen, das Konsumverhalten hängt aber von weiteren Faktoren ab: etwa vom Berufsstatus, Bildungsniveau, Kinderzahl, Alter und dem Geschlecht. Die vor dem Ersten Weltkrieg im Konsum noch weitgehend eingeschränkten Arbeiter leisteten sich preiswerte Vergnügungen, wie Kneipe, Tanz, Rummel und Ausflug. Mit der Zwei-Generationen-Familie und einer geringeren Kinderzahl passten sie sich der Mittelknappheit und den Subsistenzerfordernissen an. Konsummöglichkeiten, die deutlich über die Subsistenzbedürfnisse hinausgingen, besaßen vor allem gut verdienende Facharbeiter in Kleinfamilien. Für aufwendige Vergnügungen, wie Reisen zu Verwandten oder zu Sehenswürdigkeiten, oder für größere Anschaffungen, etwa Möbel, eine Nähmaschine oder ein Fahrrad, mussten sie dennoch ansparen. Die Konsumgüter dieser »Arbeiteraristokratie« wurden zum Leitbild für die Gesamtheit der Arbeiter, wenn ihnen auch noch die materiellen Möglichkeiten zur Realisierung fehlten.

Eine vollständige Teilhabe an der Konsumgesellschaft erreichten die Arbeiter und damit die Mehrheit der bundesdeutschen Bevölkerung erst in den »Wirtschaftswunderjahren« der Nachkriegszeit. Die rapide steigenden Löhne und vielfach die Erwerbstätigkeit der Frauen machten die Erfüllung lang gehegter Konsumwünsche möglich. Der Ausbau sozialer Sicherungssysteme und die bis in die 1970er Jahre währende Vollbeschäftigung ließen die Erinnerung an wirtschaftliche Krisen und Wechsellagen verblassen. Die in der Nachkriegszeit aufgewachsenen Generationen interpretierten den Konsum als stabile Lebensform ihrer Gegenwart und Zukunft. Das ohnehin schon im Laufe des 20. Jahrhunderts erodierte Klassenbewusstsein der Arbeiter wurde durch die Verbesserung und Angleichung der Lebensverhältnisse vollends hinweggespült. In ihrem Selbstverständnis fühlten sich die Arbeiter nun der »Mittelschicht« zugehörig. Jedenfalls vordergründig hatte sich die Mehrheit der deutschen Bevölkerung in einer durch ähnliche Verbrauchs- und Verhaltensweisen konstituierten Konsumgesellschaft zusammengefunden; die an die Stelle der alten Klassen getretenen Schichten und Gruppen separierten sich aufgrund feinerer Unterschiede.

Kredite und Ratenzahlungen

Der Eintritt in die Konsumgesellschaft wurde nicht nur aus Einkommen und Löhnen, sondern auch durch Kredit finanziert. Die Anfänge des Kredits reichen weit zurück. Stammkunden ließen bei ihren Händlern anschreiben und bezahlten am Wochen- oder Monatsende. Bei den in der zweiten Hälfte des 19. Jahrhunderts aufkommenden neuen Handelsformen, dem Warenhaus, der Laden-

Redrawn from *The Saturday Evening Post.* By permission. © Curtis Pub. Co.

" I just paid the doctor another ten dollars on his bill."
" Oh goody, two more payments and the baby's ours."

Karikatur zum Konsumentenkredit in den USA, 1926

kette, dem Versandgeschäft, wurde die Beziehung zwischen Käufer und Verkäufer anonymer. Viele Einzelhandelsgeschäfte gewährten wegen des scharfen Konkurrenzkampfs dennoch weiterhin Konsumentenkredite. In den USA statteten einzelne Geschäfte vertrauenswürdige und zahlungskräftige Kunden mit Karten zur Legitimation an den Kassen aus. Diese Methode machte Schule und markiert den Anfang der Kreditkarte.

Weniger begüterten Kunden eröffnete der Handel die Möglichkeit, Waren mit Hilfe von Ratenzahlungen zu erstehen. Sie warben damit, dass die Käufer sofort in den Genuss der Ware kämen, die Bezahlung aber später erfolge. Um die Jahrhundertwende begannen amerikanische Banken, Konsumentenkredite zu vergeben. Sie lösten die enge Verbindung zwischen Ware und Kredit wie beim Anschreiben und bei der Ratenzahlung auf und überließen es den Gläubigern, was sie mit dem geliehenen Geld anfingen. Ratenzahlungen und Konsumentenkredite wurden in den USA in der Zwischenkriegszeit zur Selbstverständlichkeit. Schulden interpretierte man um: Früher galten sie als verwerflich; jetzt sah man in ihnen eine geschickte Strategie, sich im Vertrauen auf die Zukunft mit den Insignien der amerikanischen Wohlstandsgesellschaft auszustatten. Breite Schichten der Bevölkerung nutzten Konsumentenkredite, um langlebige Konsumgüter zu erwerben: Autos, Möbel, Radios, Plattenspieler, Haushaltsgeräte und anderes mehr. So erfolgten etwa zwei Drittel der Neuwagenkäufe auf Raten.

Nach dem Krieg erleichterte das mit Überziehungskredit ausgestattete Girokonto und die jetzt nicht mehr händlergebundene Kreditkarte den Konsum. Diners Club gab 1949 die erste universelle Kreditkarte heraus. Die erste größere Kundengruppe bildeten Vertreter. 1958 stiegen American Express und die beiden größten amerikanischen Banken in das Kreditkartengeschäft ein. Aus den Kartenorganisationen der Banken entstanden später Visa und MasterCard, die beiden Branchengrößen. Die Verallgemeinerung der Kreditkarte fand in den 1970er Jahren statt. Die Unternehmen schufen für das Geschäft eine landesweite Basis und überzeugten die großen Handelsorganisationen, die Karten zu akzeptieren. In den frühen 1980er Jahren besaß die Mehrzahl der amerikanischen Familien mindestens eine Karte. In Europa dauerte es länger, bis sich die Kreditkarte als allgemeines Zahlungsmittel neben der bereits eingeführten und weit verbreiteten Euroscheckkarte durchsetzte.

Der Ausbau des Kreditsystems verlief parallel zur Entwicklung der Konsumgesellschaft. In Deutschland expandierte die Konsumfinanzierung durch Kredite erst in der Nachkriegszeit. Unabhängig davon war und ist die Bereitschaft der deutschen Konsumenten, sich durch Kredite zu verschulden, geringer als in den Vereinigten Staaten. Die Differenzen verweisen auf unterschiedliche Lebenserfahrungen und Mentalitäten. Die beiden Weltkriege und die dazwischen liegenden wirtschaftlichen Krisenzeiten veranlassten die Deutschen zunächst zu konsumtiver Vorsicht und Sparsamkeit. Während die Deutschen sich eine eiserne Reserve zurücklegten, zeigten die Amerikaner eine höhere Risikobereitschaft in der festen Zuversicht, auch schwierige wirtschaftliche Situationen zu meistern. Trotzdem hat in beiden Ländern die Verschuldung und teilweise Überschuldung der Haushalte stark zugenommen. Man kann dies als Indiz nehmen, wie schwer es fällt, gewohnte Konsumniveaus zu verlassen und Konsumsteigerungen nicht mehr mitzumachen. Allerdings liegt die Verschuldung pro Haushalt in den USA weit höher als in Deutschland.

Das Verhältnis von Arbeitszeit und Freizeit

Konsum erfordert nicht nur Geld, sondern auch Zeit – genauer und in Abgrenzung von der Arbeitszeit: Freizeit, »disponible Zeit«. Die Industrialisierung schuf eine räumliche Trennung zwischen der Fabrik als Ort der Arbeit und der Wohnung als Ort der Freizeit. Die Beschäftigten lernten zu unterscheiden zwischen Arbeitszeit, welche als dem Arbeitgeber verkaufte Zeit möglichst zu reduzieren sei, und eigener freier Zeit, jenseits von Arbeit, Mühe und Plage. Mit Freizeit erkämpften sich die Arbeiter etwas, was die Bürger bereits besaßen; mit Freizeit erlangten sie ein Element bürgerlicher Freiheiten.

Freizeit und Urlaub haben die Vereinten Nationen zum allgemeinen Menschenrecht geadelt. In Artikel 24 der Menschenrechtsdeklaration heißt es: »Jeder Mensch hat Anspruch auf Erholung und Freizeit, sowie auf eine vernünftige Begrenzung der Arbeitszeit und periodisch bezahlten Urlaub.« In den Ländern der Ersten Welt hat dieses Programm weitgehende Erfüllung und Ausdehnung gefunden. Dort ist heute vielfach die Rede vom »Ende der Arbeitsgesellschaft« und dem Übergang zur »Freizeitgesellschaft«. Im Bewusstsein der Arbeitenden steht die Arbeit nicht mehr unbedingt im Zentrum des Lebens: Man arbeitet, um zu leben, und lebt nicht, um zu arbeiten. Es gibt Schätzungen, dass sich in Deutschland seit 1964 das quantitative Verhältnis zwischen Lebensarbeitszeit und Lebensfreizeit umkehrte.

Viel Freizeit bedeutet jedoch nicht, dass Zeit im Überfluss zur

1956 verlangen die Gewerkschaften die Fünf-Tage-Woche

Verfügung steht. Freizeit heißt auch – besonders für die Frauen – Familien- und Eigenarbeit. Wer die Freizeit mit zahlreichen Tätigkeiten ausfüllt, kann durchaus das Gefühl entwickeln, keine Zeit zu haben. Der gewaltige Überschuss an Konsumoptionen zwingt den Einzelnen ohnehin, eine Auswahl zu treffen. In der entwickelten Konsumgesellschaft können also mehr objektive Freizeit und das subjektive Empfinden fehlender Zeit Hand in Hand gehen.

In den meisten Ländern bewirkte die Industrialisierung zunächst eine Verlängerung der Arbeitszeit. In manchen Fabriken wurde 14 Stunden und mehr gearbeitet, 6 Tage in der Woche, der Sonntag war frei. Die Organisationsmacht der Arbeiter und Produktivitätssteigerungen sorgten gemeinsam für eine bis in die Gegenwart währende Reduzierung der Arbeitszeit. In die Zwischenkriegszeit fällt – sowohl in den USA wie in Deutschland – die Verbreitung des 8-Stunden-Tags. Vor und nach dem Zweiten Weltkrieg – zuerst in den USA, später in Deutschland – wurde die 5-Tage-Woche eingeführt und damit der große Freizeitblock des Wochenendes. Urlaub erhielten zuerst die Beamten und Angestellten. In der Zwischenkriegszeit kamen tarifvertragliche Urlaubsregelungen für Arbeiter dazu. Während jedoch in der Nachkriegszeit die durchschnittliche Dauer des Jahresurlaubs in den USA bei gut zwei bis drei Wochen verharrte, erfuhr er in Deutschland eine Ausdehnung auf sechs Wochen.

Exakte Vergleiche der Arbeitszeit- und Freizeitentwicklung verschiedener Länder sind schwierig. Sie müssten Arbeitstag, Arbeitswoche, Urlaub, Feiertage, Arbeitslosigkeit, Ruhestand und Lebenserwartung einbeziehen. Der methodischen Schwierigkeiten ungeachtet, gibt es keinen Zweifel daran, dass die Amerikaner gegenwärtig mehr arbeiten als die Deutschen. Um die Jahrtausendwende ergaben Schätzungen, dass Amerikaner 25 % mehr pro Jahr arbeiten als Deutsche.

Arbeitszeit und Freizeit befinden sich in einem komplementären Verhältnis. Die Arbeitszeit dient nicht zuletzt der Erfüllung von Konsumwünschen. Manchmal machen Arbeitnehmer gezielt Überstunden, um sich bestimmte Anschaffungen leisten zu können. Der Anstieg der Frauenerwerbsquote im 20. Jahrhundert förderte wahrscheinlich den Konsum. Freizeit ist heute in großem Maße Konsumzeit. Sie wird durch Angebote der Unterhaltungsindustrie ausgefüllt. Allerdings droht die Tatsache, dass sich die Konsumzeit nicht grenzenlos steigern lässt, zu einem restriktiven Faktor für die Konsumnachfrage zu werden.

Rationalisierung und Massenproduktion im Industriebetrieb

Die ökonomische Vernunft in der Produktion

Rationalisierung und Massenproduktion bilden keine hinreichende, aber eine notwendige Voraussetzung der Konsumgesellschaft. Gleichzeitig sind sie eine Antwort auf die große Nachfrage seitens der Konsumenten. Produktivitätssteigerungen erweitern die Spielräume der Unternehmen; sie eröffnen Möglichkeiten, die Preise zu senken, die Gewinne und die Löhne zu erhöhen oder die Arbeitszeit zu reduzieren. Auf diese Weise kann eine Wachstumsspirale entstehen: Rationalisierung und Massenproduktion steigern den Konsum und führen zum Umsatzwachstum bestehender oder zur Gründung neuer Unternehmen.

Rationalisierung und Massenproduktion sind viel älter als die Begriffe. In der zweiten Hälfte des 19. Jahrhunderts sprachen die meisten deutschen Industriellen und Ingenieure in Rationalisierungskontexten von »Fabrikorganisation«, »Wirtschaftlichkeit« und »Wirkungsgrad«. In den USA fand der Begriff »efficiency« die weiteste Verbreitung. »Rationalisierung« setzte sich im deutschen Sprachraum erst in den 1920er Jahren durch. Damit knüpfte man an den Rationalismus und die Aufklärung an. Wie sich die Menschen mit Hilfe ihres Verstandes aus ihrer geistigen Unmündigkeit befreit hätten, sollten sie sich jetzt mit Hilfe von Systematik und Wissenschaft aus materiellen Beschränkungen befreien. Technik und Industrie führten zu einer zweckrationalen Ausrichtung der Gesellschaft, welche – so der Alt- und Großmeister der deutschen Soziologie, Max Weber, – die Überlegenheit des abendländischen Kapitalismus begründet habe:

> *Was letzten Endes den Kapitalismus geschaffen hat, ist die rationale Dauerunternehmung, rationale Buchführung, rationale Technik, das rationale Recht, aber auch nicht sie allein; es mußte ergänzend hinzutreten: die rationale Gesinnung, die Rationalisierung der Lebensführung, das rationale Wirtschaftsethos.*

In den USA tauchte der Begriff »rationalization« eher selten auf – und dann handelte es sich um eine Übertragung aus dem Deutschen. Hier blieb man bei dem eher nüchternen Begriff »efficiency«, welche jedoch – ähnlich wie »Rationalisierung« in Deutschland – eine Überhöhung zur allgemeinen gesellschaftlichen Heilslehre erfuhr. »Rationalisierung« und »efficiency« sollten die gesamte Gesellschaft durchdringen und deren Probleme lösen. Nebenbei stilisierten sich damit die Rationalisierer und die Ingenieure zu Problemlösern par excellence.

Ebenso erlebten in den USA wie in Deutschland die Begriffe »mass production« und »Massenproduktion« erst eine öffentliche Verbreitung, als Henry Ford 1925 für den Ergänzungsband der Encyclopaedia Britannica einen entsprechenden Artikel hatte verfassen lassen. Darin hieß es:

> *Massenproduktion bedeutet nicht nur die Produktion großer Mengen, denn dies könnte man auch ohne die Erfordernisse der Massenproduktion haben. Massenproduktion bedeutet auch nicht nur Maschinenproduktion, die es auch ohne Ähnlichkeiten zur Massenproduktion geben könnte. Massenproduktion heißt, die Prinzipien Kraft, Genauigkeit, Wirtschaftlichkeit, Systematik, Kontinuität, Geschwindigkeit und Wiederholung in der Produktion zur Geltung zu bringen. Das übliche Ergebnis ist eine Betriebsorganisation, die zu niedrigsten Kosten, in kontinuierlichen Mengen ein nützliches, vom Material, der Qualität und der Form her einheitliches Gut erzeugt. Die notwendige Vorbedingung der Massenproduktion ist eine latente oder offen daliegende Kapazität der Massenkonsumtion, das heißt, dass diese in der Lage ist, die großen Produktionsmengen aufzunehmen. Die beiden gehen Hand in Hand.*

Das von Rationalisierungstheoretikern formulierte ökonomische Rationalprinzip bedeutete allgemein formuliert nichts anderes, als mit einem möglichst geringen Aufwand einen möglichst hohen Ertrag zu erzielen. Auf den ersten Blick erscheint dieses Prinzip einleuchtend und allgemein zustimmungsfähig. Schwierigkeiten ergeben sich, wenn man die Frage stellt, an welchen Zielen und Werten die Ergebnisse rationellen Wirtschaftens gemessen und wie die Gewinne, die sich aus der Rationalisierung des Produktionsprozesses ergeben, verteilt werden sollen. In der betrieblichen Praxis steht meist die Verbesserung der Ertragssituation vornan. Dahinter existieren jedoch zahlreiche weitere und teilweise konfligierende Unternehmensziele, wie die Verbesserung der Marktposition oder die Erhöhung der Flexibilität. Rationalisierungsmaßnahmen können an dem investierten Kapital, an der Quantität und Qualität der Arbeit oder an den technischen Produktionsmitteln ansetzen, wobei diese Faktoren meist miteinander verflochten sind.

Die Strategien für eine mengenmäßige Vergrößerung des Ertrags und eine Reduzierung des Aufwands werden meistens gleichzeitig verfolgt. Manche technischen Rationalisierungsmaßnahmen dienen sowohl dem einen wie dem anderen Ziel. Das gilt besonders für die vielleicht erfolgreichste Form der Rationalisierung, nämlich die Maschinisierung und Automatisierung. In vielen Fällen trugen neue Maschinen und Automaten zu einer erheblichen Produktionssteigerung bei. Ihre Anschaffung amortisierte sich also über den Ertrag. Gleichzeitig sparten sie Arbeitskräfte ein.

Massenproduktion stellt eine besondere Form der Rationalisierung dar. Das von dem Nationalökonomen Karl Bücher 1910 formulierte »Gesetz der Massenproduktion« besagt, dass die Stückkosten sinken, wenn die Fixkosten auf möglichst große Stückzahlen verteilt werden. Gelingt es z. B., den Ausstoß einer Maschine oder Anlage (Stückzahlen) ohne deren Erweiterung oder die Einstellung neuer Arbeiter (Fixkosten) zu steigern, dann erhöhen sich zwar die Materialkosten (flexible Kosten), die Stückkosten sinken aber, das heißt die Produkte kosten weniger. Massenproduzierte Konsumgüter sind also preiswerter als in Einzel- oder Serienfertigung hergestellte. Allerdings verläuft die Grenze zwischen den verschiedenen Formen der Fertigung fließend. In aller Regel enthalten einzeln oder in kleinen Serien gefertigte Waren Teile oder Vorprodukte aus der Massenproduktion. So besteht Designermode aus massenproduzierten Garnen und Tuchen, wird aber von einer Schneiderin an der Maschine genäht, und Hersteller von Designerlampen greifen auf massenproduzierte Metalle und Kunststoffe zurück. Die Massenproduktion durchdringt auf subtile Weise die gesamte Konsumwelt.

In gewisser Weise sind Bemühungen um Produktionseffizienz so alt wie die Technik und damit die Menschheit. Markante Produktivitätssteigerungen fanden in der in Großbritannien im späten 18. Jahrhundert beginnenden Industrialisierung statt. Ihr produktionstechnischer Kern bildete die in einer Fabrik aufgestellte Maschine einschließlich des mit Dampf oder später elektrisch betriebenen Antriebs. Um sie herum entstand eine neue Arbeitswelt mit neuen betrieblichen Organisationsformen. Im 19. Jahrhundert drangen Industrialisierung, Fabriksystem und Maschinisierung in weitere europäische Länder vor. Ob die Rationalisierung eine besondere wirtschaftliche und gesellschaftliche Dynamik auslöste, hing von den herrschenden wirtschaftlichen und gesellschaftlichen Rahmenbedingungen in den einzelnen Ländern ab.

Nach dem Ende des amerikanischen Bürgerkriegs 1865 waren diese nirgendwo so günstig wie in den USA. Kein Markt wuchs in einem solchen Tempo. Das riesige Land wurde gerade erst erschlossen, und die Bevölkerung vermehrte sich kräftig aufgrund der Fertilität der Familien sowie der Einwanderung. Nirgends expandierten die Märkte in solch hohem Tempo. Der amerikanischen Industrie bereitete es die größten Schwierigkeiten, die Binnennachfrage zu befriedigen. Die Knappheit an Arbeitskräften führte zu Lohnsteigerungen. Daraus erwuchs ein beträchtlicher Rationalisierungsdruck. Die Industrie bemühte sich, die knappe und teure Arbeit so weit wie möglich auszunutzen oder durch Maschinenarbeit zu ersetzen.

Für die sich im Laufe des 19. Jahrhunderts in den Vereinigten Staaten herausbildende Produktionsweise prägten Beobachter die Bezeichnung »American system of manufactures«. Mit diesem Begriff wiesen sie auf den hohen Stellenwert der Typisierung hin, der Normierung, der Präzisionsfertigung und des Austauschbaus. Amerikanische Maschinenbaufirmen führten weniger Produkttypen im Programm als europäische, stellten aber dafür größere Stückzahlen her. Die Normierung der Maschinenteile ermöglichte eine Reduzierung der Fertigungstiefe, d. h. die Unternehmen bezogen viele Teile von spezialisierten Zulieferern, anstatt alles selbst herzustellen. Verbesserte Maschinen stießen mit der Zeit mehr und mehr passfertige Teile aus, die bei der Montage keiner handwerklichen Nacharbeit mehr bedurften. Der schon vorher als Mischsystem aus Hand- und Maschinenarbeit entwickelte Austauschbau basierte somit ausschließlich auf Maschinenarbeit.

Frederick W. Taylor und Henry Ford

Eine Heerschar von Ingenieuren und Kaufleuten, deren Namen weitgehend unbekannt geblieben sind, etablierte Rationalisierung und Massenproduktion in der amerikanischen Industrie. Größere Bekanntheit erlangten Einzelne – weil ihnen besondere Rationalisierungsleistungen gelangen oder weil sie die in zahlreichen Unternehmen ablaufende tägliche Rationalisierungsarbeit auf den Begriff brachten und in der Öffentlichkeit propagierten. Zu ihnen gehörten Frederick W. Taylor und Henry Ford, deren Namen geradezu zu Synonymen für Extreme der amerikanischen Rationalisierung wurden. In der Fachwelt errang Taylor Ansehen durch seinen hochwertigen Werkzeugstahl und Ford durch seine Massenproduktion von Automobilen. Die breite Öffentlichkeit identifizierte den Taylorismus mit einer durch die Stoppuhr angeleiteten Arbeitshetze, den Fordismus mit der Herstellung billiger Autos mit Hilfe des Fließbands.

Der aus einer puritanischen Familie stammende Maschinenbauingenieur Frederick W. Taylor fasste zahlreiche an sich schon bekannte Rationalisierungsmaßnahmen zu einer plakativen Lehre zusammen. Der Titel des 1911 erschienenen Hauptwerks »The Principles of Scientific Management« enthält deren Essenz. Taylor erhob den Anspruch, die von Erfahrung und Faustregeln geprägte Arbeit in der alten Fabrik durch exakte wissenschaftliche Methoden zu ersetzen. Seine Vorstellung ging dahin, dass es für jede Arbeit »the one best way«, eine optimale Form der Ausführung, gebe. Dieses Optimum gelte es durch Beobachtung und Messung zu ermitteln. Taylor beobachtete die Arbeiter, zerlegte deren Tätigkeiten in ihre wichtigen Bestandteile und maß den jeweiligen Zeitaufwand mit der Stoppuhr. Anschließend wurden die »besten«, d. h. in der Regel die kürzesten, Arbeitselemente zuzüglich eines ziemlich willkürlichen Zeitpuffers wieder zusammengesetzt und die vorher mit Hilfe von Eignungstests ausgewählten Arbeiter entsprechend angelernt. Es lag schon ein gewisser Euphemismus darin, diese Vorgehensweise als »wissenschaftlich« scharf von dem Bisherigen abzugrenzen. Tatsächlich profitierte die Methode von der Erfahrung der besten Facharbeiter und Meister, deren Techniken und Handfertigkeiten die Taylorisierer übernahmen. An den Rationalisierungsgewinnen wollte Taylor die Arbeiter beteiligen. Er erhob sogar den Anspruch, den jeweils gerechten Lohn auf wissenschaftliche Weise zu bestimmen – was ihn nicht nur den Gewerkschaften, sondern auch dem kaufmännischen Management verdächtig machte.

Die Rationalisierung war bei Taylor Aufgabe der Ingenieure. Das von Ingenieuren besetzte Betriebsbüro – später sprach man von Arbeitsvorbereitung – legte die Arbeitsverläufe in allen Einzelheiten fest, wählte die dafür geeigneten Arbeiter aus und bereitete sie auf ihre Tätigkeiten vor. Damit übernahmen die Ingenieure Aufgaben, die vorher den Arbeitern selbst oder den Meistern anvertraut waren. Dies bedeutete eine Polarisierung der Qualifikationen und eine Verlagerung der Kompetenzen hin zu den Betriebsingenieuren.

Im Zentrum des Taylorismus stand eine Reorganisation der Arbeit. Darüber hinaus wollte Taylor auch die betriebliche Fertigungstechnik optimieren. Dabei ging er in der Regel von der vorhandenen maschinellen Ausrüstung aus, suchte diese aber besser auszunützen. Ein Beispiel hierfür waren seine Experimente zur Optimierung der spannenden Bearbeitung von Eisen und Stahl mit Drehmaschinen. Die Experimentatoren variierten die wichtigsten Parameter wie Schnittgeschwindigkeit, Schnitttiefe und Vorschub und generierten daraus Betriebsvorschriften für die Maschinenarbeit. Aus den Experimenten gingen neuartige gehärtete Werkzeugstähle hervor, der »Schnellstahl«, sowie Tabellen und Spezialrechenschieber, die Angaben für die Einrichtung der Maschinen lieferten. Der eher konservative Ansatz Taylors erschien vielen Unternehmern attraktiv, versprach er doch Rationalisierungsgewinne bei überschaubaren Investitionen.

Der »Schnellstahl« machte Taylor zu einem wohlhabenden Mann, die Zeitnahme per Stoppuhr zu einer der umstrittensten Persönlichkeiten der Industriegeschichte. Für Taylors Anhänger verkörperte die Stoppuhr die wissenschaftliche Exaktheit der Lehre, für seine Gegner stand sie für Arbeitshetze und Antreiberei. Ins Bewusstsein der breiten Öffentlichkeit geriet die Auseinandersetzung durch einen gegen Taylor gerichteten Streik in einer staatlichen Waffenfabrik und sich anschließenden Anhörungen vor dem amerikanischen Kongress. Entgegen der lebhaften öffentlichen Resonanz blieb die praktische Bedeutung der reinen Lehre Taylors jedoch gering. Der Taylorismus bildete nur die Spitze eines Eisbergs von Rationalisierungsmaßnahmen. Und selbst die Taylorisierer modifizierten in der Folge die Lehre ihres Meisters in vielfacher Weise.

Frederick W. Taylor kann man innerhalb der Rationalisierungsbewegung als Reformer der Fabrik bezeichnen, Henry Ford als Revolutionär. Wie Taylor übernahm Ford aus dem amerikanischen Maschinenbau und aus der Rationalisierungsbewegung einzelne

Elemente; im Unterschied zu Taylor verarbeitete er sie jedoch nicht zu einer Lehre, sondern setzte sie am Produkt Auto in die betriebliche Wirklichkeit um. In ungleich größerem Maß als Taylor vertrauten Ford und seine Ingenieure der Dynamik des produktionstechnischen Fortschritts. Taylor veränderte zunächst Organisationsstrukturen und danach Arbeitsinhalte und technische Ausrüstungen. Ford ging dagegen vom technischen Produkt und der Produktionstechnik aus und passte die Organisation den technischen Veränderungen an. Fords Ingenieure konstruierten zunächst ein fertigungsgerechtes Einheitsauto. Danach suchten sie die Fertigung so weit wie möglich zu maschinisieren. Ebenso sollte bei der Montage der Teiletransport mechanisch erfolgen. Bei dem damaligen Stand der Fertigungstechnik gelang dies nur begrenzt. Dennoch führte die Strategie zu dramatischen Produktivitätssteigerungen und Verbilligungen des von Ford gebauten Modells T. Der für das Produktivitätswachstum gezahlte Preis bestand in einer Verschlechterung der Arbeitsverhältnisse. Den Mitarbeitern blieben die nicht zu mechanisierenden Restarbeiten, das maschinelle Gefüge der Fabrik gab den Rhythmus an den Arbeitsstationen und Montagebändern vor.

Den ideologischen Überbau zur Rationalisierung der Automobilproduktion lieferten Ford und seine Mitarbeiter in der Zwischenkriegszeit nach. Fords von einem Ghostwriter verfasste Autobiographie enthielt eine Art Unternehmensphilosophie. Sie sang das Hohelied der produktiven industriellen Arbeit, welche allein – als »Dienst« an der Gesellschaft – Werte schaffe. Die durch Arbeit und technischen Fortschritt erzielten Gewinne sollten eine gerechte Verteilung finden: an die Arbeiter, die Allgemeinheit sowie die Manager und Besitzer. Den Arbeitern versprach Ford hohe Löhne, der Allgemeinheit niedrige Preise und den Managern und Besitzern stattliche Renditen. Er verkündete, dass die im Automobilbau entwickelten Prinzipien auf jegliche wirtschaftliche Tätigkeit zu übertragen seien. Damit sei es ein Leichtes, allgemeinen Wohlstand zu erzeugen und die Armut abzuschaffen.

»Deutsche Wertarbeit« versus »amerikanische Massenproduktion«?

In Deutschland ging die Rationalisierung eigene Wege. Im Unterschied zu den USA setzte sie mehr am Produkt als an der Produktion an. Sie zielte weniger auf Massenproduktion denn auf kleinere Stückzahlen. Damit entsprach sie dem heterogenen Markt der deutschen Industrie. Die Produkte der im Export tätigen Firmen mussten unterschiedlichen Anforderungen in den einzelnen Ländern gerecht werden. Und auch der deutsche Binnenmarkt zeichnete sich durch eine wenig homogene Nachfrage aus. Die differenzierte Qualitätsproduktion in Deutschland – früher sprach man von »deutscher Wertarbeit« – erforderte eine große Flexibilität der Unternehmen und eine hochqualifizierte Facharbeiterschaft.

Um den Ersten Weltkrieg herum lösten der Taylorismus und der Fordismus Diskussionen aus, inwieweit die amerikanischen Rationalisierungslehren für die deutschen Verhältnisse taugten. Die Skepsis gegenüber der Lehre Taylors bezog sich auf dessen problematisches Menschenbild. Man stellte in Abrede, dass die Lehre zur deutschen Produktvielfalt und Qualitätsarbeit passe. Die positivere Aufnahme des Fordismus in der Öffentlichkeit speiste sich aus den darin enthaltenen Wohlstandsversprechungen. Dagegen meldeten Industrielle schon früh Zweifel an, ob in Deutschland eine Massenproduktion nach amerikanischem Vorbild einen Markt finden werde.

Differenzen gab es hinsichtlich der Vereinbarkeit von Qualität auf der einen Seite sowie Maschinenarbeit und Massenproduktion auf der anderen. Die Kritik an der Maschinenarbeit entstammte teilweise einer dem alten Handwerk nachtrauernden Sozialromantik. Allerdings erreichte im ersten Jahrhundert der Industrialisierung vielfach die maschinelle Fertigung tatsächlich nicht die Qualität der handwerklichen Produktion. Dies änderte sich jedoch in den Jahrzehnten um 1900, und heute gibt es zahlreiche Produkte – man denke nur an elektronische Bausteine und geometrisch komplizierte Bauteile –, die per Hand überhaupt nicht gefertigt werden könnten. Kontrovers diskutiert wurde die Vereinbarkeit von Qualitätsarbeit und Massenproduktion. Mehrere Diskutanten vertraten die Position, dass man grundsätzlich auch Massengüter in hoher Qualität produzieren könne. In der industriellen Wirklichkeit ziele die Massenproduktion aber meist auf Billigwaren, bei denen Qualitätsabstriche in Kauf genommen würden.

Jedenfalls entstand in der Zwischenkriegszeit ein Netzwerk an Institutionen, die einen spezifisch deutschen Weg der Rationalisierung verfolgten. Die Rationalisierungspraxis erhielt immer dann neuen Schwung, wenn – manchmal auch nur sektoral – Knappheit an Arbeitskräften herrschte. Hierzu gehörte die zweite Hälfte der 1920er Jahre mit ihrer Investitionsgüterkonjunktur, die Rüstungskonjunktur während des Nationalsozialismus und die Zeit der Hochkonjunktur in den 1950er und 1960er Jahren, welche jetzt auch von der Konsumgüterproduktion getragen wurde. In konjunkturell guten Zeiten stand die Rationalisierung weitgehend außer Kritik. In wirtschaftlichen Krisenzeiten jedoch wurde die Rationalität der Rationalisierung kritisch hinterfragt, und die Gewerkschaften suchten Rationalisierungsschutzabkommen abzuschließen.

Das zentrale Ziel der Rationalisierung, die Erhöhung der Produktivität, blieb über die Zeiten stabil, die Rationalisierungspraxis und die Rationalisierungsdiskussion wechselten mehrfach ihre Perspektiven. Taylor und Ford hatten die Arbeitenden noch in erster Linie als passive anzulernende und anzuleitende Werkzeuge betrachtet. In der Zwischenkriegszeit wurde die Rationalisierung dagegen sozialpsychologisch erweitert. Die Rationalisierer werteten die Zufriedenheit der Mitarbeiter zu einer Bedingung für den Unternehmenserfolg auf. In der Unternehmenspraxis konnte dieser Ansatz auf Manipulation oder patriarchalische Fürsorge hinauslaufen oder auf Mitbestimmungsmodelle. Die Mitbestimmung bezog sich noch in erster Linie auf die eigenen Mitarbeiter und schloss deren überbetriebliche Interessenvertretungen – etwa in Gewerkschaften – aus. Für die Betreuung der Arbeiter und Angestellten wurden eigene Abteilungen eingerichtet. Probleme innerhalb des Unternehmens suchten deren Mitarbeiter mit Hilfe von Personalgesprächen zu lösen. Darüber hinaus boten sie den Arbeitern eine Art allgemeine Lebensberatung an, die sich auf dem schmalen Grat zwischen sozialer Hilfestellung und paternalistischer Bevormundung bewegte. Manche Firmen gewährten Sozialleistungen wie eine Alters-Zusatzversorgung, einen Gesundheitsdienst oder eine Vermögensbeteiligung.

Für die Freizeit der Beschäftigten offerierten sie Sport und Unterhaltung. Eine zentrale Frage war, ob und in welchem Umfang die Mitbestimmung auch die Organisation des Betriebs und der Arbeit erfassen sollte. In der Nachkriegszeit fanden solche Initiativen eine Fortsetzung unter Stichworten wie »Humanisierung der Arbeit«.

Automatisierung: Realität und Vision

Die starre Massenproduktion eines Henry Ford bewährte sich in expandierenden stabilen Märkten. In Zeiten der Instabilität, die sich durch Veränderungen des Kundengeschmacks ergaben, durch wirtschaftliche Krisen, Umgewichtungen in der Kostenstruktur oder das Auftreten neuer Konkurrenten auf dem Weltmarkt, erwies sie sich als Problem. So stieß die von Ford für das komplexe Produkt Automobil entwickelte starre Massenproduktion in den 1920er Jahren an Grenzen. Die Kunden wollten nicht immer das gleiche Auto erstehen, sondern verlangten nach anderen Modellen und Modellvarianten. Später, seit den 1970er Jahren, schufen die Erhöhungen und Schwankungen der Öl- und Energiepreise beträchtliche Unsicherheiten bezüglich der Nachfrage. Im Rahmen der Globalisierung drängten neue Wettbewerber vor allem aus ost- und südostasiatischen Industrie- und Schwellenländern auf den Markt. In solchen durch Wandel geprägten Zeiten stellte sich für die Unternehmen die Aufgabe, Anlagen der Massenproduktion flexibler zu gestalten. In den alten Industriestaaten entzogen sich Unternehmen der preiswerten Konkurrenz, indem sie auf Qualitätsprodukte mit ihren kleineren Stückzahlen umstiegen. Oder sie nutzten die Nähe zu den Märkten, nahmen kurzfristig Aufträge herein und lieferten just-in-time. Die starre Massenproduktion fand eine teilweise Ergänzung und Ablösung durch flexiblere Produktionsformen.

Bereits im 19. Jahrhundert entstanden Produktionsmaschinen, die Massenprodukte wie Garne, Nägel, Nieten oder Schrauben weitgehend automatisch fertigten. Bei solcher Massenware lohnten sich die Investitionen und die aufwendigen Vorbereitungsarbeiten. Ein weiterer Schritt in Richtung Automatisierung war der maschinelle Transport der Roh- und Halbfertigteile zur Bearbeitungsmaschine bzw. von einer Werkzeugmaschine zur anderen. Beispiele hierfür finden sich in der amerikanischen Uhrenfertigung schon in den 1880er Jahren und in der Automobilindustrie in den 1920er Jahren. Dabei handelte es sich aber – und daran hat sich bis zur Gegenwart nur quantitativ etwas geändert – um Insellösungen, die sich auf einzelne Teile oder Bearbeitungsvorgänge bezogen.

Nach dem Zweiten Weltkrieg setzte international eine exzessive öffentliche Automatisierungsdiskussion ein. Die Visionen einer weitgehenden Automatisierung speisten sich aus der Entwicklung elektronischer Rechner. Mit ihnen schien die Möglichkeit gegeben, die gesamte Fertigung durch Computer zu steuern und den Informationsfluss in der Fabrik zusammenzufassen. Die in der zweiten Hälfte der 1950er Jahre auf den Markt kommenden computergesteuerten Werkzeugmaschinen schienen ein erster Schritt bei der Erweiterung der Automatisierung von der Massenproduktion in die Kleinserien- und Einzelfertigung zu sein. Das spätere Konzept der »flexiblen Fertigungssysteme« ging von aufeinander abgestimmten numerisch gesteuerten Bearbeitungszentren und Transfereinrichtungen aus. Nachdem Industrieroboter einzelne Montagearbeiten wie das Punktschweißen übernahmen, verbreiteten Protagonisten der Automatisierung die Vision der menschenleeren Fabrik. Sie riefen damit ablehnende Reaktionen hervor, die eine drohende Massenarbeitslosigkeit ausmalten. Lange Zeit hatte man den Dienstleistungs- und Verwaltungssektor für nicht automatisierbar gehalten. Die Leistungserhöhung und der Preiszerfall der elektronischen Rechner und ihrer Anwender-Software stellten diesen Irrtum unter Beweis. Als Folge tauchten, ähnlich wie in der Produktion, überzogene Visionen auf, wie die des papierlosen Büros. Computer und Automaten sind heute aus der Produktion und der Verwaltung nicht mehr wegzudenken. Sie verbilligen Produkte und Dienstleistungen und machen sie vielfach erst erschwinglich. Nicht wenige Arbeitsvorgänge sind ohne Computer und Automaten gar nicht mehr vorstellbar. Das bedeutet jedoch nicht, dass die Menschen und die alten Speichermedien völlig aus der Fertigung und aus der Verwaltung verschwinden. Die menschenleere Fabrik und das papierlose Büro sind längst in der Ablage gelandet.

Rationalisierungsprinzipien durchdringen die Produktion

Rationalisierung und Massenproduktion verfolgen allgemeine Prinzipien. Diese finden in den meisten Bereichen der Produktion Anwendung – ob es sich nun um stoffliche Produkte, wie Massen- und Schüttgüter oder einfache und komplexe Stückgüter, oder um Energie und Information oder um eine Dienstleistung handelt. Zu den Prinzipien gehören fertigungsfreundliches Konstruieren, Standardisierung mit den Unterpunkten Typisierung und Normierung, Steigerung des Material-, Energie- und Informationsflusses mit den Unterpunkten Vergrößerung der Produktionseinheiten, Beschleunigung des Durchlaufs sowie Permanenz und Kontinuität der Produktion, Sparsamkeit sowie Maschinisierung und Automatisierung.

Der Begriff des fertigungsfreundlichen Konstruierens thematisiert den Zusammenhang zwischen Entwurf und Herstellung. Die Konstruktion der Produkte determiniert bis zu einem gewissen Grad die Produktion und beeinflusst damit die Kosten. Gerade bei der Massenproduktion können konstruktive Kleinigkeiten große Auswirkungen auf die Fertigungskosten besitzen. Fertigungsfreundliches Konstruieren verlangt eine enge Zusammenarbeit zwischen Konstruktion und Fertigung, zwischen zwei Abteilungen, die im Allgemeinen seit dem späten 19. Jahrhundert in den Unternehmen organisatorisch getrennt waren. Dass fertigungsgerechtes Konstruieren auch heute noch angemahnt wird, weist darauf hin, dass es hier um grundsätzliche Probleme der Firmenorganisation und der Unternehmenskultur geht.

Das »Gesetz der Massenproduktion« besagt, dass sich hohe Stückzahlen kostenmindernd auswirken. Ein Mittel zur Erhöhung der Stückzahlen ist die Standardisierung der Erzeugnisse in Form von Typisierung und Normierung. Unter Typisierung versteht man die Vereinheitlichung ganzer Produkte, unter Normierung die Vereinheitlichung der Teile verschiedenartiger Produkte. Eine Reduzierung der Zahl der Typen oder der Normteile erhöht die Mengen und senkt die Fix- und damit die Stückkosten. Die entscheidende Frage ist, ob die Käufer die niedrigen Preise honorieren und die geringere Vielfalt des Angebots in Kauf nehmen. Die Bereitschaft hierzu war und ist bei den amerikanischen Konsumenten ausgeprägter als bei den deutschen. Die Massenproduktion zahlte sich in den USA also nicht nur wegen des größeren Marktes aus, sondern auch wegen des homogeneren Konsumentengeschmacks.

Typisierung bedeutet Reduzierung des Warenangebots, Normierung nicht unbedingt. Mit einer verminderten Zahl an Normteilen kann weiterhin eine große Produktvielfalt gefertigt werden. Normierung lohnte sich am meisten bei ausgesprochenen Massenteilen, wie Muttern und Schrauben. Sie setzte im 19. Jahrhundert auf betrieblicher Ebene ein, fand eine Ausdehnung im Rahmen von Industrieverbänden und wurde um den Ersten Weltkrieg herum auf nationaler Ebene institutionalisiert. Aufgrund der Spezifika der Marktverhältnisse dominierte in Deutschland im Vergleich zu den USA die Normierung gegenüber der Typisierung.

Normierung und Austauschbau stehen in einem Wechselverhältnis. Austauschbau bedeutet, dass die Produkte gleiche Teile enthalten, diese also ausgewechselt werden können. Austauschbau setzt also auf das jeweilige Produkt bezogene Normteile voraus. Eine allgemeine Normierung erweitert die Möglichkeiten des Austauschbaus über das einzelne Produkt hinaus. In den USA führten Waffenfabriken den – zunächst noch kostenintensiven – Austauschbau in der ersten Hälfte des 19. Jahrhunderts bei Musketen und Pistolen ein. Das Motiv bestand darin, während militärischer Auseinandersetzungen schadhafte Waffen schnell reparieren zu können. In der zivilen Fertigung ging es dagegen von vornherein um Kostenvorteile. Erstmals ließen sich diese bei einfachen Wand- und Tischuhren realisieren. Im Laufe des 19. Jahrhunderts drang der Austauschbau in weitere Bereiche vor: in die Fertigung von Nähmaschinen, Schreibmaschinen, Taschenuhren, Fahrrädern und anderem mehr. Anfangs erfolgte der Austauschbau in einem aus Maschinen- und Handarbeit bestehenden Mischsystem. Die schnellen und preiswerten, aber nicht sehr präzisen Maschinen bearbeiteten das Teil vor. Handwerkliche Nacharbeit mit Feile, Schaber und Schmirgelwerkzeugen schuf die erforderliche Genauigkeit. Um die Jahrhundertwende waren verbesserte Werkzeugmaschinen in der Lage, Austauschteile in großer Präzision zu fertigen; auf das handwerkliche Nacharbeiten konnte verzichtet werden.

Eine Steigerung des Material-, Energie- und Informationsflusses mit dem Ziel einer Erhöhung des Outputs lässt sich durch Vergrößerung, Beschleunigung und Verkontinuierlichung der Produktion erreichen. Letzteres bedeutet, dass die Fertigung andauernd, ohne Pausen, erfolgt. Bei einer Vergrößerung der Produktionseinheiten, sei es der Fabrik, der Anlage oder der Maschine, erhöhen sich die Kosten normalerweise nicht in gleichem Umfang wie die Erträge aus der vermehrten Produktion. Allerdings setzen diese »Economies of Scale« voraus, dass der größere Ausstoß einen Markt findet. Die »Economies of Speed« bedeuten eine Vergrößerung des Outputs durch Beschleunigung des Durchlaufs. Dies kann durch Verdichtung der Arbeit geschehen, wie bei der tayloristischen Rationalisierung, aber auch durch verbesserte maschinelle Ausrüstungen, wie leistungsfähige Gebläse oder Pumpen. Besonders in der chemischen Industrie lassen sich Stoffumwandlungen durch Zufuhr von Energie, Optimierung der eingesetzten Stoffmengen oder mit Hilfe von Katalysatoren beschleunigen.

Der Output wird gesteigert, wenn die Produktion ohne Unterbrechung läuft. Dabei kann man zwischen zeitlicher Permanenz und technischer Kontinuität unterscheiden. Permanenz heißt im Extremfall, den ganzen Tag und das gesamte Jahr zu produzieren. Eine Reihe vor- und frühindustrieller Gewerbe hing von den Jahreszeiten ab. So konnten manche Biersorten nur im Winter gebraut, manche Tuche nur im Sommer gefärbt werden. Der Übergang zur ganzjährigen Produktion nutzte die Anlagen und die Arbeitskräfte besser aus und senkte die Kosten. Das gleiche gilt für die Produktion rund um die Uhr. In der Vor- und Frühindustrialisierung wurde üblicherweise nur bei Tageslicht gearbeitet. Im 19. Jahrhundert ermöglichten Gas- und elektrisches Licht Industrieunternehmen einen 24 Stunden umfassenden Dreischichtbetrieb.

Die Produktion kann kontinuierlich oder diskontinuierlich bzw. chargenweise erfolgen. Kontinuierliche Produktion läuft weitgehend ohne technisch oder arbeitsorganisatorisch bedingte Unterbrechungen ab. Dies bedeutet natürlich eine Vermehrung des Durchlaufs und des Outputs. Diskontinuierliche Produktion beinhaltet von vornherein Unterbrechungen. Bei der chargenweisen Produktion wird eine bestimmte Menge bearbeitet, ehe eine neue Charge oder Losgröße in Angriff genommen wird. Im Laufe der Industrialisierung wurden zahlreiche Produktionsprozesse von diskontinuierlichen oder chargenweisen zu kontinuierlichen Verfahren weiterentwickelt. Die meisten chemischen Verfahren, wie die Herstellung von Schwefelsäure oder Soda, erfolgten zunächst chargenweise, weil sich nur so der Prozess beherrschen ließ. Beim Übergang zu kontinuierlichen Verfahren ersetzte man vielfach feste Stoffe durch leichter zu transportierende Flüssigkeiten und Gase. Die im Laufe der ersten Hälfte des 20. Jahrhunderts erfolgende Ablösung der Kohle- durch die Petrochemie bot unter anderem auch Vorteile für die Verkontinuierlichung der Produktion. Große Schwierigkeiten bereitet eine kontinuierliche Produktion bei Stückgütern. So wurden Garne lange Zeit auf Zweiphasenmaschinen gesponnen, bei denen sich das Verdrehen und Verziehen der Spinnfasern und das Aufwickeln des Fadens abwechselten. Im Maschinenbau stellte es eine enorme Herausforderung dar, komplexe Produkte wie Automobile in Fließfertigung herzustellen.

Die meisten der bislang angeführten Prinzipien der Massenproduktion zielen auf eine Erhöhung des Outputs. Beim umgekehrten Weg, nämlich der Reduzierung des Inputs, geht es um die Einsparung von Arbeit und Kapital. Konkret heißt das, Lohnkosten und Ausgaben für die Produktionsanlagen, die eingesetzten Stoffe und die eingespeiste Energie zu verringern. Die Kosten für die Produktionsanlagen hängen nicht zuletzt von der Zahl der Verfahrensschritte ab. Gelingt es, diese zu reduzieren, so sinken in der Regel auch die Produktionskosten. Einsparung von Arbeit kann, muss aber nicht Arbeitsverdichtung bedeuten. Arbeitsprozesse lassen sich auch durch organisatorische Maßnahmen effizienter gestalten.

Einsparungen bei den Rohstoffen ergeben sich aus dem Einsatz preiswerter Stoffe oder einer Verminderung der Abfälle. Der Einsatz preiswerter Stoffe darf sich jedoch nicht zum Nachteil der Produkte auswirken. Eine Reihe von Verfahren der chemischen Industrie profitierte davon, dass es gelang, teure Katalysatorstoffe durch billigere zu ersetzen. Besonders in der chemischen Schwerindustrie mit ihrem großen Stoffumsatz besitzen Sparmaßnahmen eine große wirtschaftliche Bedeutung. Eine Erhöhung der Ausbeute, das heißt eine Verbesserung des Verhältnisses von stofflichem Input zum Output, lässt sich durch Optimierung der Anteile der am Prozess beteiligten

Stoffe, der Temperatur- und Druckführung, des zeitlichen Ablaufs und andere Maßnahmen erreichen. Hierzu gehört die weitgehende Verwertung aller Nebenprodukte. Sie können in den Prozess zurückgeführt oder zu anderen Stoffen weiterverarbeitet werden. Das Ideal wären geschlossene Stoffkreisläufe – sowohl innerhalb des Unternehmens wie über seine Grenzen hinaus.

In der Grundstoffindustrie spart eine Reduzierung des Energieeinsatzes nicht nur unmittelbar Geld, sondern auch mittelbar, weil die Anlagen thermisch weniger belastet werden. Bei manchen Produktionsverfahren, wie bei der Sodaherstellung, konnten Verfahren entwickelt werden, die den Energieverbrauch erheblich reduzierten. Bei anderen, wie der Erzeugung von Eisen und Stahl, summierten sich energiesparende Prozessinnovationen, bis zuletzt die in den Grundstoffen Kohle und Erz enthaltene Energie für die gesamten weiteren Verarbeitungsschritte ausreichte. Die Grundstoffe nicht eingerechnet, wandelte sich das Eisenhüttenwesen von einem Energienachfrager zu einem Energieanbieter.

Entwicklung der automatisierten Massenproduktion

Maschinisierung und Automatisierung der Produktion stellte die vielleicht erfolgreichste Rationalisierungsstrategie dar. Außerdem ging es vielfach um die Kontrolle und Macht im Produktionsprozess. Die Maschinen ersetzten qualifizierte Arbeiter, die ihre günstige Position in akzeptable Arbeitsbedingungen und hohe Löhne umgemünzt hatten. In vielen Fällen war es zunächst zweifelhaft, ob die Maschinen produktiver als die Arbeiter waren. Dies änderte sich jedoch meist schnell, weil die automatischen und maschinellen Produktionsverfahren ständig verbessert wurden. Letzten Endes konnte erst die maschinelle Massenproduktion die meisten Konsumgüter in ausreichender Menge für die gesamte Bevölkerung herstellen. Manuell hätten sich die riesigen Stückzahlen gar nicht herstellen lassen.

Massenproduktion bereitete bei den einzelnen Güterklassen unterschiedliche Schwierigkeiten. Im Allgemeinen ging der Weg der Massenproduktion von den Massen- und Schüttgütern über die einfachen Stückgüter zu den komplexen Stückgütern. Massen- und

Schüttgüter sind Gase, Flüssigkeiten oder feste Stoffe, welche eine geometrisch unbestimmte Form besitzen. Zu ihnen gehören Gase wie Wasserstoff, Sauerstoff und Chlor, Flüssigkeiten wie Milch, Bier und Schwefelsäure sowie zahlreiche feste Stoffe wie Mehl, Eisen und Stahl, Soda und Chlorkalk. Massen- und Schüttgüter sind relativ homogen, lassen sich einfach transportieren und müssen im Fertigungsprozess nicht in eine bestimmte Form gebracht werden.

Im Unterschied hierzu besitzen einfache Stückguter eine bestimmte, meist relativ kompakte Oberflächengestalt, welche es in der Produktion zu erzeugen gilt. Sie bestehen aus nur wenigen Materialien. Diese sind meist leicht zu bearbeiten, und die Genauigkeitsanforderungen sind gering. Hierzu gehören Konsumgüter aus Holz, Papier, Glas und Keramik, einfache Haushaltsgeräte, Gefäße, Möbel, Seife, Filme und anderes mehr. Manche einfachen Stückgüter, wie Garne und Tuche, werden zwar aus vielen Teilen zusammengesetzt, aber die Flexibilität des Materials erleichtert die »Montage«.

Komplexe Stückgüter enthalten mehrere Teile; ihre Zahl kann in die Tausende gehen. Sie müssen von ihrer Form und Funktion her zusammenpassen. Das Zusammenwirken der Teile stellt eine große Herausforderung für die Konstruktion und Fertigung dar. Das gleiche gilt besonders für die Herstellung präziser Passformen bei Teilen aus Eisen und Stahl. Massenproduzierte langlebige Konsumgüter, wie Nähmaschinen, Schreibmaschinen, Fahrräder, Autos und Waschmaschinen, empfanden die Zeitgenossen als grandiosen Erfolg der Fertigungstechnik. Es ist kein Zufall, dass der Begriff der Massenproduktion gerade mit dem Fordschen Automobil ins Bewusstsein der Öffentlichkeit geriet. Im Folgenden wird die Entwicklung zur Massenproduktion für die einzelnen Gütergruppen an jeweils einem Beispiel skizziert: für die Massen- und Schüttgüter am Bier, für die einfachen Stückgüter an der Seife und für die komplexen Stückgüter am Automobil.

Beispiel Bierbrauerei

Die Bierbrauerei besitzt eine Tradition von mehreren Jahrhunderten. Im Laufe der Neuzeit wurde das Bier in einer Reihe von Ländern, wie in Deutschland, zu einem der wichtigsten Lebensmittel.

Tausende kleiner und mittlerer Brauereien produzierten vor allem für die lokale Nachfrage. In der Zeit um 1900 lag in Deutschland der Bierkonsum pro Kopf bei etwa 100 Liter – bei einem markanten Süd-Nord-Gefälle. Der Umsatz der Bierindustrie, welche mittlerweile größere und teilweise überregional tätige Betriebe aufwies, entsprach in etwa dem des Steinkohlenbergbaus oder dem des Eisenhüttenwesens.

Bier, das dem bayrischen Reinheitsgebot von 1516 entspricht, wird ausschließlich aus Gerste (als Stärkelieferant), Hopfen und Wasser gebraut. Zunächst wird die Gerste in feuchtem Zustand zum Keimen gebracht, was die Inhaltsstoffe aufschließt (»Mälzen«). An die Keimung des »Grünmalzes« schließt sich die Trocknung und Röstung auf der Darre an. Beim Mälzen und Trocknen wird die Gerste mehrmals umgelagert. Von den Temperaturen des Röstens hängt es ab, ob später dunkle oder helle Biere entstehen. Das aus dem Rösten hervorgehende »Braumalz« wird gereinigt, geschrotet, mit Wasser zu »Maische« vermengt und in der Maischpfanne erhitzt. Nach Entfernen der nichtlöslichen Bestandteile bleibt die »Würze« übrig, die in Bottichen und Pfannen zusammen mit dem Hopfen weiterverarbeitet wird. Der Hopfen fördert die Haltbarkeit und die Schaumbildung und verleiht dem Bier den herben Geschmack. Danach muss die Flüssigkeit schnell abkühlen, um Säuerung zu vermeiden. Durch Zugabe von Bierhefe wird die Gärung eingeleitet. Je nach Art der Hefe setzt sich diese am Boden ab – was zu der Bezeichnung untergäriges Bier geführt hat –, oder die Hefe steigt zur Oberfläche – daher obergäriges Bier. Bei obergärigem Bier, wie Kölsch, Alt oder Weizen, vollzieht sich der Gärprozess in wenigen Tagen bei Temperaturen von 15 bis 20 Grad. Bei untergärigen Bieren, wie Pils, Lager und Export, benötigt der Gärprozess längere Zeit und niedrigere Temperaturen von 5 bis 8 Grad. Es schließt sich das Reifen des Bieres in Fässern oder Tanks an und endlich das Filtrieren und Abfüllen.

Bei der Bierbrauerei handelte es sich um einen vielschrittigen, diskontinuierlichen Prozess, der viel Erfahrung und Handarbeit verlangte. Die Braumeister bestimmten den Beginn und das Ende der biotischen Prozesse, wie das Keimen der Gerste oder die Gärung des Biers, die eingesetzten Mengen an Malz, Wasser, Hopfen und Hefe sowie die Temperaturführung der Holzfeuerungen und den Eiseinsatz. Das Umlagern der Gerste und des Malzes erfolgte per Hand, ebenso der Transport der festen Stoffe. Die Flüssigkeiten wurden durch einfache Handpumpen von einem Behälter zum nächsten befördert.

Die wahrscheinlich in bayrischen Klöstern im Mittelalter entwickelte untergärige Brauweise brachte haltbarere Biere als die obergärige hervor. Im Laufe des 19. Jahrhunderts verbreitete sie sich in ganz Deutschland. Die für die Gärung und Lagerung erforderlichen niedrigen Temperaturen beschränkten das Brauen auf die kalte Jahreszeit und auf kühle Kellerräume; Namen wie Märzen- oder Felsenbrauerei erinnern daran. Wollte man in wärmeren Jahreszeiten brauen, benötigte man große Mengen Eis. Hierfür wurde seit Beginn des 19. Jahrhunderts im Winter Natureis aus Seen und Teichen geerntet und in Eiskellern gelagert. In Extremfällen erfolgte der Eistransport über große Entfernungen, bei manchen norddeutschen Brauereien aus Skandinavien.

Marktorientierte Großbrauereien strebten danach, die Brauzeiten auszudehnen und die Unwägbarkeiten der Witterung zu reduzieren. Das probate Mittel hierfür bildete seit den 1870er Jahren der Einsatz von Kältemaschinen. Mit Kältemaschinen erzeugte man Stangeneis oder kühlte die Gär- und Lageranlagen direkt. Gegen Ende des 19. Jahrhunderts gingen mehr und mehr Betriebe zum permanenten Brauen über. In einer bis zum Konsumenten reichenden Kühlkette hielt sich das Bier frisch. Die Kühlkette umfasste spezielle Eisenbahnkühlwagen, Pferde- und Lastwagen, auf denen Stangeneis und schwere, nasse Decken das Bier vor Wärme schützten, sowie den eisgekühlten Keller des Wirtshauses.

Eine Brauerei benötigte in großem Umfang mechanische und thermische Energie. Vor der Industrialisierung setzten die Brauereien Träger ein, welche Säcke mit Gerste, Malz und Hopfen schleppten, und feuerten mit Holz. Seit der Mitte des 19. Jahrhunderts rüsteten sich die größeren Betriebe mit Dampfmaschinen aus. Der Dampf trieb vor allem Pumpen und Materialaufzüge an. Mit der Zeit wurde der innerbetriebliche Transport weitgehend mechanisiert. Kippwagen, Becherwerke, Bänder und Schnecken, Saug- und Druckluft beförderten die Rohmaterialien und die Zwischenprodukte von einer Bearbeitungsstation zur anderen. Der in der eigenen Kraftstation erzeugte Dampf oder der Abdampf der Dampfmaschinen fand zudem thermische Verwendung: für die Erzeugung warmen Wassers zur Reinigung der Behälter sowie zum Heizen der Pfannen, Bottiche und Behälter. In den Jahrzehnten um 1900 schafften sich die Brauereien zahlreiche Arbeitsmaschinen an: für das Sortieren und Reinigen der Gerste und des Malzes, das Umlagern auf der Tenne und der Darre, das Schroten, das Durchrühren der Maische und deren Trennung von nichtlöslichen Bestandteilen, das Vorbereiten und Waschen der Bierfässer, das Reinigen und Abfüllen der Flaschen und anderes mehr. In dieser Zeit begannen auch elektrische Maschinenantriebe die Riementransmissionen der Dampfmaschinen abzulösen.

Weitere von den Brauereien angewandte Prinzipien der Massenproduktion bestanden in der Vergrößerung von Anlagenteilen, etwa den Gärbottichen. Die Behandlung der »Maische« und der »Würze« wurde auf mehrere Gefäße aufgeteilt, was den Durchsatz vermehrte. Weniger erfolgreich verliefen Bemühungen, einzelne Verfahrensschritte zu verkontinuierlichen, wie das Rösten des Malzes mit Hilfe rotierender Trommeln. Das aus organischen Grundstoffen bestehende Bier und seine Vorprodukte erwiesen sich zunächst für eine kontinuierliche Produktion als zu empfindlich. Auch als dann in den 1960er Jahren kontinuierliche Brauprozesse zur Verfügung standen, brauten zahlreiche Betriebe weiter chargenweise. Fasst man die etwa ein Jahrhundert umspannende Entwicklung zusammen, so warf den größten Ertrag der Übergang zum permanenten Brauen sowie die weitgehende Maschinisierung der Brauereien ab.

Beispiel Seifenherstellung

Seife stellten seit alters her handwerkliche Seifensiedereien her. Als sich im 19. Jahrhundert mit der Konjunktur der Hygiene die Nachfrage erhöhte, kamen auch Industriebetriebe auf. Im Laufe des 20. Jahrhunderts fand ein markanter Konzentrationsprozess statt, in welchem sich Großbetriebe wie Unilever herausbildeten. Man unterscheidet zwischen Kernseifen und daraus hergestellten Feinseifen. Kernseifen entstehen in einem Siedeprozess aus Ölen und

Fetten bzw. den daraus gewonnenen Fettsäuren. Bei den Feinseifen wird die Kernseife zerspant, parfümiert und gefärbt. Sie erhält damit ein attraktives Aussehen und eine charakteristische Duftnote. In der Bundesrepublik Deutschland dauerte es bis in die Zeit nach dem Zweiten Weltkrieg, dass die Feinseife die Kernseife quantitativ überholte. Seit etwa 1970 sind in der Körperreinigung die seifenfreien Syndets auf dem Vormarsch.

Die Feinseifenproduktion besteht aus den Verfahrensschritten Sieden, Kühlen und Trocknen der Grundseife, Vermischung mit Zusatzstoffen – dazu gehören Farb- und Riechstoffe, Hilfsstoffe gegen das Austrocknen der Haut, Ranzigwerden usw. – Pressen und Schneiden des Seifenstrangs, Vorbereiten und Pressen der Seifenstücke und schließlich Verpacken. Besonders die Kontrolle der in den Siedekesseln stattfindenden Verseifung erforderte eine Menge Erfahrung. Enthielt die Grundseife zu viel Alkali, konnte dies die Haut angreifen; bei zuviel unverseiftem Fett konnte die Seife ranzig werden. Seit etwa 1900 traten bei der Prozessüberwachung chemische Analysen neben die »Sinnenprobe« der Siedemeister, ohne – und das gilt bis zur Gegenwart – die empirische Erfahrung völlig zu ersetzen.

Die Maschinisierung der Seifenherstellung setzte in den 1880er Jahren ein, wobei – wie bei der Bierbrauerei –Dampfanlagen und Kältemaschinen eine wichtige Rolle spielten. Der Dampf lieferte die Betriebskraft und ersetzte die direkte Feuerung der Siedekessel. Beim Kühlen kamen Platten- und Walzenkühlmaschinen zum Einsatz, außerdem Hobel- und andere Zerkleinerungsmaschinen, Mischmaschinen, Maschinen zur Homogenisierung der Seifenmasse, Bandtrockner, Strangpressen, Stückschneidemaschinen, Stückpressen und Verpackungsmaschinen.

Größere Schwierigkeiten als die Maschinisierung bereitete die um die Jahrhundertwende in Angriff genommene Verkontinuierlichung der Seifenproduktion. Am Anfang standen kontinuierlich arbeitende Kühlwalzen. In der Zwischenkriegszeit erweiterte eine Reihe von Firmen die Verkontinuierlichung über das Kühlen hinaus. Nach dem Zweiten Weltkrieg vereinigten Schneckenpressen das Mischen, Pilieren (Zugabe der Zusatzstoffe), Pressen und Schneiden des Seifenstrangs. Um die gleiche Zeit bildete die Verseifung der Rohstoffe in geschlossenen Apparaturen den Abschluss der Verkontinuierlichung und Automatisierung der Seifenherstellung. Aber auch heute noch finden sich in der Industrie hochautomatisierte kontinuierliche wie chargenweise Produktionsverfahren nebeneinander. Es gibt mehrere Gründe für den Fortbestand der diskontinuierlichen, wenn auch weitgehend maschinisierten Produktion. Die komplexe stoffliche Zusammensetzung der Qualitätsseifen erschwert die Beherrschung der zahlreichen Prozessschritte. Der sich verändernde Kundengeschmack erfordert flexible Produktionsformen. Und schließlich macht eine Verkontinuierlichung nur Sinn, wenn die vermehrte Produktion auch am Markt abgesetzt werden kann.

Beispiel Autoproduktion

Zu den Stückgütern hoher Komplexität gehört das Automobil. Es besitzt tausende Teile, deren Passgenauigkeit und Zusammenwirken hohe Anforderungen stellt. In den Vereinigten Staaten setzte die Motorisierung zwar spät ein, aber bei den Bemühungen um eine rationelle Produktion gehörte die amerikanische Automobilindustrie zu den Vorreitern. Bereits kurz nach der Jahrhundertwende suchten Firmen wie Oldsmobile Autos für breite Käuferschichten herzustellen, die sich durch Robustheit sowie Bedien- und Reparaturfreundlichkeit auszeichneten. Niedrige Preise erzielten sie durch hohe Produktionszahlen und eine moderne Produktionstechnik. Es handelte sich bereits um Massenproduktion mit maschinenfertigen Norm- und Austauschteilen. Die Maschinen und Arbeitsstationen waren nach der Bearbeitungsfolge der Teile angeordnet, das heißt nach dem Prinzip der Linienfertigung. Der Teiletransport erfolgte auf fahrbaren Tischen oder Plattformen. Arbeitsteams zogen von Montagestation zu Montagestation und setzten die Wagen zusammen.

Henry Ford knüpfte an diesen hohen Stand der amerikanischen Fertigungstechnik an, baute ihn weiter aus und ging in entscheidenden Punkten darüber hinaus. Im Jahr 1908 entschloss er sich, nur noch eine einzige Type, das legendäre Modell T, zu bauen und die gesamte Fabrikorganisation und Produktionstechnik darauf abzustellen. Der Grundaufbau des Modells blieb – bei zahlreichen Verbesserungen im Detail – nahezu zwei Jahrzehnte unverändert. Diese Stabilität der Konstruktion ermöglichte eine kontinuierliche Optimierung der Produktion. Fords 1910 eröffnete neue Fabrik war von vornherein auf Fließfertigung und leichten Materialtransport eingerichtet. In den Hallen standen so viele Einzweckwerkzeugmaschinen wie in keiner anderen Automobilfabrik. Ford führte rationelle Fertigungstechniken, wie das Stanzen und Pressen, in den Automobilbau ein. Die Montage der einzelnen Komponenten erfolgte auf speziellen Werkbänken.

Die Endmontage des Modells T fand zunächst in traditioneller Weise statt – durch auf bestimmte Arbeiten spezialisierte Gruppen, die von Montagestation zu Montagestation zogen. Der Gedanke lag nahe, wie bei der Teilefertigung auch bei der Endmontage die Arbeit auf mechanischem Weg zu den Arbeitern zu bringen, statt die Arbeiter zur Arbeit. Vorbilder für solche Transportsysteme gab es in der amerikanischen Industrie in Hülle und Fülle. Die Herausforderung lautete, sie auf das komplexe Produkt Automobil zu übertragen. Fords Ingenieure gelang im Laufe des Jahres 1914 eine weitgehende Umstellung auf Fließbandmontage; Seilzüge, Ketten, Bänder und Gleitbahnen übernahmen den Transport.

Der Ertrag der Rationalisierungsmaßnahmen übertraf alle Erwartungen. Die Produktivitätsgewinne erlaubten es Ford, den Preis für das Modell T von 850 Dollar im Jahr 1908 bis auf 360 Dollar im Jahr 1916 zu senken. Im gleichen Zeitraum erhöhten sich die jährlichen Verkaufszahlen von 6000 auf 577 000. Ford errang die Spitzenposition im amerikanischen Automobilbau mit Marktanteilen von etwa 50 Prozent. Mit insgesamt mehr als 15 Millionen Exemplaren war das Modell T lange Zeit das meistverkaufte Auto der Welt.

Um die Mitte der 1920er Jahre geriet das Fordsche Rationalisierungsmodell in die Krise. Zwischen 1923 und 1926 sank der Anteil des Unternehmens am amerikanischen Automobilmarkt von über 50 auf 30 Prozent. Hinter dem Rückgang stand eine Ausdifferenzierung des Marktes. Viele Automobilisten besorgten sich ihren ersten Wagen auf dem florierenden Gebrauchtwagenmarkt. Höhere Einkommen und Abzahlungskredite erleichterten die Anschaffung größerer Wagen. Nicht wenige Kunden wollten etwas Neues und nicht wieder das schwarz lackierte Einheitsmodell von Ford.

Andere Firmen wie General Motors stellten sich auf die Veränderungen des Marktes früher ein. Sie praktizierten häufigere Modellwechsel – mit grundlegenden wie mit kosmetischen Überarbeitungen. General Motors variablere Modellpolitik erforderte eine größere Flexibilität der Produktion. Der Konzern setzte weniger Einzweckwerkzeugmaschinen ein als Ford und mehr Mehrzweck- und Universalmaschinen. Er stellte nicht alles selbst her, sondern arbeitete mehr mit Zulieferern zusammen. Kostenreduzierungen erfolgten nicht durch extreme Typisierung, sondern durch Normteile, die in mehreren Modellen Verwendung fanden. Die flexible Massenproduktion General Motors erwies sich gegenüber der starren Massenproduktion Fords als überlegen. Als die General Motors-Tochter Chevrolet 1929 von einem Vierzylinder- auf ein Sechszylindermodell umrüstete, benötigte die Fabrik drei Wochen Produktionspause. Als Ford 1927 das Modell T einstellte, lieferte das Werk ein halbes Jahr lang keine Autos mehr aus.

Die Vor- und Nachteile der starren und flexiblen Massenproduktion hingen entscheidend von den Marktverhältnissen ab. Nach dem Zweiten Weltkrieg halfen wieder mehr inflexible Produktionsstrukturen, die Massenmotorisierung in weitere Länder zu tragen. Was das Modell T in den USA geleistet hatte, leistete der VW-Käfer, der schließlich die Produktionszahlen des Fordschen Modells übertraf, in der Bundesrepublik. Seit den 1970er Jahren gingen die meisten Autohersteller in Europa und Japan zu einer variableren Modellpolitik und flexibleren Produktionsformen über. Die Zahl der angebotenen Modelle wuchs, und die Kunden konnten die Ausstattung ihrer Wagen aus umfangreichen Angebotskatalogen zusammenstellen. Dies bedeutete jedoch keine Abkehr von der Massenproduktion. Die Hersteller verbanden vielmehr eine flexible Massenproduktion mit Baukastensystemen. Eine Reihe von Modellen baut auf der gleichen Plattform auf; zahlreiche Typen besitzen gleiche Teile und Komponenten.

Bereits in den 1950er Jahren verwandte man bei Ford für einen Produktionsbetrieb den Begriff »automatische Fabrik«. Bis zur Gegenwart muss man jedoch, besonders in der Montage, die in der

Das Volkswagenwerk feiert 1955 den millionsten Käfer

Automobilindustrie stattgefundene Automatisierung relativieren. Seit den 1980er Jahren drangen Industrieroboter, an erster Stelle Punktschweißautomaten, später Lackieranlagen, in die Fertigung ein. Weitere Automatisierungsinseln entstanden in der Vormontage, vor allem bei formstabilen Bauteilen wie Lenkung und Kupplung und weniger bei instabilen wie Kabelbäumen. Dagegen bereitete die Automatisierung in der Endmontage mit ihren enormen Anforderungen an die Sensortechnik große Schwierigkeiten. Auch heute noch erfolgt der größte Teil der Endmontage als Verbindung von Maschinen- und Handarbeit. Dies bedeutet einen Gewinn an Flexibilität; die Bänder lassen sich leichter von einem Modell zum anderen umrüsten, an manchen Bandanlagen werden ohnehin mehrere Modelle in zahlreichen Ausstattungsvarianten gleichzeitig gefertigt.

Dennoch ist – verglichen mit der Jahrhundertwende – der Anteil der Handarbeit an der Fertigung eines Autos dramatisch gesunken. Rationelle Massenproduktion in Gestalt von Maschinisierung und Automatisierung, Typisierung, Normierung und Austauschbau, Fließfertigung und Fließbandmontage hat die Fertigungskosten und die Realpreise des komplexen Stückguts Automobil in großem Umfang reduziert.

Beispiel Elektrische Energie

Die Prinzipien der Rationalisierung und Massenproduktion gelten nicht nur für Stoffe, sondern auch für Energie und Information. Seit etwa 1880 entstand ein großer Markt für elektrische Energie. Bis zur Jahrhundertwende richtete sich die Nachfrage vor allem auf elektrisches Licht. Die elektrische Beleuchtung war zwar längere Zeit teurer als Petroleum- oder Gaslicht, bot aber mehr Sicherheit, Komfort und Prestige.

Elektrische Netze stellten von vornherein hohe Standardisierungs- bzw. Kompatibilitätsanforderungen. Das Netz funktionierte nur, wenn die Anlagenkomponenten für die gleiche Stromart, Spannung und gegebenenfalls Frequenz ausgelegt waren. Die Lichtstromnetze besaßen anfangs einen sehr kleinen räumlichen Einzugsbereich. Sie beschränkten sich auf ein Gebäude, ein Gebäudeensemble oder einige Straßenzüge. In einer Stadt gab es mehrere Netze mit unterschiedlichen technischen Standards nebeneinander. Die aus wirtschaftlichen Gründen betriebene Vergrößerung der Netze verlangte weitere Vereinheitlichungen oder die Einrichtung von Schnittstellen zwischen den Netzteilen. Seit der Mitte der 1880er Jahre erlaubte der Transformator Wechselstromleitungen unterschiedlicher Spannung miteinander zu verbinden. Mit mechanischen Umformern, bestehend aus einem Elektromotor und einem Generator auf der gleichen Welle, ließen sich verschiedene Stromarten, wie Gleich-, Wechsel- und Drehstrom, miteinander verknüpfen. Im Laufe des 20. Jahrhunderts ermöglichte die Leistungselektronik eine freiere und kostengünstigere Gestaltung der Schnittstellen.

Elektrifizierung hieß von Anfang an auch Einsatz von Maschinen, Kraftmaschinen für den Antrieb der Generatoren und Elektromotoren für die Arbeitsmaschinen. Die Fertigung der Komponenten elektrischer Netze, der Maschinen, Leitungen und Lampen, geschah ebenfalls mit hohem Maschineneinsatz. Anfangs wurden die Maschinen, Anlagen und Netze noch von Hand geregelt. Komplexere Netze ließen sich allerdings nur mit automatischen Regelsystemen betreiben.

Anders als bei der Produktion lagen der Standardisierung, Maschinisierung und Automatisierung in der Elektrotechnik also zunächst weniger ökonomische, sondern mehr funktionale Anforderungen zugrunde. Das ökonomische Rationalprinzip bestimmte dagegen von vornherein die Bestrebungen zur Steigerung des Energieflusses. Die Geschwindigkeit des elektrischen Stromes ist naturgesetzlich vorgegeben. Daher erfolgte eine Steigerung des Energieflusses durch Vergrößerung der Maschinen, Anlagen und Netze sowie durch mehr Permanenz und Kontinuität. Bei den Dampfmaschinen der ersten Wärmekraftwerke begrenzten die bei der Hin- und Herbewegung des Kolbens auftretenden hohen Massenkräfte die Laufgeschwindigkeit und damit die Leistung. Mit den sich nach der Jahrhundertwende durchsetzenden Dampfturbinen stieß man in ganz neue Dimensionen vor. Die Leistung der Turbogeneratoren stieg von damals einem Megawatt bis auf 1400 heute. Seit einiger Zeit stagniert das Leistungswachstum. Der Stromverbrauch hat sich stabilisiert, und jede Leistungssteigerung würde entsprechend große – und damit teure – Reservekapazitäten erfordern.

Der mit Großmaschinen in Großkraftwerken vermehrt erzeugte elektrische Strom muss auch Abnehmer finden. Letzten Endes läuft dies auf die Werbung von Neukunden hinaus, eine Erweiterung der Anwendung elektrischer Energie und eine räumliche Vergrößerung der Netze. Anfangs konnten sich nur Gewerbebetriebe und vermögende Privatkunden den teuren Strom leisten. Um die Jahrhundertwende kamen als relevante Stromverbraucher elektrische Bahnen sowie Elektromotoren und elektrothermische Industrieanlagen hinzu. In der Zwischenkriegszeit bezogen immer mehr Privatkunden elektrischen Strom – nicht zuletzt wegen der sinkenden Preise. Das elektrische Licht bereitete dem Strom den Weg. Elektrische

Geräte hingegen fanden in den Haushalten erst in der späten Zwischenkriegszeit und besonders in der Nachkriegszeit größere Verbreitung.

Die ersten Stromverteilungssysteme waren städtische Lichtstromnetze. Bereits vor dem Ersten Weltkrieg weiteten sich manche zu regionalen Verbundsystemen aus. Sie umfassten Ballungsgebiete wie die Bay Area um San Francisco oder Teile des Ruhrgebiets. Manche Netze wurden über größere Entfernungen aus wasserkraft- oder kohlereichen Gebieten mit elektrischer Energie gespeist. In der Zwischenkriegszeit bezogen die Verbundsysteme mit Hilfe von Überlandleitungen den Strom über noch größere Distanzen und erweiterten und verdichteten ihr Verteilungssystem in die Fläche. Seit dem Zweiten Weltkrieg wuchsen die Netze zu nationalen und teilweise internationalen Versorgungssystemen zusammen. Heute umfassen sie ganze Kontinente oder zumindest Teile davon.

Ein Schlüsselproblem für die Wirtschaftlichkeit der elektrischen Versorgungsnetze bildete die Permanenz und Kontinuität des Energieflusses. In elektrischen Netzen müssen sich Produktion und Konsumtion ständig im Gleichgewicht befinden. Eine Speicherung elektrischer Energie ist zwar möglich, aber im Unterschied z. B. zur Lagerhaltung von Schütt- oder Stückgütern in hohem Maße unwirtschaftlich. In den frühen städtischen Lichtstromnetzen wies der Energiefluss extreme Maxima und Minima auf. Licht brauchte man – bei jahreszeitlichen Unterschieden – in den Morgen- und vor allem in den Abendstunden, in der Zeit dazwischen war die Nachfrage unerheblich. Die Tageslastkurve eines Lichtstromkraftwerks ähnelte dem Schnitt durch eine Gebirgslandschaft.

In den folgenden Jahrzehnten bemühten sich die Elektrizitätsversorgungsunternehmen, die Lastkurven einzuebnen. Sie suchten neue Kunden mit Hilfe differenzierter Tarife zu gewinnen und dem Strom zusätzliche Anwendungen zu erschließen. Besonders in der Zwischenkriegszeit gelang eine Reduzierung der Differenz zwischen Verbrauchsspitzen und Verbrauchstälern. Eine weitgehende Einebnung blieb jedoch aus – wohl auch deswegen, weil die Stromerzeuger nicht auf neue Kunden im Bereich der Spitzenlast verzichten wollten.

Die rationelle Massenproduktion elektrischer Energie verwandelte im Laufe eines knappen Jahrhunderts ein Luxusprodukt für Begüterte in ein Massenprodukt für alle. Wie sehr elektrische Energie in die Lebenswelt integriert ist, wird den meisten nur beim Ausfall der Stromversorgung bewusst. Dabei dienen die riesigen Verbundsysteme nicht nur der Wirtschaftlichkeit, sondern sie vergrößern auch die Versorgungssicherheit. Allerdings können die selten auftretenden Störungen beträchtliche Teile des Netzes lahm legen. Ein weiteres Problem der Verbundsysteme besteht darin, dass sie mit Blick auf rationelle Stromversorgung ausgelegt sind, nicht aber für rationelle Energieversorgung und -verwendung. So ist es aus der Perspektive eines rationellen Umgangs mit Energie vielfach sinnvoller, Primärenergie in Form von Kohle oder Gas direkt zu verbrennen, als den Umweg über das Elektrizitätswerk mit seinen niedrigen Wirkungsgraden zu nehmen. Ebenso macht es Sinn, durch Kraft-Wärme-Kopplung die Abwärme des Kraftwerks zu nutzen und nicht die Umwelt zu belasten.

Beispiel Datenverarbeitung

Bei der Gewinnung und Verarbeitung von Informationen gelten ähnliche Prinzipien der Rationalisierung und Massenproduktion wie bei der stofflichen Produktion und der Energiewandlung. Informationen sind für jedwede menschliche Handlung von Bedeutung. Informationen bieten Wettbewerbsvorteile, stellen also eine Quelle von Macht und Einfluss dar. Besonders die Regierungen und ihre Verwaltungen suchten von Anfang an, relevante Informationen über die Einwohner in ihrem Herrschaftsbereich zu erlangen und zu verarbeiten. Die wichtigsten Mittel hierfür waren die Schrift und andere Aufzeichnungssysteme.

Im Laufe des 19. Jahrhunderts weiteten die Staatsregierungen die von alters her durchgeführten Volkszählungen zu komplexen statistischen Erhebungen aus. Die traditionellen Werkzeuge dafür waren Stift und Papier. Die Erheber erfassten verschiedene Merkmale auf Strichlisten, addierten sie und werteten sie statistisch aus. Die Vermehrung der Fragen ließ diese traditionelle Methode an ihre Grenzen geraten. Unter anderem galt dies für die alle zehn Jahre durchgeführte amerikanische Volkszählung. Beim Zensus von 1880 gelang es 1500 Personen in über siebenjähriger Arbeit nicht, die an sich geplanten Auswertungen zum Abschluss zu bringen.

Der Ingenieur Herman Hollerith nahm dies zum Anlass für die Entwicklung von Lochkartenmaschinen, welche bei der Volkszählung von 1890 zum Einsatz gelangten. Die Maschinen zählten die durch Lochungen auf Karten markierten Merkmale elektromechanisch aus und verknüpften sie für statistische Zwecke. Sie sparten Arbeit und damit Zeit, was wiederum Raum für neue Anwendungen gab. Nachdem sich die Hollerithmaschinen bei den Massendaten der Volkszählung und anderen statistischen Erhebungen bewährt hatten, drangen sie in neue Märkte vor, bei den Eisenbahnen, den Postverwaltungen, bei Versicherungen, Banken, Krankenkassen und in der Industrie. Diese Kunden nutzten die Maschinen für Statistiken, die Personalverwaltung, die Lohnbuchhaltung, für Lagerhaltung, Kostenerfassung und Kundenbetreuung. Hollerith und sein Unternehmen standen an den Anfängen der Datenverarbeitungsindustrie. 1924 ging daraus die International Business Machines Corporation (IBM) hervor, eine der Größen des heutigen Computermarkts. Seit den 1960er Jahren begannen EDV-Anlagen Lochkartenmaschinen vom Markt zu verdrängen.

Die datenverarbeitenden Maschinen konnten immer mehr Informationen verarbeiten, und zwar im Einzelnen durch Beschleunigung, Vergrößerung und Organisation. Beschleunigung bezog sich weniger auf die Signale – wie bei der Energie bildet hier die Lichtgeschwindigkeit eine natürliche Grenze –, sondern auf die Schaltzeiten. Die Schaltzeiten der aufeinander folgenden Maschinengenerationen, Lochkartenmaschinen, Röhrenrechner, Transistorrechner – heute werden Nanorechner ins Auge gefasst –, reduzierten jene der Vorgänger um Dimensionen. Vergrößerung bezieht sich bei der Datenverarbeitung nicht auf die physische Größe, sondern auf Kapazitätserhöhung durch Vermehrung der Schaltelemente bei gleichzeitiger Miniaturisierung. Als Ergebnis dieser Entwicklung leisten heute Notebooks mehr als frühere voluminöse, tonnenschwere Rechner. Der Begriff Organisation schließt die Rechnerarchitektur und die Software ein.

Leistungssteigerung und Preiszerfall – welche weit über das bei stofflichen und energetischen Produkten Erreichte hinausgingen – erschlossen dem Computer eine Fülle neuer Anwendungen. Aus dem gewerblich-kommerziellen Bereich drang Rechentechnik in vielfältiger Form in den Alltag ein. Die dabei zur Verfügung gestellten Informationen hätten sich mit traditionellen Methoden menschlicher Arbeit gar nicht mehr generieren lassen – sei es aus technischen oder aus ökonomischen Gründen.

Ein Teil der durch Rationalisierung und Massenproduktion erzielten Produktivitätsgewinne resultierte in Lohnerhöhungen und Preisreduzierungen. Die aus den beiden Faktoren zusammengesetzten Realpreise sanken bei vielen Produkten seit der Industriellen Revolution dramatisch. Ein Beispiel: Wenn sich ein Industriearbeiter 1905 den billigsten Daimler hätte anschaffen wollen, dann hätte er 25 000 Stunden dafür arbeiten müssen, 1985 für den billigsten Mercedes nur noch 2000 Stunden. Die Realpreise reduzierten sich allerdings in den einzelnen volkswirtschaftlichen Sektoren recht unterschiedlich. Am meisten bei Industriewaren und landwirtschaftlichen Produkten. In den Teilen des Dienstleistungssektors, wo Maschinen eine große Rolle spielen, wie im Verkehrs- und Transportwesen, sanken sie tendenziell. In jenen Teilen, wo der personelle Service dominiert, wie im Hotel- und Gaststättengewerbe oder beim Haareschneiden, erhöhten sie sich. Die Differenzen betonen die große Bedeutung der Substitution menschlicher Arbeit durch Maschinen für die Herausbildung der Konsumgesellschaft.

Handel und Vertrieb

Im 19. und 20. Jahrhundert veränderte sich das Einkaufen und das ihm zugrunde liegende System des Handels in gravierender Weise. Nicht mehr die Selbstversorgung dominierte, sondern die Marktversorgung. Immer weniger Menschen lebten auf dem Land, wo die Selbstversorgung leicht fiel, und immer mehr Menschen in der Stadt, wo sie auf die Angebote des Marktes angewiesen waren. Die Märkte selbst weiteten sich von lokalen und regionalen zu nationalen und globalen aus. Es waren nicht zuletzt technische Innovationen, die die Ausdehnung der Handelswege ermöglichten: die Eisenbahn, das Dampfschiff, das maschinelle Kühlen, die Telegraphie und weitere

Techniken der Kommunikation. Gekühlte oder gefrorene Lebensmittel ließen sich mit Kühlwagen oder per Kühlschiff über große Entfernungen transportieren. So gelangten seit den 1880er Jahren Bananen aus der Karibik in die USA und Fleisch aus Argentinien, Australien und Neuseeland nach Europa. Seit den 1870er Jahren waren alle Kontinente durch transozeanische Telegraphiekabel miteinander verbunden. Damit ließ sich der Handel nach dem System von Bestellung und Lieferung und mit größerer Geschwindigkeit abwickeln. Mit der Zeit reduzierten weitere technische Innovationen die Transport- und Kommunikationskosten. Heute haben sie bei zahlreichen Gütern nur noch eine marginale Bedeutung.

Handelsformen im Überblick

Der Ausweitung der Märkte entsprach die Konzentration des Handels. Den rapide steigenden organisatorischen Anforderungen konnten nur größere Unternehmen nachkommen. Nur ihnen gelang es, sich in dem zunehmenden Konkurrenzkampf durchzusetzen. Die entstehenden Großunternehmen besaßen ihre Ursprünge zum Teil in kleinen Geschäften. Sie wuchsen mit dem Erfolg neuer Vertriebskonzepte. Manche gliederten sich später Produktionsbetriebe an. Auf der anderen Seite weiteten manche Massenhersteller ihren Vertrieb bis zu den Endkunden aus, weil sie mit den Leistungen des traditionellen Handels nicht zufrieden waren. Langlebige technische Konsumgüter, wie Automobile, aber auch Nähmaschinen, Büromaschinen und landwirtschaftliche Maschinen, ließen sich nur verkaufen, wenn der Hersteller Dienstleistungen wie Einweisung, Wartung und Reparatur garantierte.

Den Handelskonzernen und den Massenproduzenten fiel es aufgrund ihrer Marktmacht leicht, günstige Einkaufspreise zu erzielen. Sie organisierten und verbilligten die weit gespannten Lieferketten, indem sie z. B. die Zahl der Zwischenhändler reduzierten. Sie arbeiteten nach dem Prinzip: durch niedrige Preise hohen Umsatz zu erzielen – durch hohen Umsatz günstige Preise zu ermöglichen. Dabei konnten sie das Warensortiment erweitern oder auch zugunsten der Preise reduzieren. Sie erprobten neue Distributionsformen wie das Kaufhaus und das Shopping Center, Filialketten oder Franchise-Unternehmen, Selbstbedienung, Direktvertrieb und Versand. Zunächst getrennte Vertriebsformen näherten sich einander an und wuchsen teilweise zusammen. Als der Versandhandel stagnierte, gliederten sich die amerikanischen Versandhäuser Läden und Kaufhäuser an, welche bald für den Großteil des Umsatzes sorgten. Ladenketten wandelten sich vor allem seit der Zwischenkriegszeit in Supermärkte oder Kaufhäuser um. Kaufhäuser betätigten sich im Versand, gründeten Filialen, wurden zu Ketten und erweiterten ihr Angebot durch Lebensmittel-Supermärkte und Fachgeschäfte. Konzentration des Handels, Segmentierung des Marktes und Differenzierung des Warenangebots verknüpften sich auf vielfältige Art und Weise.

Im Laufe des 19. Jahrhunderts drängten die kleinen, im Eigentum der Betreiber befindlichen Fachgeschäfte die Straßenmärkte in den Hintergrund. Auf dem Land führten sie ein breiteres Warenangebot, in der Stadt ein spezielleres. Seit dem späten 19. Jahrhundert erhielten sie Konkurrenz durch neue Vertriebsformen: das Kaufhaus, den Versandhandel, die Kettenläden, die Einheitspreisgeschäfte und die Konsumgenossenschaften. Allerdings dauerte es Jahrzehnte, bis die neuen Formen des Einzelhandels größere Marktanteile gewannen. In den USA war dies in den 1930er Jahren der Fall, in der Bundesrepublik Deutschland erst in der Nachkriegszeit. In den Vereinigten Staaten bestimmten bereits in der späten Zwischenkriegszeit Ladenketten das Bild der Innenstädte. Darunter befand sich ein nicht unerheblicher Anteil an Geschäften, welcher die Kundschaft mit Warengruppen zu Einheitspreisen lockte. Deutlich geringere, aber immer noch mehr als doppelt so hohe Marktanteile wie in Deutschland, besaß in den USA das Kaufhaus. Einige Prozentpunkte wiesen der Versandhandel und die Shopping-Center auf.

In Deutschland dagegen bewegte sich in der Zwischenkriegszeit der Anteil des Klein- und Fachhandels am gesamten Einzelhandelsumsatz in der Größenordnung von 80 Prozent. Jeweils einige wenige Prozentpunkte sind dem Kaufhaus, den Kettenläden, den Konsumgenossenschaften und dem Versand zuzuordnen. Noch viel geringer war der Anteil der Einheitspreisgeschäfte; Einkaufszentren an der Peripherie der Städte waren nicht vorhanden. Eine weitgehende Ablösung der traditionellen Verkaufsgeschäfte erfolgte erst in der Bundesrepublik Deutschland im Laufe von Jahrzehnten. Um die Jahrtausendwende bestimmten dann die Ketten den Handel. Die ganz überwiegende Zahl der hochwertigen Fachgeschäfte und Boutiquen, der Kaufhäuser und Einkaufszentren, der Supermärkte und Discounter war in Form von Ketten organisiert. Der größte Unterschied gegenüber den USA bestand in dem unterschiedlichen Stellenwert des Shopping-Centers. Das außerhalb der Kernstadt verkehrsgünstig gelegene Shopping-Center bzw. die Mall stellt die amerikanische Einkaufsstätte per se dar. Dagegen ergänzt das Einkaufszentrum in Deutschland eine vielfältige Einkaufslandschaft in den Innenstädten.

Die Bedeutung der Markenartikel

Die neuen Formen des Einzelhandels boten günstige Preise und erweiterten das Warenangebot, gestalteten aber auch die Beziehung zwischen Verkäufer und Käufer unpersönlicher. Zwischen dem Kunden und seinem Händler oder seiner Verkäuferin konnte eine Vertrauensbeziehung entstehen; in den riesigen Verkaufsgeschäften, bei der Selbstbedienung oder beim Internethandel stellte sich die Vertrauensfrage neu. Als Antwort darauf kann man den Markenartikel interpretieren. Die Hersteller oder der Handel markierten – daher die Bezeichnung – den Artikel durch einen Warennamen, ein Symbol und eine charakteristische Verpackung, garantierten damit Qualität, Menge und Preis und machten ihn durch aufwendige Werbekampagnen bekannt. Sie suggerierten, dass ihre Marke besser sei als jene der Konkurrenz, ganz zu schweigen von den Nicht-Markenwaren. Mit der Zeit drängten symbolische Botschaften Aussagen zum Gebrauchswert der Ware in den Hintergrund. Durch den Kauf eines Markenprodukts soll sich der Kunde in einer sozialen Gruppe situieren und sich zu einem spezifischen Lebensstil bekennen.

Die Werbung der Markenartikler zielte auf eine Erweiterung des Bekanntheitsgrads der Marke und auf Markentreue: Der Kunde sollte immer zum gleichen Produkt greifen. Tatsächlich ist gerade bei Waren des täglichen Bedarfs die Markentreue hoch. Die Marke schützt vor unliebsamen Überraschungen, sie bietet das Erprobte und Bewährte: Marken gewähren Sicherheit in einer unsicheren Welt. Im für den Hersteller günstigsten Fall tritt der Markenname an die Stelle der Produktgattung, wie Tempo-Taschentücher an die Stelle der Papier-Taschentücher, Tesa an die des Klebefilms, Nivea an die der Hautcreme. Bei großem Erfolg wird der Markenartikel zur Dachmarke aufgewertet. So gab das 1911 auf den Markt gebrachte Hautpflegemittel Nivea seinen Namen seit etwa 1930 an zahlreiche andere Produkte weiter.

Die Geschichte des Markenartikels ließe sich Hunderte Jahre zurückverfolgen. Eine beschleunigte Verbreitung erfuhr er parallel zur Steigerung des Konsums. Seit den 1870er Jahren wurden Bestimmungen des Markenschutzes verabschiedet. In der Folge ließen sich Unternehmen vermehrt Warenzeichen schützen. Zunächst bezogen sich die meisten auf Lebensmittel, insbesondere Genussmittel, wie Sekt, Tee, Kaffee, Kakao und Schokolade. Erst in der entwickelten Konsumgesellschaft, in den USA in der Zwischenkriegszeit, in Deutschland in der Nachkriegszeit, dominierten Markenartikel die Regale der Geschäfte. Vielfach besaß die Marke einen größeren Bekanntheitsgrad als das Unternehmen – wenn die Namen nicht ohnehin identisch waren. Unternehmen organisierten sich entlang ihrer großen Marken; Firmenakquisitionen zielten auf erfolgreiche Marken.

Glanz und Glamour der Kaufhäuser

Die sichtbarste der in der zweiten Hälfte des 19. Jahrhunderts auftretenden neuen Vertriebsformen war das Kaufhaus. An den verkehrsreichen städtischen Straßen und Plätzen gelegen, stach es allein schon durch seine Größe ins Auge, aber auch durch seine Aufmachung mit großen Fensterflächen, Schriften und Fahnen. Innen besaßen die neuen »Tempel des Konsums« weite, lichte Räume, in denen das Warenangebot seine Pracht entfaltete. Das Zentrum mancher Häuser bestand in einem sich über mehrere Stockwerke erstreckenden Lichthof, den eine mit den Schmuckornamenten der jeweiligen Zeit ausgestattete Kuppel krönte. Glas gehörte zu den in den Kaufhäusern verschwenderisch eingesetzten Materialien. Die großzügig platzierten Spiegel steigerten die ohnehin vorhandene Weite illusionistisch, reproduzierten die Warenauslagen und gewährten den Kunden Blicke auf sich selbst. Elektrisches Licht ließ die Einkaufshallen erstrahlen und illuminierte gezielt die einzelnen Angebote. Die Etagen erschlossen Aufzüge und später Rolltreppen. Besonders die amerikanischen Kaufhäuser sorgten mit Ventilatoren für den Luftaustausch. In der Zwischenkriegszeit installierten sie Klimaanlagen und schufen damit eine auch physisch angenehme Kaufatmosphäre. Große Eingangstore sogen die Massen der Kunden auf. Die Größe der Besucherscharen und die Anonymität der Warenpräsentation ließen keine Schwellenängste entstehen. Restaurationsbetriebe, Lesezimmer und Wintergärten boten Erholung von den Anstrengungen des Einkaufs. Manche Kaufhäuser organisierten Kunst- und Designausstellungen. Sie sollten zusätzliche Besucher anziehen und dienten der Imagepflege. Zu Fest- und Feiertagen wurde das gesamte Haus aufwendig dekoriert – so in den USA an Christmas, Thanksgiving, Mother's oder Baby's Day.

Im Angebot der Kaufhäuser dominierten Textilien sowie Haushaltswaren und Wohnbedarf, später kamen Lebensmittel dazu. Mit der Zeit führten die Kaufhäuser ein universelles Warenangebot. Heute gehen viele Kaufhäuser zu einem Shop in Shop-Konzept über, bei dem vor allem Markenartikler eigene Verkaufsflächen anmieten. Die hohen Fixkosten des Kaufhauses erforderten einen schnellen Warenumschlag. Dem dienten Sonder- und Ausverkäufe, in Deutschland insbesondere der Sommer- und der Winterschlussverkauf.

Es lag gewiss nicht an den Marktanteilen, dass vor allem in Deutschland das Kaufhaus seit der Jahrhundertwende zur Zielscheibe von Kulturkritikern und Kleinhandelslobbyisten wurde. In Deutschland lagen seine Anteile am gesamten Einzelhandel vor dem Ersten Weltkrieg bei zwei bis drei Prozent, in der Zwischenkriegszeit bei vier Prozent; für die Vereinigten Staaten kann man mit gut dem Doppelten rechnen. Erst in der Nachkriegszeit gewann das Kaufhaus größere Bedeutung. Unabhängig von seinen geringen Marktanteilen zog das Kaufhaus das Unbehagen an der Moderne auf sich. Es repräsentierte wechselweise den Handelskapitalismus, den Massenkonsum oder die Anonymität der Gesellschaft. Im Nationalsozialismus wurde die Kaufhauskritik zusätzlich antisemitisch aufgeladen.

Versandhandel – der Einkauf zu Hause

Das Kaufhaus versorgte die Städter. Die Bewohner des flachen Landes mussten auf andere Bezugsquellen zurückgreifen. Versorgungsengpässe entstanden dabei besonders in den USA mit seinen in den riesigen Weiten des Landes verstreuten Farmen. Seit der Jahrhundertwende verfügten die Farmhaushalte über ein Einkommen, das sie als Kunden und Konsumenten attraktiv machte. Der neuen Kundengruppe nahm sich der Versandhandel an, darunter die beiden größten Unternehmen, Montgomery Ward & Co. sowie Sears, Roebuck & Co. Die beiden am Verkehrsknotenpunkt Chicago ansässigen Firmen stiegen erst im späten 19. Jahrhundert in das Geschäft ein, nachdem die Eisenbahnen das Land weitgehend erschlossen hatten.

Das zentrale Verkaufsmedium des Versandgeschäfts waren die bebilderten Kataloge, welche in Millionenauflage vertrieben wurden und jeweils an die tausend Seiten Umfang besaßen. Ward und Sears führten die gleichen Produktgruppen wie die Kaufhäuser, mit der Zeit erhöhte sich der Stellenwert langlebiger Konsumgüter wie Nähmaschinen und Kühlschränke. Die Versandhäuser und deren Kataloge besaßen eine kaum zu überschätzende Bedeutung für die Verallgemeinerung des Konsumentengeschmacks. Der Katalog diente den Männern, Frauen und Kindern, die sich abends beim Schein der Petroleumlampe über ihn beugten, als Wegweiser in die amerikanische Wohlstands- und Konsumgesellschaft.

Der Versandhandel besaß seine goldenen Jahre um den Ersten Weltkrieg herum. Im Laufe der Zwischenkriegszeit gingen seine Marktanteile zurück. Jetzt erleichterte das eigene Auto den Farmfamilien einen Besuch in der Stadt. Sears und Ward reagierten auf das veränderte Kaufverhalten, indem sie sich zu Handelskonzernen mit eigenen Läden und Kaufhäusern umgestalteten.

Der deutsche Versandhandel war älter als der amerikanische. Im Unterschied zu diesem spezialisierten sich die Versender jedoch auf einzelne Produkte oder Produktgruppen, konzentrierten sich nicht auf den ländlichen Raum und zielten auf einen sozial heterogeneren Kundenkreis. Die Klientel war aus verschiedenen Gründen weniger mobil und präferierte den bequemen Einkauf zu Hause. Seine beste

Zeit erlebte der deutsche Versandhandel im wirtschaftlichen Aufschwung der beiden Nachkriegsjahrzehnte, als sich sein Umsatzanteil am Einzelhandel auf etwa 5 Prozent erhöhte. Jetzt führten die Großen der Branche, Quelle, Neckermann und der Otto-Versand, ein universelles Warenangebot.

Shopping-Center, Malls und Ladenketten

Das Shopping-Center oder Einkaufszentrum stellte eine Reaktion auf zwei Tendenzen des 20. Jahrhunderts dar: die Massenmotorisierung und die Suburbanisierung. Die Attraktivität des Häuschens im Grünen veranlasste viele Städter, in neu erschlossene Wohngebiete der Vorstädte umzuziehen. Voraussetzung hierfür war der Besitz eines eigenen Autos. Der private Wagen diente dem Weg zur Arbeit und dem Einkaufen. Einkaufszentren entstanden an Verkehrsknotenpunkten in der städtischen Peripherie, die sich sowohl aus der Stadt wie aus den Vorstädten leicht anfahren ließen.

Massenmotorisierung, Suburbanisierung und die Errichtung von Einkaufszentren setzten in den USA wesentlich früher ein als in Deutschland. Das Shopping-Center verbreitete sich in den Vereinigten Staaten mit Anfängen in der Zwischenkriegszeit nach dem Zweiten Weltkrieg mit großer Geschwindigkeit und wurde zur dominierenden Verkaufsform des Einzelhandels. Üblicherweise besitzt ein Shopping-Center mindestens ein Kaufhaus und einen Supermarkt, Spezialgeschäfte, Drogerie und Apotheke, Dienstleistungsunternehmen, Restaurationsbetriebe und Unterhaltungsmöglichkeiten. Seit den 1960er Jahren wurden im Rahmen von Bestrebungen zur Revitalisierung der Städte auch Shopping-Center in der Nähe der Stadtkerne errichtet.

In die Bundesrepublik wurde das Konzept in den 1960er Jahren aus Nordamerika importiert. Die im Allgemeinen kleineren Einkaufszentren lagen im Unterschied zu den USA sowohl innerhalb wie außerhalb der Städte und gewannen nicht die dortige Dominanz. Größer ist ihre Bedeutung im Osten Deutschlands anzusetzen. Nach der Wende errichteten kapitalkräftige »Developer« aus dem Westen große Einkaufszentren vor den Toren der Städte. Sie versprachen sich damit höhere Gewinne und umgingen die rechtlichen und baulichen Schwierigkeiten in den heruntergekommenen Innenstädten.

Die Grenzen zwischen »Shopping Center« und »Mall« sind fließend. Im Allgemeinen ist die sogenannte Mall größer, und der gesamte Einkaufsbereich ist überdacht, der englische Begriff »mall« meint das, was wir im Deutschen Shopping Center oder Einkaufszentrum nennen. Gänge oder über straßenführende Röhren verbinden getrennte Sektoren. Wasserspiele und Großpflanzen werten Freiflächen zu attraktiven Ruhezonen auf. Die überdachte und klimatisierte Mall ist als »Stadt unter der Käseglocke« unabhängig von Wind und Wetter. Die Betreiber streben danach, Kriminalität, aber auch Armut auszugrenzen und ungestörten Konsum zu ermöglichen.

1981 eröffnete beim kanadischen West Edmonton eine Mall, die sich selbst als größte der Welt bezeichnet. Sie enthält 11 Kaufhäuser, 800 Läden, 110 Restaurants, ein Hotel, eine Eisbahn, eine Kapelle, einen See und anderes mehr. 11 000 Beschäftigte stehen an einem guten Wochenendtag für bis zu 200 000 Besucher bereit. Die gigantischen Ausmaße und Angebote machen die nordamerikanischen Malls zu Anziehungspunkten mit einem riesigen Einzugsbereich. Tagesbesucher nehmen Anfahrten von mehr als hundert Meilen in Kauf, amerikanische Reisegesellschaften organisieren Einkaufsfahrten mit Übernachtung, sogar bei Rundreisen europäischer Gruppen stehen die großen Malls auf dem Programm. Das 1996 in Oberhausen eröffnete CentrO, die größte Mall Europas, kann mit den nordamerikanischen nicht ganz mithalten. Das CentrO verweist auf 220 Kaufhäuser und Geschäfte, etwa 60 Restaurationsbetriebe, ein Vergnügungszentrum mit Riesenrad, Kinos, eine Veranstaltungshalle und eine Kirche. Am besten Tag des Jahres 2005 zählte es 120 000 Besucher.

Die Malls, die Einkaufszentren, aber auch der innerstädtische Einzelhandel werden durch Ketten bestimmt. Man geht zum Einkaufsbummel in die Galeries Lafayette oder zu Woolworth, kauft seine Lebensmittel bei Edeka oder Safeway, elektronische Geräte bei Saturn oder dem Media Markt, probiert ein Kleidungsstück an bei Hennes & Mauritz oder Zara, macht eine Pause bei Tchibo oder Starbucks, geht essen bei McDonald's oder dem Wienerwald – die

Beispiele ließen sich beliebig vermehren. Manche Ketten sind über hundert Jahre alt, andere wenige Jahrzehnte. Manche sind aus einem kleinen Ladengeschäft hervorgegangen, mit anderen haben sich Großunternehmen eine Verkaufsorganisation angegliedert. Einige Ketten erlangten eine gewaltige Verbreitung. So besaß Die amerikanische Lebensmittelkette A&P besaß 15 700 Filialbetriebe im Jahr 1030, die deutsche Edeka 43 600 im Jahr 1963. Heute liegen die Zahlen im Allgemeinen niedriger, weil man zu größeren Geschäften übergegangen ist.

Die Kettenorganisation soll unter anderem durch Großeinkauf direkt beim Hersteller Kosten senken und niedrige Preise ermöglichen. Außerdem erfüllt der »Markenshop« der Kette analoge Funktionen wie der Markenartikel. Der Kunde weiß in etwa, was ihn erwartet. Indem er seiner Marke vertraut, schaltet er unliebsame Überraschungen aus. In der Zeit vor dem Ersten Weltkrieg lag der Schwerpunkt der Ketten bei Genussmitteln und Drogeriewaren. Besonders Kaffee, Tee und Tabak wurden in Kettengeschäften angeboten. In der Zwischenkriegszeit kamen vor allem Lebensmittel- und Bekleidungsketten hinzu. Eine weitgehende Verallgemeinerung fand das Konzept nach dem Zweiten Weltkrieg.

Nach den Besitzverhältnissen und der Organisation lassen sich Ketten in Filialen, Verbünde und Franchise-Unternehmen gliedern; Mischformen sind möglich. Die Filialbetriebe sind Teil eines Unternehmens, die Mitarbeiter dessen Angestellte. Bei den Verbünden sind die einzelnen Betriebe selbstständig. Im deutschen Lebensmitteleinzelhandel liegen die Anfänge der Verbünde um die Jahrhundertwende. Damals suchten Einkaufsgenossenschaften für ihre Mitglieder Kostenvorteile zu realisieren. Später erweiterten die Zentralen ihre Dienstleistungen; sie boten z. B. normierte Ladeneinrichtungen an oder übernahmen die Werbung. Beim in den letzten Jahrzehnten vordringenden Franchising erwerben die einzelnen Geschäfte vom Mutterunternehmen eine Lizenz. Sie operieren auf eigene Rechnung, unterwerfen sich aber von der Zentrale gesetzten Regeln. Hierzu gehören Standards für die Geschäftseinrichtung und das Angebot. Mit Franchising reduziert der Lizenzgeber seinen Kapitaleinsatz; der Lizenznehmer profitiert von einer eingeführten Marke.

Konsumgenossenschaften: die sozialistische Alternative

Eine spezifisch europäische Form der Kette stellte die Konsumgenossenschaft dar. Die seit den 1860er Jahren in Deutschland gegründeten wollten durch zentralen Einkauf den Arbeitern, Handwerkern oder Bauern die Waren des täglichen Bedarfs verbilligen. Später wurden die Konsumgenossenschaften als Elemente eines genossenschaftlichen Gesellschaftsmodells und als Alternative zur kapitalistischen Konkurrenzwirtschaft interpretiert. Um die Jahrhundertwende expandierte die Bewegung und erreichte ihren Höhepunkt in den wirtschaftlichen Krisenzeiten der Weimarer Republik mit einem Anteil von etwa 10 Prozent am Umsatz des Lebensmitteleinzelhandels. In der Nachkriegszeit entzog ihnen gesellschaftlicher Wertewandel und steigender Wohlstand den Boden.

Selbstbedienungsläden: Autonomie des Kunden?

Im Bestreben, die Preise zu reduzieren und die Personalkosten zu senken, verlagerten und verlagern die Unternehmen Arbeit auf die Kunden. Diese bedienen sich nun selbst aus den Regalen, transportieren die Anschaffung nach Hause und montieren sie gegebenenfalls. Besonders im Lebensmitteleinzelhandel aktualisierte die Selbstbedienung große Rationalisierungsreserven. Der Kauf im Tante-Emma-Laden erforderte Zeit – von beiden Seiten. Wenn der Kunde an der Reihe war, trug er seine Wünsche vor oder ließ sich – mehr oder weniger ausführlich – beraten. Der Verkäufer schaffte das Gewünschte herbei. Besonders aufwendig gestaltete sich mit den alten Waagen und Gewichtssteinen das Abwiegen offener Waren. Nicht nur die Waren mussten gewogen, sondern auch die häufig von den Kunden mitgebrachten Gefäße tariert werden. Der Preis des Abgewogenen wurde berechnet, schließlich alles addiert und verpackt sowie beglichen oder angeschrieben.

Die Selbstbedienung beseitigte einen Teil dieser Arbeiten – oder verlagerte sie an eine andere Stelle: Die Hersteller übernahmen das Abwiegen und Verpacken, die Kunden die Auswahl und den Transport, die zentrale Kasse die Rechenarbeiten. Das neue System verlangte vom Kunden eine Umstellung der Gewohnheiten und benötigte eine gewisse Anpassung. Im Endeffekt akzeptierten die Verbraucher und deren Organisationen die Selbstbedienung. Sie sahen darin eine Zeitersparnis und empfanden eine größere Autonomie. Sie waren nicht mehr von den Informationen der Verkäufer abhängig, sondern konnten in Ruhe die Angebote sichten, die Preise vergleichen und ihre Wahl treffen. Die meisten Kunden betrachteten die mit der Selbstbedienung einhergehende Reduzierung der sozialen Kommunikation beim Einkauf nicht als Verlust. Für die hygienisch besonders sensiblen Amerikaner sprach noch ein weiteres Argument für die Selbstbedienung. Sie begrüßten es, dass in den Läden nicht mehr mit offenen Waren hantiert wurde und vertrauten stattdessen auf die Verpackungstechnik der Lebensmittelindustrie.

Mit der Selbstbedienung gewannen die Markenartikel und ihre Verpackung an Bedeutung. Die Markenartikel übernahmen gewissermaßen von den Verkäufern die Aufgabe, den Kunden zu interessieren und zu informieren, ihn zu überzeugen und zu überreden. Der Kontakt zum Kunden wurde also unpersönlicher. Für den Handel ergab sich daraus die Aufgabe, ihn auf andere Art und Weise anzusprechen. Von Verkaufspsychologen beraten, entwarfen die Einzelhandelsunternehmen eine raffinierte Choreographie der vom Kunden zurückzulegenden Wegstrecke und der Anordnung der Waren. Dem Kunden sollten die Waren beim Gang durchs Geschäft begegnen und ins Auge springen. Kleinigkeiten, denen man das Verführungspotenzial zu Impulskäufen zutraute, wurden im Kassenbereich platziert.

Die Einführung der Selbstbedienung erfolgte eher als Prozess denn als innovatives Ereignis. Anfänge reichen weit ins 19. Jahrhundert zurück. Auch in vielen Bediengeschäften gab es bewusst in Reichweite der Kunden platzierte Warengruppen. Nach der Jahrhundertwende eröffneten in den USA mehr und mehr Geschäfte, welche die wichtigsten Attribute der modernen Selbstbedienung vereinten. Die Kunden entnahmen die Waren aus Regalen oder von Tischen, legten sie in einen Einkaufskorb und bezahlten an einer zentralen, durch eine Drehtür gesicherten Kasse. Die später aufkommende Bezeichnung »Cash-and-Carry« betonte den Unterschied zu den traditionellen Ladengeschäften: Die Selbstbedienungsgeschäfte gewährten keinen Kredit und lieferten nicht mehr nach Hause. Das

Konzept expandierte besonders in Krisenzeiten, wenn Arbeitskräfte knapp und teuer waren, wie in den beiden Weltkriegen, oder wenn auf den Cent geschaut wurde, wie in der Weltwirtschaftskrise. Am Ende des Zweiten Weltkriegs hatte die ganz überwiegende Zahl der amerikanischen Lebensmittelläden auf Selbstbedienung umgestellt. In Deutschland finden sich Anfänge der Selbstbedienung in der Zwischenkriegszeit; sie setzte sich im Zeitraum zwischen Mitte der 1950er Jahre und Ende der 1960er Jahre durch.

Im Vergleich zur Selbstbedienung steigerte der sich seit den 1880er Jahren verbreitende Warenautomat die Anonymität des Verkaufs weiter und reduzierte das Personal zusätzlich. Tatsächlich gab es eine Reihe von Versuchen, ausschließlich mit Automaten bestückte Geschäfte einzurichten, was sich aber auf Dauer nicht durchsetzte. Der Warenautomat ergänzte vielmehr die bestehenden Einkaufsmöglichkeiten für ganz wenige Produkte und an ganz wenigen Orten. Vor allem Zigaretten, Getränke und Süßigkeiten werden in relevanten Größenordnungen mit Hilfe von Automaten verkauft. Sie stehen im öffentlichen Raum und garantieren eine Versorgung rund um die Uhr.

Supermärkte und Discounter: Warenvielfalt und Billigangebote

Selbstbedienung verbindet man heute mit dem Supermarkt. Tatsächlich handelt es sich beim Supermarkt um nichts anderes als um ein besonders großes Selbstbedienungsgeschäft für die Waren des täglichen Bedarfs. Das Konzept und der Begriff Supermarkt tauchten in den USA in der Zeit der Weltwirtschaftskrise auf. Einzelhandelsunternehmen senkten mit den Supermärkten ihre Kosten und Preise. Den Verbrauchern halfen die Supermärkte, ihren Lebensstandard in der Wirtschaftskrise zu halten. Der Erfolg des Konzepts in den 1930er Jahren profitierte zudem von generellen Veränderungen des Einkaufsverhaltens. Die meisten amerikanischen Familien verfügten jetzt über ein Automobil und über einen Kühlschrank. Sie reduzierten die Frequenz ihres Einkaufs auf ein bis zwei Mal die Woche; sie steuerten Läden an, in denen sie alles für notwendig Gehaltene fanden. Die Supermärkte wurden dem gerecht, indem sie die Zahl der angebotenen Artikel vermehrten. Für die größeren

In den 1930er Jahren expandieren in den USA die Supermärkte

Mengen des One-Stop-Shoppings boten sie anstelle des Einkaufskorbs Einkaufswagen an.

Einige der amerikanischen Lebensmittelläden agierten in den 1930er Jahren bereits so, wie man es heute von Discountern kennt. Sie realisierten die mit der Benennung Discounter versprochenen niedrigen Preise durch Masseneinkauf, ein begrenztes Produktangebot, eine spartanische Ausstattung des Ladens, wenig Verkaufspersonal sowie niedrige Löhne und Sozialleistungen. Üblicherweise wird das Discounter-Konzept mit in den 1960er Jahren gegründeten, äußerst erfolgreichen Unternehmen wie Wal-Mart und Aldi verbunden. In den 1990er Jahren eroberten Discounter erhebliche Marktanteile und setzten zusammen mit den vor den Toren der Städte errichteten großen Verbrauchermärkten die traditionellen Supermärkte unter Druck.

Das Distributionssystem unterliegt ständigen Veränderungen. Der Handel greift technische Innovationen auf und reagiert auf soziokulturellen Wandel. Heute erwarten die meisten Analysten eine

Renaissance des Versandhandels aufgrund des neuen Mediums Internet. Seit Mitte der 1990er Jahre standen die technischen Mittel zur Verfügung, um die Produkte im Netz in Wort und Bild attraktiv und benutzerfreundlich zu präsentieren. Um die gleiche Zeit traten Pionierunternehmer mit auf das Netz abgestellten Geschäftsmodellen auf wie Amazon oder eBay. Bislang beschränkt sich der Anteil des E-Commerce am Einzelhandel auf einige Prozentpunkte und konzentriert sich auf wenige Produktgruppen wie Bücher, CDs, Videos und DVDs sowie elektronische Geräte. Es steht zu erwarten, dass das Internet für den Konsumgütermarkt an Bedeutung gewinnen wird – offen sind Umfang und Zeitraum.

Konsumfelder: Wofür geben die Menschen Geld aus?

Ernährung: Von der Mahlzeit zum Fast Food

Vom Hunger zum Überfluss

Die Ernährung hat sich im Laufe der Geschichte von einem existenziellen Grundbedürfnis zu einem Kulturbedürfnis gewandelt. In den vorindustriellen agrarischen Gesellschaften gehörte Hunger zu den ständigen Bedrohungen. Missernten und Hungersnöte riefen die Abhängigkeit der Menschen von der Natur in Erinnerung. In der Ersten Welt gehört diese Gefahr heute für die Mehrheit der Bevölkerung der Vergangenheit an. Landwirtschaftliche Produktivitätssteigerungen, die arbeitsteilige Kommerzialisierung der Lebensmittelversorgung, die nationale und globale Expansion der Lebensmittelmärkte und die Industrialisierung und Technisierung der Lebensmittelproduktion schaffen in den Wohlstandsgesellschaften einen Überfluss an Nahrungsmitteln.

Die in geradezu dramatischem Umfang sinkenden Lebensmittelpreise erlaubten zusammen mit steigenden Einkommen eine reichlichere und vielseitigere Ernährung. Ablesen lassen sich diese Tendenzen an der Reduzierung des Anteils der Haushaltsausgaben, der für den Einkauf von Nahrungsmitteln verwendet wurde. Die zur Verfügung stehenden Zahlenangaben werfen zahlreiche Probleme im Detail auf; die allgemeine Tendenz jedoch ist eindeutig. Um 1800 gaben amerikanische und deutsche Familien 80 bis 90 Prozent des Einkommens für Nahrungsmittel aus, um 1900 etwa die Hälfte, in der Gegenwart dagegen nur noch zwischen 10 und 15 Prozent. Der stärkste Rückgang fand nach dem Zeiten Weltkrieg statt; in den USA spielte sich dies ein bis zwei Jahrzehnte früher ab als in der Bundesrepublik.

Nicht nur die Reichhaltigkeit der Nahrung, sondern auch die Vielfalt der Nahrungsmittel nahm zu: Um 1800 zeichneten sich viele Mittagstische durch ein repetierliches Einerlei aus, in dem Kartoffeln, Mehlbreie und Zichorienbrühen dominierten. Heute hält ein amerikanischer Supermarkt angeblich 15 000 Produkte vor – überwiegend Lebensmittel. Die Konsumenten versorgen sich am Schnellimbiss oder sie delektieren sich an der Menukreation eines Spitzenkochs. Essen dient weniger der Beseitigung des Hungers, sondern mehr der Befriedigung des Appetits. Die Verbilligung der Lebensmittel hat die Bedeutung des Qualitätsproblems umgekehrt: Früher bestand die Gefahr, dass sich die Menschen zu Tode hungern, heute, dass sie sich zu Tode essen. Die reichhaltige Ernährung leistete einen nennenswerten Beitrag für den Anstieg der Lebenserwartung im 19. und 20. Jahrhundert. Auf dem erreichten hohen Niveau ist falsche Ernährung – und das heißt meistens und vor allem übermäßiges Essen – einer der wichtigsten Risikofaktoren für die Gesundheit. Dass das Problem erkannt ist, zeigt sich in der gewandelten gesellschaftlichen Bewertung der Leibesfülle. Nicht mehr der wohlbeleibte Typ, sondern der sportlich Drahtige ist das Ideal. Allerdings stellt sich die Frage: Ist das Problem der Ernährung im Überfluss auch bewältigt? Der vielfache Kreislauf von Völlerei und Diät, von Fraß und Frust verweist auf gravierende Anpassungsschwierigkeiten.

Die Bedeutung und die Funktion des Essens haben weitere tiefgreifende Wandlungen erfahren. Ging es in der Mangelgesellschaft noch in erster Linie um Sättigung durch Kalorienaufnahme, so treten in der Wohlstandsgesellschaft die symbolisch-kommunikativen Funktionen des Essens in den Vordergrund. Man kann die Unterscheidung treffen zwischen Prestigeprodukten, wie Kaviar und Champagner; Statusprodukten, die soziale Zugehörigkeit ausdrücken, was vom Managertoast bis zum Junk Food reicht; Fetisch- und Sicherheitsprodukten, wie dem angeblich entspannenden Kaffee; hedonistischen Produkten, wie dem Eis auf der Hand, mit dem man sich an heißen Sommertagen für Freizeitaktivitäten belohnt; funktionalen Produkten, wie sie auf der abendlichen Nudelparty vor dem Marathonlauf verabreicht werden. Mit Essen lässt sich Freude und Wohlbefinden ausdrücken, werden Frustrationen zu verarbeiten gesucht und vergewissert man sich seiner sozialen Identität. Die Art des Essens ist abhängig von der jeweiligen Kultur, dem Geschlecht und dem Alter, von Klassen, Schichten und Lebensstilen.

Die heutige Vielfalt, Reichhaltigkeit und Erschwinglichkeit des Lebensmittelangebots entstand in einem längeren historischen Prozess. Ein wichtiger Schritt dahin war der Übergang von der Selbstversorgung zur Marktversorgung. Erst in der Industriegesellschaft kaufte die Mehrheit der städtischen Bevölkerung die meisten Lebensmittel, während sie vorher selbst erzeugt wurden. Man begann, die Nahrungsmittel zuerst auf Wochenmärkten, in Markthallen oder Lebensmittelgeschäften einzukaufen und später im Supermarkt oder beim Discounter. Mit der Zeit dehnten sich die Lebensmittelmärkte aus: vom lokalen über den regionalen und nationalen bis hin zum globalen Handel. Dahinter standen Verbesserungen und Verbilligungen des Transports durch Straßen- und Eisenbahnbau sowie durch Motorschiffe und Flugzeuge. Mit Hilfe zunächst von Telegraph und Telefon und später der modernen Kommunikationstechnik organisierten Handelsunternehmen ihr immer größere Dimensionen annehmendes Geschäft.

Das Problem der Haltbarkeit: Konservieren, Kühlen, Gefrieren

Bei manchen Produkten wie Fleisch, Bier oder Früchten verschärfte die räumliche Ausdehnung der Märkte das alte Problem der Haltbarkeit. Mit Konservierungstechniken wurde von alters her die Kontinuität der Nahrungsmittelversorgung zu sichern gesucht – über die jahreszeitlichen Ernten hinaus sowie zur Kompensation witterungsbedingter Ernteausfälle. Zu den Techniken, wie sie im Rahmen der

Hauswirtschaft und Selbstversorgung zum Einsatz kamen, gehörten Kochen, Einsalzen, Dörren, Räuchern, Trocknen, Backen, Einlegen, Kühlen.

Der Begriff des Konservierens hat eine paradigmatische Verdichtung in der Konserve erfahren, verstanden als ein Lebensmittel enthaltender, luftdicht verschlossener Blechbehälter. Das Haltbarmachen von Lebensmitteln durch Erhitzen in Dosen und Gläsern unter Luftabschluss war im Prinzip schon länger bekannt. In die Praxis wurde die Technik im napoleonischen Frankreich und wenig später im Vereinigten Königreich eingeführt. Zunächst dienten die Konserven vor allem der Versorgung des Militärs und von Expeditionen. In den privaten Haushalten verbreiteten sie sich erst später. In den Jahrzehnten um die Jahrhundertwende wurden die Herstellungsprozesse mechanisiert und entwickelte sich eine Konservenindustrie, welche ihr Produktspektrum beträchtlich ausweitete. In den USA dürfte die Mehrzahl der Haushalte in der späten Zwischenkriegszeit Konservennahrung auf den Tisch gebracht haben, in der Bundesrepublik erst in der Nachkriegszeit.

Beim Begriff des Konservierens denkt man heute nicht nur an Konservendosen, sondern auch an Stoffe, welche die natürlichen Zersetzungsprozesse verlangsamen. Um 1900 verwandte die Lebensmittelindustrie bereits zahlreiche Konservierungsstoffe. Krabben wurden mit Borsäure haltbar gemacht und Margarine mit Benzoesäure. Es kam zu Auseinandersetzungen zwischen Lebensmittelchemikern und Lebensmittelfabrikanten über die gesundheitlichen Auswirkungen der Zusatzstoffe. Als Ergebnis wurden einige Substanzen verboten, die Verwendung anderer eingeschränkt und ab bestimmten Mengen eine Deklaration vorgeschrieben.

Den vielleicht markantesten Beitrag zur räumlichen Expansion und zeitlichen Verkontinuierlichung der Lebensmittelversorgung leistete die Kühltechnik. Die Verwendung von Eis und Schnee zum Kühlen von Speisen und Getränken reicht historisch weit zurück. Im 19. Jahrhundert entstand daraus eine große Industrie. Sie erntete im Winter Eis aus Gletschern, Seen oder künstlich angelegten Weihern, lagerte es im Sommer in Eiskellern oder großen isolierten Hallen und lieferte es in der warmen Jahreszeit zum Kühlen von Getränken und anderen Lebensmitteln teilweise über große Entfernungen aus.

Im späten 19. Jahrhundert erhielt die Natureisindustrie Konkurrenz durch verschiedene Verfahren der Kältetechnik, welche der Luft und damit dem Kühlgut Wärme entziehen. Mit Kältemaschinen ließ sich Eis künstlich herstellen, oder sie kühlten größere Behälter und Räume, von ganzen Produktionsanlagen bis zu Kühltruhen, von Kühlwagen für den Eisenbahn- oder Straßentransport bis zu Kühlschiffen. Die Ausdehnung von Lebensmittelmärkten mit Hilfe der Kühlung erforderte den Aufbau einer geschlossenen Kühlkette, die vom Ort der Erzeugung bzw. Verarbeitung bis zum Verbraucher reichte. Lebensmittel mussten möglichst schnell nach der Ernte, der Aufbereitung oder Zubereitung gekühlt werden und in diesem Zustand den Endkunden erreichen.

Am schnellsten und weiträumigsten ging der Aufbau der Kühlkette in den USA vonstatten. Dies hing damit zusammen, dass hier die Zentren der Lebensmittelproduktion und die Gebiete mit hoher Bevölkerungsdichte weit voneinander entfernt lagen, somit nur mit einer Kühlkette zu verbinden waren, und dass das hohe Einkommensniveau die immensen Investitionen rentabel machte. Der Süden und der Westen lieferten vor allem Früchte und Gemüse, Schweine- und Rindfleisch kam aus dem Mittleren Westen, und die Zentren des Verbrauchs befanden sich im Osten. Endete die Kühlkette zunächst in großen städtischen Kühlmärkten, so wurde sie in der Zwischenkriegszeit bis zum Endverbraucher verlängert. Die Verkleinerung und Verbilligung der Kühlanlagen erlaubte auch nicht spezialisierten Lebensmittelmärkten die Aufstellung von Kühltruhen. Und in den 1930er Jahren schafften sich zahlreiche amerikanische Haushalte Kühlschränke an. In Deutschland erreichten die Haushalte eine entsprechende Ausstattung erst um 1960.

In den USA sorgte Fleisch für die Verbreitung der Kühltechnik, in Deutschland das Bier. In den USA wurde und wird mehr Fleisch gegessen als in Deutschland. Der traditionell hohe Fleischkonsum schnellte seit den 1960er Jahren noch einmal in die Höhe, als sich die in den unteren sozialen Schichten verzehrten Mengen denen in den oberen Schichten anglichen. Das Rindersteak erfuhr eine geradezu hymnische Verehrung als das amerikanischste aller Gerichte. Allerdings übertraf bis Ende des 19. Jahrhunderts der Pro-Kopf-Verbrauch an Schweinefleisch den von Rind. Schweinefleisch ließ sich leichter durch Salzen und Pökeln haltbar machen, zur Dauerware in Form von Schinken und Würsten verarbeiten und damit in weiter entfernte Märkte liefern. Das Rindfleisch begann seinen Vormarsch nach dem Bürgerkrieg. Im Mittleren Westen folgte der Ausrottung der Büffel der Aufbau großer Rinderherden. Die Führungsposition bei der Fleischverarbeitung übernahm das durch Eisenbahnen hervorragend erschlossene Chicago. Die Schlachthöfe töteten und verarbeiteten die Tiere in einem durchrationalisierten Verfahren. Upton Sinclair hat in seinem 1906 erschienenen Roman »The Jungle« der Fleischindustrie ein kritisch-realistisches Denkmal gesetzt. Seit den 1870er Jahren trat der Transport von Kühlfleisch an die Stelle der Versendung von Lebendvieh. Bis zum Zweiten Weltkrieg dominierte dabei Natureis, danach wurden die Kühlwagen mit Kältemaschinen ausgerüstet. Ebenfalls in den 1870er Jahren startete die Globalisierung des Fleischtransports. Kühlschiffe brachten Rindfleisch aus Argentinien, Neuseeland und Australien nach Europa, insbesondere nach Großbritannien.

Die Bierbrauereien benötigten Kälte für das Abkühlen der Würze, eines Vorprodukts des Biers, sowie das Gären und die sich anschließenden Prozessschritte. Gekühlt ist untergäriges Bier gut haltbar und lagerfähig und bietet sich damit für einen größeren Markt an. Viele Brauereien produzierten nur im Winter oder setzten große Mengen Natureis ein. Seit den 1870er Jahren stiegen sie auf Kältemaschinen und auf ganzjährige Produktion um. Mit Hilfe von Kühlwagen ließ sich der Markt zusätzlich erweitern. Die Kühltechnik leistete also einen Beitrag zur Konzentration im Brauwesen und zur Entstehung von Großbrauereien.

Die Haltbarkeit empfindlicher Lebensmittel wie Fisch lässt sich durch Tiefgefrieren verlängern. Entsprechende Techniken standen in der Zwischenkriegszeit zur Verfügung. Von Fisch ausgehend, weitete sich das Angebot an Tiefkühlwaren aus. Voraussetzung war, dass zumindest Lebensmittelmärkte, besser noch die Endverbraucher über Gefriertruhen verfügten. In den USA begann die Verbreitung der Gefriertruhe um 1930, in der Bundesrepublik um 1960. Anfangs standen Fleisch, Geflügel, Gemüse, Früchte und Eiskrem an der Spitze des Umsatzes. Später legten speziell zubereitete Gerichte wie Pizza und Fischstäbchen, Backwaren und Pommes frites zu. Heute besteht das Angebot aus einer Vielzahl von Fertiggerichten, die sich zu kompletten Mahlzeiten zusammenstellen lassen. Deutschland rangiert beim Verzehr von Tiefkühlprodukten weit hinter den USA.

Die Welt als Garten des Verbrauchers

Die Globalisierung des Lebensmittelmarkts und der Lebensmittelversorgung erfolgte besonders markant bei Früchten. Der »Klassiker« und Wegbereiter dieser Entwicklung war die Orange. Die ursprünglich nicht für den Verzehr bestimmte Frucht stammt aus Ost- und Südostasien. In der Antike brachten sie die Römer, im Mittelalter die Araber in den Mittelmeerraum. Große exportorientierte Orangenkulturen entstanden seit Ende des 18. Jahrhunderts an der spanischen Mittelmeerküste. In Europa sind bis zur Gegenwart die spanischen Orangen Marktführer. Mit der Zeit verlagerte sich der Transport vom Schiff und der Eisenbahn auf die Straße.

Heute kann man in Deutschland das ganze Jahr über Orangen kaufen. Erreicht wird dies durch weltweiten Bezug und moderne Lagertechniken. Die europäische Orangensaison beginnt im Oktober und dauert bis April – mit Produktionsländern wie Spanien, Griechenland, der Türkei, Israel, Italien, Marokko, Tunesien und Algerien. Ware aus der südlichen Hemisphäre, aus Südafrika, Argentinien, Brasilien und Australien, steht von Mai bis August zur Verfügung. Zusätzlich lassen sich die Früchte bis zu einem halben Jahr einlagern, sodass allein schon die europäische Produktion das ganze Jahr abdecken könnte. Weltweit sind die USA und Brasilien die größten Orangenanbauer. Von den USA ging seit den 1930er Jahren der Siegeszug des Orangensafts aus. Der deutsche Orangensaft kommt großenteils als gefrorenes Konzentrat aus Brasilien.

Wie die Orange brachten die Araber auch die aus Südostasien stammende Banane nach Europa. Im 15. Jahrhundert legten die Portugiesen Bananenplantagen auf den Kanarischen Inseln an. In ihren heutigen Hauptanbaugebieten, Mittel- und Südamerika, machten erst die Europäer die Banane heimisch. Die allgemeine Vermarktung begann in den USA in den 1870er Jahren. In den großen atlantischen Küstenstädten entwickelte sich ein beschränkter Markt, den zahlreiche Importeure bedienten. Später integrierten große Konzerne wie die 1899 gegründete United Fruit Company Anbau, Transport und Vertrieb der leicht verderblichen Frucht. Die Früchteimperien mit ihren riesigen Ländereien entwickelten sich in den karibischen »Bananenrepubliken« zu einem Staat im Staate. Die United Fruit besaß Bananenplantagen und Eisenbahnen in Mittelamerika sowie Dampfschiffverbindungen in die Staaten. Die Bananendampfer erhielten zunächst Kühleinrichtungen und in späterer Zeit Klimaanlagen, weil die Banane sowohl empfindlich gegen Wärme wie gegen Kälte ist.

In der Gegenwart erfolgt der Bananenanbau in Mittel- und Südamerika in Großbetrieben mit erheblichem Dünger- und Pestizideinsatz. Nach der Ernte werden die Bananenbüschel, teilweise mit Hilfe von Seilbahnen, zur nächsten Verladestation gebracht, von wo sie Eisenbahnen oder Lastwagen zum Hafen befördern. Je kürzer die Transportzeit nach der Ernte, desto größer die Haltbarkeit. Vor dem Verladen auf die Schiffe werden die Bananen geduscht, desinfiziert und die Finger in Kartons verpackt. Beim Transport muss eine Lagertemperatur von etwa 13 Grad aufrechterhalten werden. In den Reifereien, der letzten Station vor der Auslieferung, setzt man die Bananen einer Temperaturerhöhung aus sowie dem Gas Ethylen, was die Reifung beschleunigt.

Im Laufe der Zeit füllten weitere Früchte die Obstschalen der Verbraucher. Grapefruit, Mandarine, Kiwi, Mango, Passionsfrucht und viele andere mehr reicherten entweder den Früchtealltag an oder bereiteten – noch – exzeptionelles Essvergnügen. Die Entwicklung der Transport- und Kühltechnik hat die ganze Welt zum Obstgarten, zum Gemüsebeet und zur Viehkoppel des Verbrauchers gemacht. Die Kehrseite der industrialisierten globalen Früchteversorgung besteht in einer Reduzierung des heimischen Sortenangebots. So ist in Deutschland die Zahl der Apfelsorten im Laufe eines Jahrhunderts von etwa 1000 auf 10 geschrumpft.

Die Beispiele zur Globalisierung der Lebensmittelversorgung ließen sich beliebig vermehren. Lammfleisch aus Neuseeland, Lachs aus Norwegen, Kaffee aus Brasilien, Wein aus Australien, Bohnen aus Senegal kommen heutzutage auf den heimischen Tisch. Die Globalisierung des Lebensmittelmarktes hat das Angebot vergrößert, die Preise reduziert und die Versorgungssicherheit erhöht. Frühere Luxusgüter der Reichen – man denke nur an Gewürze, Kakao und Kaffee – stellen heute selbstverständliche Bestandteile des täglichen Nahrungsangebots dar. Negative Auswirkungen des weltweiten »Nahrungsmitteltourismus« bilden Verkehrszunahme und Umweltbelastungen. Die Zahl der Flugzeuge, Schiffe, Eisenbahnwagen und Straßenlastzüge, die Tag für Tag, Nacht für Nacht unterwegs sind, um die Haushalte mit Speis und Trank zu versorgen, geht in die Hunderttausende.

Die räumliche Expansion der Nahrungsmittelversorgung wurde von dem Bestreben der Handelsunternehmen getragen, günstige Preise zu erzielen und damit die eigene Marktposition zu verbessern. Man importierte Lebensmittel aus den Gegenden, wo die naturalen Bedingungen, aber auch soziale wie die Arbeitskosten, den Anbau begünstigten. Andere Produkte wie Zuckerrohr gedeihen überhaupt nur in bestimmten Zonen der Erde. Zuckerrohr benötigt ein tropisches oder subtropisches Klima. Der Zucker kann aber auch als Beispiel für eine Dezentralisierung der Erzeugung stehen. Neben die Erzeugung aus Zuckerrohr trat die aus Zuckerrüben.

Die ursprüngliche Heimat des Zuckerrohrs war Melanesien, von wo aus die Pflanze sich in andere Länder ausbreitete. Im Mittelmeerraum machten die Araber den Zucker als Speise heimisch sowie die Technik der Zuckerraffination. Auf seiner zweiten Reise brachte Kolumbus Zuckerrohr in die Neue Welt. Die Karibik wurde zum Hauptanbaugebiet. Sklaven ernteten Zuckerrohr auf Plantagen und verarbeiteten es zu transportfähigem Rohzucker. Die Raffination erfolgte in Europa. Lange Zeit stellte Zucker ein Luxusgut dar. Er diente als Medizin oder als Gewürz und als Grundstoff für das Tafeldekor bei Festmählern. Die einfache Bevölkerung behalf sich beim Süßen ihrer Speisen und Getränke mit dem preisgünstigeren Honig oder mit Fruchtsäften.

Mit der Zeit verbilligten Plantagen- und Sklavenwirtschaft den Zucker, und der britische Seehandel sicherte günstige Frachtraten. Kolonialgetränke wie Kaffee, Kakao und vor allem der preiswerte Tee brachten den Zucker in die britischen Haushalte. Die durch gezuckerten Tee erwärmte und versüßte Arbeitspause wurde zum Ritual der Arbeiterbevölkerung, der »five o'clock tea« zur Gewohnheit der Oberschicht. Die Briten setzten sich weltweit an die Spitze des Zuckerkonsums, gefolgt von den Amerikanern.

Die in Berlin um die Mitte des 18. Jahrhunderts gemachte Entdeckung von Zucker in der Runkelrübe blieb zunächst eher folgenlos. Erst in den 1780er Jahren wurden Züchtung und systematischer Anbau zur industriellen Rübenzuckergewinnung gezielt betrieben. Es dauerte aber bis 1850, dass der Rübenzucker den Rohrzucker auf dem Gebiet des deutschen Zollvereins überholte und in den beiden folgenden Jahrzehnten weitgehend vom Markt verdrängte.

Die Diversifizierung des Anbaus und die Mechanisierung der Produktion ließen die Preise sinken und den Zuckerkonsum steigen. Süßigkeiten, süße Brotaufstriche, süße Getränke fanden zunehmend Anklang. Im Laufe des 20. Jahrhunderts verbreitete sich die Sitte des Desserts. Immer mehr Nahrungsmittel erhielten Zucker in verdeckter Form. Haushaltszucker macht gegenwärtig gerade 20 Prozent des Zuckerkonsums aus, der Rest wertet andere Speisen auf – ohne dass dies dem Esser immer bewusst ist. Zucker stellt ein zentrales Element der neuen Ernährungswelt dar; in der Nahrung haben seine einfachen Kohlehydrate komplexe abgelöst. Der Verdrängungsprozess setzte in den wohlhabenden Industriestaaten zuerst ein, ergriff mit der Zeit aber die ganze Welt.

Markenartikel aus der Lebensmittelindustrie

Im 19. Jahrhundert löste die Fremdversorgung mit Lebensmitteln die Selbstversorgung ab. Im Laufe des 20. Jahrhundert bezogen die meisten Menschen ihre Nahrungsmittel nicht mehr vom Erzeuger, sondern zunächst von handwerklichen Gewerben wie Bäckereien oder Metzgereien und schließlich von der Lebensmittelindustrie. Großunternehmen entstanden in allen Industriestaaten seit den 1870er Jahren – besonders ausgeprägt in den USA. Dazu gehörten Firmen der Konservenindustrie wie Heinz mit Gemüse, Van de Kamp mit Fertiggerichten, Biardot sowie Campbell's mit Suppen, Getränkefirmen wie Coca Cola und Backwarenunternehmen wie die National Biscuit Company. In der Zwischenkriegszeit bildeten sich große Lebensmittelkonzerne mit einem breit gefächerten Angebot heraus oder Mischkonzerne mit hohem Lebensmittelanteil.

In diese Gruppe gehören General Foods oder Standard Brands, ein Konzern, in dem Kapital aus der Schwerindustrie steckte.

All diese Unternehmen produzierten und lieferten ein großes Spektrum an Markenartikeln. Der Markenartikel zeichnete sich durch eine standardisierte und damit gleichbleibende Qualität aus und unterschied sich damit von der traditionellen Ware. Eine aufwendige, farblich gestaltete Verpackung und das Markenzeichen sollten Kaufanreize auslösen und die Wiedererkennung durch den Kunden gewährleisten. Der Markenartikel diente also gleichermaßen der Kundenbindung wie der Gewinnung neuer Käufer.

Seit dem späten 19. Jahrhundert bewegten sich die Lebensmittel bei den Werbeausgaben in der Spitzengruppe. Werbung für spezifische Lebensmittel setzte die Existenz von Markenartikeln voraus. Werbeausgaben lohnten sich zunächst vor allem für Genussmittel, wie Sekt, Tee, Kaffee, Kakao und Schokolade, für die neue Käuferschichten gewonnen werden sollten. So gehörte zum Beispiel um die Jahrhundertwende der Schokoladenfabrikant Stollwerck zu den größten Werbekunden. Die Anzeigen enthielten Aussagen zum Gebrauchswert, versuchten aber auch zunehmend, die Produkte mit Hilfe symbolischer Botschaften mit einem Image auszustatten, wobei das Bild gegenüber dem Text an Bedeutung gewann. Die Bezeichnung Hoflieferant suggerierte dem Käufer die Aufnahme in einen exklusiven Kundenkreis. Texte und Bilder zitierten gesellschaftliche Ereignisse wie Bälle oder Pferderennen. Zu den intensiv beworbenen Waren gehörten außer Prestigeprodukten neue künstliche Lebensmittel, wie Margarine oder Liebigs Fleischextrakt. Sie und Ihre Gebrauchswertversprechen mussten zunächst einmal bekannt gemacht werden. Später beriefen sich Werbeanzeigen, trotz beginnender Zweifel im immer noch wissenschaftsgläubigen 20. Jahrhundert, auf die Gesundheit und die segensreiche Wirkung von Vitaminen und Mineralsalzen.

Tütensuppe und Brühwürfel

Im Folgenden sollen einige Beispiele Veränderungen der Ernährung illustrieren. In der Lebensmittelgeschichte verbindet sich der Name Justus von Liebigs vor allem mit dem ihm zugeschriebenen

Fleischextrakt. Die Herstellung von Fleischbrühe oder Bouillon durch Ansetzen von Fleisch in Wasser und langsames Erhitzen war seit vielen Jahrhunderten bekannt. Liebig unterbreitete um die Mitte des 19. Jahrhunderts Vorschläge, wie sich Fleischextrakt für diätetische Zwecke durch Eindicken gewinnen ließ. Eine großindustrielle Produktion entstand seit 1863 in Uruguay. Damit ließ sich – nach dem Vorgang der Fleischkonserven und vor der Ära der Kühlschiffe – das billige südamerikanische Rindfleisch für den europäischen Markt weiter erschließen. Über Diätnahrung hinaus fand der Fleischextrakt in wohlhabenden Haushalten als Suppengrundstoff Verwendung.

Konkurrenz erhielt der Fleischextrakt gegen Ende des 19. Jahrhunderts durch billigere, aus Pflanzen und Kochsalz hergestellte Suppenwürzen. Mit der Zeit drängten sie den Fleischextrakt in eine Marktnische zurück. Suppenwürzen, Suppengrundlagen und Trockensuppen begründeten einen neuen Zweig der Lebensmittelindustrie mit Unternehmen wie Maggi und Knorr. Nach dem Zweiten Weltkrieg errangen beide Firmen zusammen Anteile am deutschen Suppenmarkt in einer Größenordnung von 90 Prozent. Sie produzierten kochfertige Beutelsuppen, welche den Brühwürfeln den Rang abliefen. Die Würfel boten eine Grundlage für Suppen; die Beutel hingegen traten mit dem Anspruch auf, ohne weitere Zutaten eine vollwertige Suppe zu liefern. Ihrer Verbreitung tat es gut, dass sie im Vergleich zum Würfel eine größere Werbefläche besaßen.

Surrogate: Margarine und Ersatzkaffee

In Notzeiten war eine Reihe von Lebensmitteln für die Mehrheit der Bevölkerung unerschwinglich. Wie groß der Wunsch nach solchen Luxusprodukten war, ergibt sich aus der Nachfrage nach ihren Surrogaten, nach Zichorien für Kaffee, Saccharin für Zucker oder Margarine für Butter. Die Ersatzprodukte ermöglichten den Ärmeren einen Essensgenuss, der dem Verzehr des Originals nahe kam. Und sie ebneten den Weg zum Original, der beschritten wurde, sobald die Verbraucher es sich leisten konnten. Auf diese Weise bereiteten Substitute und Surrogate den späteren Konsum des echten Produktes in der Wohlstandsgesellschaft vor.

Ein markantes Beispiel für die Wegbereiterfunktion der künstlichen Surrogate sowie deren Uminterpretation ist die Margarine. Die in den 1860er Jahren in Frankreich entwickelte Margarine sollte eine die Ernährung der Bevölkerung vermeintlich bedrohende »Fettlücke« schließen. In den 1870er Jahren stiegen in zahlreichen Ländern Unternehmen in die Herstellung ein. Wichtigstes Produktionsland wurden die Niederlande, gefolgt von Deutschland. Der Absatz erfolgte in erster Linie über den Preis. Margarine kostete etwa halb so viel wie Butter, eine Relation, welche viele Jahrzehnte aufrechterhalten blieb. De facto warben die Margarineproduzenten nicht etwa Butterkäufer ab, sondern sie ersetzten Schmalz als Brotaufstrich und eroberten Teile des durch den zunehmenden Brotverzehr wachsenden Marktes. Dennoch reagierte die Butter erzeugende Landwirtschaft allergisch und setzte ihre Lobbyisten gegen die Margarine in Marsch. Dabei hatten sie die Märkte der Zukunft im Blick sowie das Image der Butter. In Deutschland und in den USA erreichte die Agrarlobby in den 1880er Jahren eine Kennzeichnungspflicht für Margarine. Zudem wurde in Deutschland für die Margarine eine charakteristische Würfelform vorgeschrieben, in den USA wurde sie durch Abgaben belastet.

Die Weltproduktion an Margarine stieg seit ihrer Erfindung mehr oder weniger kontinuierlich an. 1895 entsprach sie etwa 10 Prozent der Butterproduktion, 1965 war fast der Gleichstand erreicht. Hinter diesen Globalzahlen kam es zu deutlichen Verschiebungen zwischen den Margarine produzierenden und konsumierenden Regionen und Ländern, hinsichtlich der Qualität und bei den Marketingkonzepten. Beim Margarinekonsum rückten die Deutschen bereits vor dem Ersten Weltkrieg an die Spitze. 1926 aßen sie erstmals so viel Margarine wie Butter. In den USA hingegen war der Margarinekonsum deutlich geringer. Die höhere Kaufkraft erlaubte es den Amerikanern, mehr Butter zu verzehren, die zudem in Relation zur Margarine weniger kostete.

Bis um 1900 wurde Margarine ausschließlich aus tierischen Fetten hergestellt. Danach gelang es, auch Pflanzenöle zu verarbeiten. Damit gewann die Margarineindustrie erheblich an Flexibilität. Durch Auswahl und Mischen der tierischen und pflanzlichen Fette und Öle ließen sich die Kosten und Qualitäten der Margarine innerhalb einer großen Bandbreite gestalten. Im Laufe des 20. Jahrhunderts verschob sich das Spektrum deutlich in Richtung qualitativ hochwertiger reiner Pflanzenmargarine. Die Hersteller begannen Margarine als gesündere Ernährungsalternative zur Butter anzupreisen. Seit etwa 1970 forcierten sie die Vermarktung spezieller Diätmargarinen – mit Preisen, welche teilweise höher als jene der Butter lagen. Tatsächlich überflügelte der Margarine- den Butterkonsum – in den USA früher als in Deutschland. Die Margarine hatte ihre Surrogat- und Brückenfunktion erfüllt. Sie hatte die weniger Wohlhabenden zur Butter hingeführt und war selbst zum hochwertigen Lebensmittel geworden.

Eine ähnliche Funktion wie die Margarine für die Butter besaß der Ersatzkaffee für den Bohnenkaffee. Der Kaffeestrauch und der Kaffee stammten aus Äthiopien. Mit der Zeit erlebte der Kaffee sowohl eine regionale wie eine soziale Verbreitung. Im 19. Jahrhundert drang er – zunächst als Sonn- und Festtagsgetränk – auch in die Unterschichten ein. Die anfänglich hohen Kaffeepreise initiierten die Suche nach Ersatzgetränken für den Alltag. Kandidaten standen hierfür in großer Zahl zur Verfügung: Kastanien, Gerste, Roggen, Weizen, Nüsse, Hülsenfrüchte, Reis, Gerste, Mandeln, Bucheckern, Eicheln, gelbe Möhren usw. Die größte Bedeutung gewann die Zichorienpflanze. Seit etwa 1770 stellten Manufakturen und später Fabriken Zichorienkaffee in großen Mengen her. Bezeichnungen wie »Bauernkaffee«, »Muckefuck« oder »Blümchenkaffee« – bei dem sich das Blümchenmuster auf dem Boden der eingeschenkten Tasse erkennen ließ –, verweisen auf den substitutiven Charakter des Zichorienkaffees. Für Deutschland lässt sich vermuten, dass bis etwa 1960 die konsumierten Mengen Kaffeeersatz die von Bohnenkaffee übertrafen. Der steigende Wohlstand kehrte die Relation um.

Birchermüesli und Kellogg's Corn Flakes

Die Industrialisierung und Technisierung der Herstellung von Lebensmitteln rief seit dem 19. Jahrhundert Kritiker auf den Plan, deren Argumente und Alternativen – wie auch heute noch – von abstruser Dogmatik bis zu fundierten Einwänden und Vorschlägen reichten. Die Geschichte der Reformbewegungen demonstriert aber auch, dass deren Prinzipien und Produkte nicht dagegen gefeit sind, durch die Nahrungsmittelindustrie rezipiert und vermarktet zu werden. Das Birchermüesli und Kellogg's Corn Flakes, beide von Ärzten entwickelt, mögen zur Illustrierung dieser Aussage dienen. Das Birchermüesli entstand um die Jahrhundertwende als Gesundheitsnahrung in einem Zürcher Sanatorium. Es bestand aus geriebenen Äpfeln, Nüssen, Haferflocken, Zitronensaft und Kondensmilch. Seinen schweizerisch-nationalen Ritterschlag erhielt das Müesli, als es die Schweizer Armee in der Zeit des Zweiten Weltkriegs in ihre Standardkost integrierte. Heute produzieren zahlreiche Firmen ein modifiziertes, insbesondere mit Zucker angereichertes Birchermüesli als beliebte Dessert- und Zwischenmahlzeit.

Kellogg's Corn Flakes tauchten zuerst 1893 in einem Luxussanatorium in Michigan auf. Aus Maismehl und Wasser zubereitet, wurden sie vor dem Verzehr über Nacht in Milch eingeweicht. Nach 1906 wurde die Diätnahrung in eine allgemeine, schnell zuzubereitende Frühstücksnahrung umgewandelt. Das hierfür ins Leben gerufene Unternehmen verarbeitete nicht mehr das ganze Korn, sondern nur noch den stärkehaltigen Getreidekern; außerdem fügte es Zucker hinzu. Die Corn Flakes bereiteten einer ganzen Gruppe neuartiger Morgenmahlzeiten aus verschiedenen Getreidesorten (Engl.: cereals) den Weg. Innerhalb kurzer Zeit waren Dutzende von Unternehmen mit Frühstücksgerichten auf dem Markt. Mit Produkten wie Kellogg's Corn Flakes, Post's Grape-Nuts, Puffed Rice und Quaker Oats sowie aufwendigen Werbekampagnen gelang es der Industrie den allgemeinen Siegeszug des Fleisches jedenfalls beim Frühstück umzukehren. Sie warben mit dem Beitrag dieser Produkte zu einer gesunden Ernährung, mit wenig seriösen Hinweisen auf deren Herkunft aus dem Sanatorium, mit der einfachen Zubereitung (»convenience«) und mit der Verpackungshygiene; sie würden bei der Herstellung nicht durch Menschenhand berührt, sondern weitgehend steril verpackt. In der Zwischenkriegszeit sprach die Werbung gezielt Kinder und Jugendliche an und versuchte sie mit beigelegten Geschenken an das Produkt zu binden. Statistiken besagen, dass in den 1950er Jahren jeder zweite Amerikaner nach einem fertigen Frühstücksgericht griff. Damit war der Gipfel der Verbreitung noch nicht erreicht. Zahlreiche Länder ahnten noch nichts von den in Windeseile zuzubereitenden und zu vertilgenden Frühstücksspeisen.

Hähnchen als Massenware

Das Hähnchen ist eines der Schlachttiere, bei denen die Industrialisierung der Zucht am weitesten vorangetrieben wurde. Lange Zeit wurden Hühner in erster Linie wegen der Eier gehalten, das Fleisch kam nur bei besonderen Anlässen auf den Tisch. Dies änderte sich allmählich seit dem späten 19. Jahrhundert und beschleunigte sich nach dem Zweiten Weltkrieg. In den USA verdrängte das Hühnerfleisch das Rindfleisch in den 1980er Jahren auf den zweiten Platz; weltweit dürfte es das dominierende Schweinefleisch in absehbarer Zeit überholen. Seinen Aufstieg verdankte das Hühnerfleisch der erfolgreichen Implementierung eines Gesundheitsimages und einer kräftigen Preisreduzierung aufgrund industrialisierter Produktionsmethoden. Musste man in der Bundesrepublik Deutschland in den 1960er Jahren noch etwa zwei Stunden arbeiten, um sich ein Hähnchen zu leisten, so sind es heute gerade noch 13 Minuten.

Seit den 1930er Jahren erhöhte sich die Produktivität der Hähnchenmast um ein Vielfaches. Heute stammen die normierten Tiere aus wenigen Züchtereien, welche Küken an Vermehrungsbetriebe liefern. Die Vermehrungsbetriebe wiederum versorgen die Hühnerfarmen. Züchtung, Käfighaltung unter kontrollierten Bedingungen und eine ausgeklügelte Fütterung haben die Zeit bis zur Marktreife verkürzt und das Gewicht erhöht. In den großen Schlachthöfen, die täglich mehr als 100 000 Tiere verarbeiten können, durchläuft das Hähnchen eine so weit wie möglich automatisierte »Fertigungslinie« mit Stationen wie Betäuben, Töten, Ausbluten, Rupfen, Sengen, Ausnehmen, Waschen, Grillen, Zerlegen und Verpacken. Abwechslung bei den Mahlzeiten ermöglichte man durch das Angebot von Brust, Schenkeln, Füßen (für China) und ganzen Tieren sowie die Kreation neuer Gerichte wie Hähnchen-Nuggets; mit »nugget«, Goldstück, wird dem kleinen goldfarbenen Fleischstück ein Wohlstandsimage verliehen.

Die Qualität industriell hergestellter Lebensmittel

Was bedeutete die Industrialisierung und Technisierung der Nahrungsmittelproduktion für die Lebensmittelqualität? Begründete Vermutungen besagen, dass sich die Qualität im 18./19. Jahrhundert beim Übergang zur Gewerbefreiheit und zur Marktwirtschaft zunächst verschlechterte. Die seit den 1870er Jahren erfolgte Umkehr zum Besseren resultierte aus der staatlichen Lebensmittelüberwachung und der Entwicklung der modernen Lebensmittelchemie. Die Nahrungsmittelindustrie besaß ein originäres Interesse, es nicht zu Umsatzeinbrüchen aufgrund von Skandalfällen kommen zu lassen. Dies verhinderte natürlich Lebensmittelskandale und Vergiftungsfälle nicht gänzlich. Schwarze Schafe und in manchen Fällen auch große Teile einer Branche suchten mit wenig appetitlichen Methoden schnelles Geld auf Kosten der Verbraucher zu machen.

Technisch-industrielle Prozesse gewannen auch bei der Lebensmittelherstellung an Bedeutung. Einerseits wurden bekannte Lebensmittel mit verbesserten oder neuen Verfahren hergestellt, oder ihre Eigenschaften mit Hilfe von Zusatzstoffen modifiziert. Andererseits entstanden aus naturalen Beständen sowie organischen und anorganischen Zugaben neue Produkte, die sich von den bisherigen Lebensmitteln in der Zusammensetzung, in der Form oder im Geschmack unterschieden. Insgesamt führte dies zu einer kaum mehr zu überschauenden Produktvielfalt. An Zusatzstoffen fanden Verwendung: Konservierungsmittel, Farbstoffe, Geschmacksverstärker wie zum Beispiel Glutamat, Stabilisatoren, die für eine gleichmäßige Mischung sorgen – hierzu gehören Verdickungs-, Gelier-, Feuchthaltemittel, Emulgatoren, Antioxidantien, naturidentische und künstliche Aromen. Heute bietet die Gentechnik erweiterte Möglichkeiten der »Konstruktion« neuer Lebensmittel. Gentechnisch modifizierte Aromen, Proteine, Enzyme und Hormone geben der Nahrung spezifische Eigenschaften; Enzyme halten Brötchen länger frisch, Hormone beschleunigen das Wachstum von Tieren. 1994 kam in den USA als erstes gentechnisch verändertes Vollprodukt eine Tomate auf den Markt. Aufgrund der Ausschaltung eines Reifegens hielten sich die Tomaten besser. Sie konnten in ausgereiftem Zustand geerntet werden – und nicht grün, wie es sonst üblich ist, wenn Tomaten über größere Entfernungen gehandelt werden.

Über die Qualität der neuen Lebensmittelwelt lässt sich streiten. Sicher nicht zu Unrecht wird der Geschmack der aus den Agrarfabriken stammenden Produkte kritisiert. Die Massentierhaltung ist zweifellos unter ethischen Gesichtspunkten bedenklich. Zahlreiche industrielle Lebensmittel tragen zu einer einseitigen Ernährung bei und zur Verbreitung von Zivilisationskrankheiten, an ihrer Spitze das Übergewicht. Allerdings sollte der Vergleichsmaßstab genannt werden. Gemessen an dem, was in der Wohlstands- und Konsumgesellschaft auf dem Gebiet der Ernährung möglich wäre, erscheint die Kritik vielfach als begründet. Gemessen an früheren Ernährungsweisen der breiten Bevölkerung, leben wir heute in einer Zeit der Fülle, Vielfalt und Qualität.

Es gehört zu den Kennzeichen der Konsumgesellschaft und ihrer Akteure auf der Produktionsseite, dass sie Wertewandel und Verhaltensänderungen in neue Marktangebote ummünzen. So reagierte die Lebensmittelindustrie seit den 1970er Jahren auf die Umweltbewegung und das gestiegene Gesundheitsbewusstsein mit neuen Produkten und einem veränderten Marketing. Die Produkte gaben sich im englischen Sprachraum als »light« oder »diet« aus. Im Deutschen vermittelten Bezeichnungen wie Natur, natürlich, Bauer, Land oder Bio die Vorstellung einer natürlichen Herkunft oder eines gesunden, kalorienarmen Lebensmittels. Auf den Verpackungen tauchten Darstellungen aus der Natur und aus dem Landleben auf – meist dem vergangener Zeiten.

Die Ursprünge des Fast Food in den USA

Fast Food kennzeichnet als Zentralbegriff populäre Tendenzen bei Lebensmitteln und der Ernährung, von denen sich Kritiker mit dem Gegenbegriff »Slow food« absetzen. Trotz der weiten Verbreitung ist die Bedeutung von Fast Food nicht sehr klar, und Abgrenzungen bereiten erhebliche Schwierigkeiten. In einer allgemeineren Bedeutung benennt der Begriff industriell hergestellte Lebensmittel, die entweder unmittelbar verzehrfertig sind oder mit geringem Aufwand, beispielsweise durch Aufwärmen in der Mikrowelle, für den

Verzehr zubereitet werden können. Die erste Gruppe reicht vom Schoko-Riegel bis zum Joghurt im Plastikbecher. Die zweite Gruppe umfasst alle Fertig- oder Schnellgerichte – im Voraus zubereitet, in Konserven oder tiefgefroren ausgeliefert. Die Bequemlichkeit der Zubereitung findet sich in der englischen Bezeichnung »convenience food«.

In einer engeren Bedeutung meint Fast Food diejenigen Gerichte, die am Schnellimbiss in Minutenfrist nach der Bestellung auf einem Pappteller oder zum Mitnehmen verpackt ausgegeben werden. In diesen Zusammenhängen tauchte der Begriff erstmals um die Mitte der 1950er Jahre in den USA auf. Häufig wird Fast Food nur auf die Angebote amerikanischer Ketten bezogen, wie den Big Mac oder den Cheeseburger. Es gibt jedoch deutsch-internationale Entsprechungen wie Bratwurst oder Döner. Allen Begriffsbestimmungen gemeinsam ist die Hervorhebung der Geschwindigkeit: der Essenszubereitung, der Essensausgabe und teilweise des Essens selbst. Übereinstimmung besteht meist auch dahingehend, dass Fast Food amerikanische Herkunft besitzt, amerikanischen Charakter verkörpert und ein Element der Amerikanisierung der Welt darstellt.

Zwar kennzeichnet Fast Food die amerikanisierte Ernährung der Gegenwart, doch ihre Wurzeln lassen sich mindestens bis ins 19. Jahrhunderts zurückverfolgen. Zeitgenössischen Berichten kann man entnehmen, dass die amerikanischen Tischsitten sehr zu wünschen übrig ließen. In der Neuen Welt vollzog sich das gemeinsame Essen ohne Konversation und in großer Hast. Die räumliche Mobilität und die geographischen Entfernungen reduzierten Essensmöglichkeiten auf Bewegungsunterbrechungen: auf die Ruhepausen der Trecks, auf den Pferdewechsel der Postkutschen, auf die Aufnahme von Speisewasser durch die Eisenbahnen, auf das Betanken der Fahrzeuge an den Benzinstationen. Die soziale Mobilisierung mit ihren Versprechungen von Wohlstand und Aufstieg machte die Parole »Zeit ist Geld« zur realen Erfahrung oder – mit der gleichen Wirkung – zur mentalen Handlungsanleitung.

Weitere Anstöße erhielt das schnelle Essen durch die Expansion der Dienstleistungsgesellschaft. Um die Jahrhundertwende beschäftigten die Industrieverwaltungen, Handelsgesellschaften, Banken, Versicherungen, Werbeagenturen oder Behörden in den großen

Städten ein Heer an männlichen und weiblichen Angestellten. Deren Mittagspause reichte meist nicht aus, um eine Mahlzeit zuhause einzunehmen; ihr Einkommen gestattete ihnen jedoch einen Imbiss im Restaurant. Üblicherweise handelte es sich um nüchtern eingerichtete Verpflegungsstätten – zum Teil mit Selbstbedienung –, deren hygienische Küchen eine kleine Anzahl von Speisen zu festen Preisen anboten. In der Zwischenkriegszeit tauchten Ketten auf und stiegen Drugstores in das Geschäft mit dem schnellen Essen ein. Noch mehr abkürzen ließ sich die Mittagspause durch ein nach rationellen Gesichtspunkten gestaltetes Kantinenessen. In seinem Film »Modern Times« überzeichnete Charlie Chaplin dies ins Skurrile, als er einen Essensautomaten zeigte, der dem Bandarbeiter die Mahlzeit in den Mund schob. Ihren extremsten Ausdruck fand die technische Rationalisierung der Verköstigung mit dem Automatenrestaurant. Es stammte eigentlich aus Deutschland, reüssierte aber besonders in der Zwischenkriegszeit in amerikanischen Großstädten. Der Kunde bestellte und bezahlte an einem Automaten, die Küche lieferte das Essen mit einem Transportband aus. Viele Amerikaner machten ihre ersten Erfahrungen mit industriell vorgefertigten Lebensmitteln in Hotels, Restaurants, Kantinen, bei der Armee oder in Krankenhäusern. In einer prosperierenden Wirtschaft mit hoher Kaufkraft und einer fortschrittsgläubigen Gesellschaft fiel den Haushalten die Umstellung auf leicht und schnell zuzubereitende Nahrung nicht schwer. Die Motive hierfür waren vielfältig. Immer mehr Frauen – auch aus der Mittelschicht – nahmen Voll- oder Teilzeitbeschäftigungen auf. Gleichzeitig wurde es immer schwerer, Haushaltshilfen zu finden. Die Frauen suchten also nach Möglichkeiten, die doppelte Belastung durch Beruf und Familie zu reduzieren. Sie gingen häufiger mit der gesamten Familie ins Restaurant und verwendeten zu Hause mehr vorgefertigte Nahrung. Ratgeber für einfaches Kochen entstanden – getreu dem Motto eines weit verbreiteten Kochbuchs von 1917: »Avoid fancy cooking«. Schließlich hatten Überlegungen Konjunktur, wie der Arbeitsaufwand in der Küche durch »Verwissenschaftlichung« zu reduzieren sei.

Geradezu paradox mag es erscheinen, dass in einem Land mit einer ethnisch-kulturellen Vielfalt wie in den USA eine Esskultur entstand, die heute als typisch amerikanisch-nationales Fast Food empfunden wird. Die Einwanderung brachte eine Fülle verschiedener Küchen in die Staaten: aus Deutschland, Italien, Griechenland, Polen, Russland, China, Mexiko und vielen anderen Ländern. Die Immigranten besaßen jedoch ein hohes Maß an Integrationsbereitschaft. Außerdem wurden sie einem erheblichen Assimilationsdruck ausgesetzt. Hierzu gehörten auf die Arbeiterbevölkerung und die Schulkinder zielende staatliche und private Ernährungsprogramme. Die Lebensmittelkonzerne verbreiteten massenhaft »amerikanische« Rezepte. Widerstand und Resistenz gegenüber dieser Indoktrination dürften von Generation zu Generation nachgelassen haben. Außerdem integrierte das amerikanische Fast Food Elemente der Küchen der Einwanderer in degenerierter Form, wie Pizza oder Chili con Carne.

Essen unterwegs

Die Massenmotorisierung leistete einen erheblichen Beitrag zur Verbreitung des Fast Food sowie zur Auflösung von Zeit und Raum bei der Nahrungsaufnahme. In der Zwischenkriegszeit entstanden entlang der Hauptstraßen Fast Food Stands oder Tearooms, d. h. Imbissbuden und kleine Schnellrestaurants, die einfache Gerichte anboten. In den 1930er Jahren kamen professionell geführte Restaurantketten mit Hunderten von Filialen oder Lizenznehmern auf. Ihr charakteristisches Äußere signalisierte dem Reisenden einen bestimmten Standard an Dienstleistungen. Einen Schritt weiter gingen Restaurants, wo man mit dem Wagen an die Essensausgabe heranfahren konnte oder das Essen am Wagen serviert wurde. Das in den 1920er Jahren entwickelte Konzept boomte in der Nachkriegszeit.

Die Drive-in-Restaurants machten das Automobil zum Essplatz; dieser ließ sich auch im Fahren nutzen. Der Schluck aus der Kanne und der Verzehr während des Fahrens dürften so alt sein wie der Fernverkehr. In neuerer Zeit jedoch ist »Dine and Drive« zum Begriff und zur festen Institution geworden. Die Zersiedelung der amerikanischen Stadtlandschaften hat die Fahrten zur Arbeit verlängert, der unterentwickelte öffentliche Nahverkehr bietet meist keine Alternative. Da lässt sich die tote Fahrzeit für eine kleine Mahlzeit nutzen.

Schnellgaststätten haben in den amerikanischen Großstädten bereits vor dem Ersten Weltkrieg Konjunktur

»Drive Thrus« servieren das Fast Food durchs Autofenster – von der Pizza über Softdrinks bis zu Hamburger mit Ketchup. Der versierte »Dine and Driver« hat seinen Wagen entsprechend ausgerüstet: Becherhalter, zwischen Lenkrad und Brust zu befestigende Essenstabletts, Vinylschürzen zum Schutz des Büroanzugs ermöglichen selbst üppige Mahlzeiten. Statistiken besagen, dass in den USA inzwischen jedes sechste Essen im Auto verzehrt wird.

Auch bei den ortsfesten Restaurants gingen Automobil und Fast Food eine enge Verbindung ein. Kein Fast-Food-Restaurant ohne guten Verkehrsanschluss und großen Parkplatz. Am deutlichsten offenbart sich der Zusammenhang zwischen Mobilität und Fast Food in dem aus »Dining Car« gebildeten »Diner«. Seit den 1870er Jahren tauchten in den USA Essensstationen auf, bei denen es sich um modifizierte Kutschen, Eisenbahn-, Straßenbahnwagen oder später Busse handelte oder welche diesen nachempfunden waren. Die Diner zitierten das Grundmotiv einer mobilen Gesellschaft und knüpften an das Essen unterwegs auf Schiffen, in Eisenbahnen und Wohnmobilen an. Das Speiseangebot blieb aus Raumgründen beschränkt und bewegte sich zwischen Schnellimbiss und Restaurant. Seit Mitte der 1950er Jahre ging die Verbreitung der Diner zurück. Die Hersteller wandten sich dem Bau von Fertigrestaurants zu. Einige behielten die Bezeichnung Diner bei und pflegten optische Anleihen.

McDonald's & Co erobern die Welt

Heute verbindet man »Fast Food« mit Namen wie dem nach dem Zeiten Weltkrieg ins Leben gerufenen McDonald's-Imperium. Doch lässt sich die Geschichte des schnellen Essens, des Schnellimbisses und des Schnellrestaurants wesentlich weiter spannen. Im späten 19. Jahrhundert etablierten sich in den USA einfache Holzbuden ohne Sitzgelegenheiten in der Nähe der Fabriktore und boten den Arbeitern in der Mittagspause einfache Gerichte an. Anspruchsvollere Schnellimbisse mit einem vermehrten Essensangebot entstanden in Freizeitparks, auf Jahrmärkten, an Badestränden, an den Eingängen zu öffentlichen Parks und in Geschäftsvierteln. Erfolgreiche innovative Ideen wurden als Ketten vervielfältigt. Bereits in der Zwischenkriegszeit avancierte der Hamburger zum Renner unter den Angeboten.

McDonald's besitzt seinen Ursprung in einem Drive-in-Restaurant in Kalifornien. 1948 reduzierte es sein Angebot auf Hamburger, Pommes Frites, Milchshakes und einiges andere. Seit Mitte der 1950er Jahre boomte das Konzept in Form des »Franchising«. Restaurantbesitzer erwarben den Namen und unterwarfen sich normierten Anforderungen und Kontrollen; die Dachgesellschaft sorgte für die Werbung, den Einkauf und die Belieferung. Heute gehören zu McDonald's einige zehntausend Niederlassungen in mehr als hundert Ländern. Nachahmer fanden sich schnell. Burger King, Kentucky Fried Chicken, Wendy's, Pizza Hut und andere bauten ähnlich erfolgreiche Ketten auf.

Das Fast-Food-Restaurant wurzelt tief in der amerikanischen Geschichte und Kultur; viele Gründe sind für seinen Erfolg zu nennen. Soziale Veränderungen trugen zum Boom seit den 1960er Jahren bei. Die Kunden entstammten der zunehmenden Zahl von Kleinfamilien, bei denen beide Elternteile arbeiteten. Dann drängte die »Baby-Boom-Generation« auf den Markt, das heißt die nach dem Krieg geborenen Jugendlichen, die über ein relativ hohes Taschengeld verfügten. Sie integrierten das Fast-Food-Restaurant in ihre Jugendkultur.

Die Sitte des schnellen Essens fand ihre markanteste Ausprägung in den USA. Doch lassen sich analoge Traditionen auch in anderen Ländern aufzeigen. Seit dem späten 19. Jahrhundert boten Berliner Frühstücksstuben und Kneipen Fertiggerichte wie belegte Brötchen, Buletten, Soleier, Bratheringe und Rollmöpse an. Die Angebote florierten auf einem durch soziale Veränderungen geschaffenen Markt. Die Wege zwischen Arbeit und Wohnung waren gewachsen, die Pausen geschrumpft, viele Frauen berufstätig, sodass ein Mittagessen zuhause weniger in Betracht kam. In der Zeit nach dem Zweiten Weltkrieg knüpften amerikanische und »internationale« Angebote des Ethno Food an bereits vorhandene Essgewohnheiten an. Sie fügten ihnen Hot Dogs bei, Hamburger, Schaschlik, Bratwurst, Currywurst, Pizza, Gyros, Döner, Paella und manch anderes mehr. Traditionelle Ladengeschäfte wie Metzgereien und Bäckereien halten längst Fast Food zum Mitnehmen oder zum Verzehr in Essecken vor. Amerikanisches Fast Food ist heute eine Weltspeise; doch daneben gibt es weitere (nationale) Weltspeisen: die chinesischen, griechischen, italienischen, mexikanischen, deutschen usw. usw. Es gibt sie als Ethno Fast Food, den Geschmacksnerven der jeweiligen Gastgeberländer angepasst oder auch weitgehend original. Der Esser hat die Wahl.

Essen in der Moderne

Die differenzierende Integration des Nahrungsmittelangebots zum Fast Food verlief parallel zur Desintegration der Mahlzeitenstruktur. Mit der Zeit lösten sich die festen Essenszeiten der Familien auf – in den USA mehr als in Deutschland. Nur noch ein Teil der Hauptmahlzeiten wird gemeinsam eingenommen. In den USA ist die hierfür verwendete Zeit besonders kurz. Dagegen kommt es zu zahlreichen »Individualkontakten« mit dem Kühlschrank. Die Einrichtung der Wohnungen signalisiert, dass Essen nicht mehr Mittelpunkt des Familienlebens ist. Nur selten gibt es noch das Esszimmer als eigenen Raum. Die Esstische sind aus der Mitte in eine Randposition gerückt. In amerikanischen Großstädten werden zahlreiche Wohnungen von vornherein ohne Küche geplant; für die Essenszubereitung genügt eine Mikrowelle.

All dies indiziert eine zentrale Tendenz des modernen Essens: die Ubiquität und Omnitemporalität der Nahrungsaufnahme, von Ernährungstheoretikern auch als »Grasen« (Grazing) bezeichnet: Gegessen wird an allen möglichen Orten und zu allen möglichen Zeiten. Essen stellt heutzutage kein zentrales Ereignis mehr dar, auf das es sich zu konzentrieren lohnt, sondern es verbindet sich mit anderen Tätigkeiten. Verzehrfertiges Fast Food steht mit dieser Ernährungspraxis in Wechselwirkung. Man isst im Büro am Schreibtisch, bei Besprechungen werden belegte Brote gereicht, das Arbeitsessen bildet eine gehobene Form beider Tätigkeiten. In der Freizeit verbindet sich die Nahrungsaufnahme mit einem Kinobesuch oder einem Jahrmarktsbummel, mit dem Sonnen am Badestrand, das tiefgefrorene »TV-Dinner« kommt in die Mikrowelle und dann vor den Bildschirm, ein Imbiss an der Straßenecke unterbricht den Einkauf. In der mobilen Gesellschaft ist der Mensch immer unterwegs und ernährt sich dabei – in der Eisenbahn, im Auto, im Flugzeug, im Bus und in der U-Bahn.

Zusammenfassend lässt sich der langwierige und historisch komplexe Weg der Ernährung von der Speise zum Fast Food mit wenigen Begriffen charakterisieren: Industrialisierung, Technisierung, Globalisierung und Externalisierung. Seit dem 19. Jahrhundert wurden Lebensmittel mehr und mehr mit technisch-industriellen Verfahren in Großbetrieben hergestellt. Verkehrstechnische Innovationen und neue Konservierungstechniken ermöglichten eine Globalisierung der Lebensmittelversorgung. Lebensmittel aus allen Teilen der Welt kamen das ganze Jahr über auf den Tisch. Damit entstand eine sich global annähernde, aber dennoch differenzierte Esskultur. Die Marktversorgung löste die Selbstversorgung im 19. Jahrhundert ab. Tätigkeiten, die mit der Nahrung zusammenhingen, wurden von den Haushalten ausgelagert. In der Folge fand die Vor- und Zubereitung des Essens immer weniger in den Haushalten, sondern in der Industrie statt. Die Industrie offerierte den Haushalten ein breites Angebot an Fast Food, d. h. verzehrfertigen oder schnell herzurichtenden Lebensmitteln. Heute werden die meisten Mahlzeiten nicht mehr zu Hause im Familienkreis eingenommen, sondern Essen ist zu einer ubiquitären und omnitemporären Handlung geworden, zu einer Tätigkeit an einem beliebigen Ort und zu einer beliebigen Zeit.

Bekleidung und Mode

Die Baumwolle verdrängt die Wolle

Vom Mittelalter bis weit ins 20. Jahrhundert hinein gehörte die Herstellung von Garnen, Tuchen und Kleidung zu den wichtigsten Gewerben. Ein Ursprung der Industriellen Revolution lag in der Textiltechnik. Als Ergebnis des Industrialisierungsprozesses löste die Baumwolle die Wolle als meist verwendetes Kleidungsmaterial ab. Auf den ersten Spinn- und Webmaschinen ließ sich zunächst aufgrund der hohen Festigkeit der Fasern nur Baumwolle verarbeiten. Die Maschinisierung erfolgte zuerst für die einfachen und deutlich später für die gehobenen Stoffqualitäten.

Mit der Ausdehnung des Baumwollanbaus und der maschinellen Produktion in der Textilbranche sanken die Preise für Garne, Tuche und Kleider erheblich. Kleidung aus Baumwolle bzw. aus daraus gemischten Geweben verbreitete sich mit großer Geschwindigkeit in praktisch allen sozialen Schichten, zunächst der städtischen und später der ländlichen Bevölkerung. Denn Kleidung aus industriell verarbeiteter Baumwolle war erheblich billiger als von Hand gefertigte Leinen- oder Wollsachen; die neuen Gewebe erwiesen sich zudem als tragefreundlicher, allerdings auch als weniger haltbar. Beliebt war zunächst der Kattun, ein mittelfeines, noch ungleichmäßiges Baumwolltuch. Mit dem um 1800 aufkommenden Walzendruck konnten Kattunstoffe auf preiswerte Weise farbig bedruckt werden. Besonders für die Damenoberbekleidung eröffneten sich vielfältige Möglichkeiten der farbigen und modischen Gestaltung. Frauen aus den höheren sozialen Schichten bevorzugten Baumwolle erst, als die Maschinen und Automaten auch feine Garne zu leichten Stoffen wie Musselin, Batist, Gaze und Tüll verarbeiten konnten. Die Herrenoberbekleidung dagegen fertigten Schneider weiterhin aus feinen Wolltuchen nach Maß. Im Laufe des 19. Jahrhunderts wurden Schwarz und andere gedeckte Farben üblich. Die Baumwolle setzte sich in der Herrenmode zunächst nur für Wäsche, Strümpfe, Hemden und Westen durch.

Soziale Verbreitung der Mode

Die preiswerte und massenhaft hergestellte Fabrikware ermöglichte auch ärmeren Menschen sich modischer zu kleiden. Deshalb wurde es zunehmend schwieriger, soziale Differenzierungen innerhalb der städtischen Mittel- und Oberschicht allein an der Kleidung zu erkennen. Zu den modischen Leitbildern aus dem Adel kamen im 19. Jahrhundert die Damen der Salons und die Schauspielerinnen hinzu. Moden verbreiteten sich wohl meist sozial von oben nach unten. Herrschaften gaben getragene Kleidung an das Dienstpersonal ab oder an den Altkleiderhandel, wo sie außerdem als Modell für die Eigen- oder Fremdfertigung der ärmeren Bevölkerung diente.

Die modischen Variationen schienen unerschöpflich und vermehrten sich ständig auch aufgrund neuer textiltechnischer Erfindungen. Im Gegensatz zu früher kam es jetzt mehr auf die Zusammenstellung der einzelnen Kleidungsstücke an, wobei Accessoires, wie Hüte, Schnallen, Knöpfe, Bänder und Tücher, eine wichtige Rolle spielten. Aus den textilen Rohstoffen, aus Seide, Wolle, Baumwolle, Leinen, Werg, ließen sich feinere und gröbere, leichtere und schwerere Stoffe herstellen. Textile Strukturen, Muster- und Glanzeffekte konnten durch die Kombination der Garne und die Art der Bindung, das heißt der Fadenverkreuzung, erzielt werden. Garne und Tuche wurden gefärbt, Tuche auch bedruckt. Verschiedenfarbige Fäden ließen sich zu Webmustern kombinieren.

Steckbriefe eröffnen als interessanter Quellenbestand einen Einblick in die Kleidung der badischen Unterschichten in der Frühindustrialisierung. Die Frauen trugen als Unterbekleidung ein langes Hemd aus Leinen oder Werg, ein Leibchen und Unterröcke. Die Oberbekleidung, Jacke und Rock oder Kleid, war aus bedrucktem Kattun. Im frühen 19. Jahrhundert bestand die darüber getragene Schürze häufig noch aus blauem Leinen, in späterer Zeit meist aus Kattun, ebenso wie die Halstücher. Als Kopfbedeckung tauchten Hauben und anderes auf. Die Frauen gingen barfuß oder trugen niedrige, mit Bändern geschmückte Schuhe.

Die in den Steckbriefen beschriebne Männerkleidung unterschied sich von jener der Frauen durch einen geringeren Baumwoll- und einen höheren Wollanteil. Auch bei den Männern bestand die Unterbekleidung aus einem langen Hemd aus Leinen oder Werg. Die Hosen waren bei den etwas besser Gestellten aus Wolle, bei den Ärmeren aus Leinen, das mit der Zeit durch die Baumwolle verdrängt wurde. Baumwolle stellte das Material für die bunten Westen. Als Oberbekleidung, Mantel, Frack, Rock, Jacke oder Kittel, kam vor allem Wolle zum Einsatz; in der warmen Jahreszeit und bei Ärmeren auch Baumwolle. Halstücher aus Seide oder bedrucktem Kattun dienten als Accessoires. Den Kopf bedeckte ein wollener Filzhut. Die Füße steckten in Schuhen oder Stiefeln.

Kleidung wurde zwar preiswerter und modisch variabler, doch sollte man Quantität und Qualität bei den unteren sozialen Schichten nicht überschätzen. Meistens hatten sie nur getragene Sachen, die in der Familie weiter gegeben oder im Altkleiderhandel erworben wurden oder sie entstammten einer milden Gabe. Die Kleidungsstücke wurden immer wieder geflickt und geändert, so dass sie bald schäbig und abgetragen aussahen. Die Naturfarben verblassten schnell. Bei den ärmeren Leuten war neue Kleidung – als Ausstattung – auf längere Haltbarkeit hin konzipiert, manches davon für das ganze Leben. Sie besaßen in der Regel zwei Garnituren, damit sie eine tragen und eine waschen konnten. Sie wechselten die Wäsche einmal in der Woche, denn jedes Waschen erhöhte den Verschleiß und war auch sehr aufwendig. Neben der Alltagskleidung besaßen die Angehörigen der unteren sozialen Schichten meistens einen sogenannten Sonntagsstaat. Auch die Sonntagskleidung war selten neu, aber – da weniger getragen – besser in Schuss.

Die Priorität der Herrenkonfektion in den USA

Bis zur industriellen Fertigung entstand Kleidung in Eigenproduktion oder in Maßfertigung beim Schneider. Die Frauen aus den Unter- und unteren Mittelschichten und auf dem Land fertigten bis in die 1970er Jahre mehr Kleidung selbst als Angehörige der städtischen Mittel- und Oberschichten. Nähen, d. h. Schneidern oder zumindest Ausbessern, Ändern, Stopfen und Flicken, gehörte bis weit ins 20. Jahrhundert zur Mädchenerziehung. Am schwierigsten ist das Zuschneiden. Besonders bei eng anliegenden Herrenanzügen besaß die Maßschneiderei längere Zeit deutliche Vorteile gegenüber der im 19. Jahrhundert aufkommenden Konfektion. Manche Schneider gingen selbst früh dazu über, Fertigkleidung auf Vorrat herzustellen oder in den Handel zu geben. In den Städten führten große und kleine Textilgeschäfte Fertigkleidung, auf dem Land zudem auch fahrende Kleiderhändler.

Worin bestand der Unterschied zwischen der vor- und frühindustriellen Herstellung von Fertigkleidern und der im 19. Jahrhundert aufkommenden Konfektion? Die Übergänge sind fließend. In erster Linie liegen sie darin, dass Fertigkleidung von kleinen Schneidereien in ganzheitlicher handwerklicher Arbeit hergestellt wurde, Konfektion arbeitsteilig von größeren Verlagsunternehmen oder Fabriken. Der Verlag ließ zahlreiche selbständige Schneider und Schneiderinnen für sich fertigen, die Fabrik stellte die Kleidung selbst her. Die sich seit den 1870er Jahren durchsetzende Nähma-

Werbung für Fertigkleidung aus der Zwischenkriegszeit

schine fand überall Verwendung – in der Eigenfertigung, im Verlag und in der Fabrik. Sie verbilligte die Kleidungsproduktion innerhalb bestehen bleibender Strukturen.

Die Entstehung und Verbreitung des Verlags- und Fabriksystems hing von den gesellschaftlichen und wirtschaftlichen Verhältnissen in den einzelnen Ländern ab. In den Vereinigten Staaten, wo es keine handwerkliche Zunfttradition und keine ausgeprägte Ständegesellschaft gab, besaß das – meist von Frauen ausgeübte – Schneiderhandwerk von vornherein eine geringere Bedeutung als in Deutschland. Einige Schneidereien an der amerikanischen Ostküste gingen bei der Herstellung von Fertigkleidung in der ersten Hälfte des 19. Jahrhunderts zum Verlagssystem über. Aus diesen – meist von Männern geleiteten – Unternehmen entwickelten sich große Kleiderhandlungen, die aggressiv Werbung machten und ihre Ware über größere Entfernungen im Versandhandel verkauften.

Die Verleger in den USA profitierten von der Massennachfrage nach einfacher Baumwollware. In den Küstenstädten verkauften sie Kleidung an Seeleute, im Landesinneren an Bergleute. Vor allem aber lieferten sie »negro clothing« an den riesigen Absatzmarkt der Sklavenplantagen im Süden. Hierbei handelte es sich um eine aus den groben Qualitäten der amerikanischen Textilfabriken gefertigte robuste, weit geschnittene Arbeitskleidung. Mit der Zeit drang die Konfektion in weitere Märkte vor. Arbeiter konnten sich aufgrund ihres hohen Durchschnittseinkommens schon früh ein bis zwei Anzüge leisten. Die Unterschiede zwischen den sozialen Schichten wurden in den USA nicht im gleichen Maß wie in Europa an der Kleidung festgemacht. Die im 19. Jahrhundert von zeitgenössischen Beobachtern konstatierte »Demokratisierung« der Kleidungssitten erleichterte den Einwanderern die Integration und ließ auch Bessergestellte zur Einheitsware greifen. Nicht zuletzt aufgrund der Nachfrage im Versandhandel wurden seit den 1870er Jahren Konfektionsgrößen festgelegt. Jeder Hersteller besaß sein eigenes System, das er mit der Zeit ausweitete und differenzierte.

Die Besonderheiten des amerikanischen Massenmarkts begünstigten zuerst die Herrenkonfektion. Gegen Ende des 19. Jahrhunderts zog auch die Damenkonfektion nach und verdrängte schließlich die Herrenkonfektion auf den zweiten Platz, was die Verkaufszahlen angeht. In den Städten ließen die berufstätigen – und damit über eigenes Geld verfügenden - Frauen mehr und mehr von der Eigenfertigung ab. Die Konfektionäre wirkten in Richtung Vereinheitlichung und Vereinfachung der Mode und legten Standardgrößen fest. Damit begründeten sie auch Standards für die Figur, der die Frauen zu entsprechen hatten. Mit der Zeit wurde das Angebot immer vielfältiger. Um die Jahrhundertwende fertigten die Konfektionäre Damen- und Herrenkleidung in reicher Auswahl – für Sommer und Winter, Werk- und Sonntage, Arbeit und Freizeit, für zu Hause und zum Ausgehen. Sie belieferten Kaufhäuser, den Textileinzelhandel und Versandgeschäfte. Zwischen 1880 und 1920 löste die Konfektion in den USA die Eigenfertigung und die Maßschneiderei weitgehend ab und verbreitete sich damit wesentlich schneller als in Deutschland. Eine Besonderheit des ländlichen Amerika stellten bis in die Zwischenkriegszeit hinein »Schneider« dar, die den Kunden nur noch die Maße abnahmen; die Kleidung wurde in Fabriken gefertigt, aber nach Maß.

Die Priorität der Damenkonfektion in Deutschland

Im Unterschied zu den USA lag der Schwerpunkt der Oberbekleidungskonfektion zunächst nicht bei der Herren-, sondern bei der Damenbekleidung. Dies hing nicht zuletzt damit zusammen, dass bei vielen Kleidungsstücken die Ansprüche an die Passform niedriger waren als bei den genau sitzenden Herrenanzügen. Das größte Geschäft machten die Berliner und Breslauer Konfektionäre seit den 1820er Jahren mit Damenmänteln. Nach der Reichsgründung weiteten sie ihr Angebot auf Jacken, Blusen, Schürzen, einteilige Kleider, Kostüme und anderes aus. Sie zielten zunächst vor allem auf die unteren sozialen Schichten, später auch auf die Mittelschichten. Herrenkonfektion setzte sich in Deutschland erst im letzten Drittel des 19. Jahrhunderts durch. Die ersten Herrenkonfektionäre stellten Stapelware her, die in Kaufhäusern oder Textilgeschäften – zum Teil mit Ratenzahlungen – zu erwerben war. Arbeiter und Bauern konnten auf diese Weise einen Sonntagsanzug erstehen, wenn dieser auch noch knapp einen Monatslohn kostete. In der Zwischenkriegszeit stieg die Zahl der männlichen Käufer aus der Mittelschicht aufgrund der schwierigen wirtschaftlichen Lage an. Nach dem Zweiten Weltkrieg waren maßgefertigte Anzüge und Kostüme die Ausnahme. Die Beliebtheit der Konfektionskleidung spiegelt sich in der Expansion des Größensystems wieder. Die Herrenkonfektionäre arbeiteten zunächst mit Abstufungen innerhalb eines Systems. In den 1930er Jahren gingen sie zu einem 2-Größen-System und in den 1950er Jahren zu dem heute noch bestehenden 3-Größen-System über.

Je mehr Konfektionsware gekauft wurde, desto weniger Aufträge bekam das Schneiderhandwerk. Die Zahl der selbstständigen Maßschneider ging zurück. Immer mehr Schneider sahen sich gezwungen, für Verleger und Kleidermagazine zu arbeiten. In der Nachkriegszeit konnte sich die Maßschneiderei nur noch in kleinen Nischen halten. Auf dem Gebiet der Bundesrepublik sank die Zahl der selbstständigen Schneidereien bis Ende der 1970er Jahre von fast 150 000 auf 12 000. Und bei diesen handelte es sich zum allergrößten Teil um Änderungsschneidereien, die aus dem Ausland zugewanderte Schneider betrieben. Das Selbernähen von Damenkleidung mutierte von einer hausfraulichen Sparmaßnahme zu einem Hobby.

In der Zwischenkriegszeit blieb Kleidung für die meisten Deutschen ein Gut, dessen Wert man sich bewusst war. Davon legen auswechselbare Hemdkragen Zeugnis ab oder die vom männlichen Büropersonal getragenen Kittel und Ärmelschoner. Modezeitschriften enthielten Schnittmuster für die Eigenfertigung von Frauenkleidern und Anleitungen zum »Modernisieren«, zum modischen Umarbeiten der Kleidung. Die Anschaffung eines Sonntagsanzugs zielte bei den unteren Schichten weiterhin auf das ganze Leben. Händler boten in Markthallen gebrauchte Kleider an. Das Kleidungsverhalten der Unter- und Oberschichten wies erhebliche Unterschiede auf, abhängig vom Einkommen, aber auch von gesellschaftlichen Erwartungen.

Farben verändern die modische Welt

Das vielleicht wichtigste modische Stilmittel ist die Farbe. Natürliche Farben gewannen die Menschen seit der Vor- und Frühgeschichte aus Mineralien, Pflanzen und Tieren. Vor der synthetischen Farbstoffherstellung trugen die meisten Menschen Kleider aus Naturfarben. Durch Mischen ließen sich zwar zahlreiche Farbabstufungen erzielen. Aber nur reiche Familien aus Adel und Bürgertum konnten sich bunte Kleidung aus edlen Stoffen leisten, denn Farbstoffe waren selten und teuer.

In der zweiten Hälfte des 19. Jahrhunderts gelang es den Chemikern, ein weites Spektrum an synthetischen Farben herzustellen. Die künstlichen Farben wiesen eine gleichmäßigere Qualität und eine höhere Haltbarkeit auf. Sie machten die textile Welt viel bunter und erweiterten die Möglichkeiten modischer Variation. Aufgrund ihres günstigen Preises und ihrer überlegenen Eigenschaften verdrängten die synthetischen die Naturfarben schnell. In geradezu explosionsartig wachsenden Mengen trat gefärbte Kleidung jetzt an die Stelle naturfarbener Stoffe. Blau gehörte zu den billigeren Farben und erfreute sich deshalb in den unteren Bevölkerungsschichten großer Beliebtheit; blaues Tuch dominierte die städtische und bäuerliche Arbeitskleidung. Dagegen war Rot um etwa das Fünffache teurer und galt als edle Farbe.

Eine frühe blaue Arbeitskleidung waren die »Blue Jeans«. Zuerst wurden die mit Nieten verstärkten blauen Hosen für Bergarbeiter in den amerikanischen Westküstenstaaten hergestellt; später waren sie in den ganzen USA als universelle Arbeitshosen beliebt. In Europa setzte sich der »Blaumann« aus Baumwolle, die taschenreiche Latzhose, als Arbeitertracht durch. Und schließlich passte in Deutschland die Erfindung des billigen synthetischen Indigo zeitlich genau zur Marinebegeisterung in der späten Kaiserzeit, als die Matrosenanzüge für Kinder in Mode kamen.

Kunstseiden dringen in den Kleidungsmarkt ein

Nicht nur die Farben, auch Garne und Tuche konnten bald synthetisch hergestellt werden. Als eine Art Vorbote dieser Veränderungen kann man das seit den 1870er Jahren auf den Markt kommende Zelluloid ansehen, den ersten halbsynthetischen Kunststoff. Halbsynthetisch heißen die Kunststoffe, welche durch Umwandlung makromolekularer Naturprodukte entstehen, wie Zelluloid aus Baumwolle oder dem aus Holz gewonnenen Zellstoff. Zelluloid fand sein wichtigstes Einsatzfeld um 1890 als Filmmaterial. Kleidungsstücke spielten seit den 1880er Jahren nur eine Statistenrolle. Kragen, Manschetten und Hemdbrüste zahlten sich aufgrund ihrer fast unbegrenzten Haltbarkeit aus. Außerdem ließen sie sich leicht abwaschen. Mit den reinweißen Kleidungsteilen aus Zelluloid verfügten

Männer aus der Mittelschicht über ein preiswertes Mittel, um sich sozial nach unten abzusetzen – gegen die schmutzigen Arbeiter – und Anschluss nach oben zu suchen.

Seit etwa 1900 konnte Kunstseide serienmäßig hergestellt werden, und zwar ebenfalls aus Baumwolle oder Zellstoff. Allerdings handelte sich nicht wie beim Zelluloid um ein flächiges Material, sondern um ein Garn, welches die Textilindustrie vielseitig einsetzte. Aufgrund von Qualitätsproblemen verarbeiteten die Hersteller Viskose, Acetat und andere Kunstseiden zunächst zu Mischgeweben. Die Attraktivität des Materials lag in seinem Glanz und seiner hohen Licht- und Waschechtheit. Ihre Eigenschaften prädestinierten die mengenmäßig führende Viskose für Besatzwaren und Posamente, wie Bänder, Borten, Litzen und Quasten, aber auch für Krawatten und Schleier, also für modische, schmückende Accessoires. Den zweiten wichtigen Anwendungsbereich bildeten Strick- und Wirkwaren, wie Strümpfe, Schals, Unterwäsche und anderes mehr. Auch Garn für das häusliche Stricken wurde mit Viskose versetzt. Mit der Verbesserung ihrer Eigenschaften eroberte die Viskose in der Zwischenkriegszeit immer größere Anteile am Kleidungsmarkt. Seit den 1930er Jahren kamen auch ausschließlich aus Viskose bestehende Webwaren auf den Markt, wie Futterstoffe, Hemden, Blusen, Damenkleider. Es gelang, Viskose nicht nur glänzend, sondern, den modischen Wünschen entsprechend, auch matt herzustellen.

Die bei der Kunstseidenproduktion anfallenden Abfälle aus kurzen Fasern oder Fäden ließen sich zerschneiden und zusammen mit Wolle oder Baumwolle verspinnen. Anfangs ergab dies allerdings nur minderwertige Garne. In den 1930er Jahren machten wesentlich verbesserte »Zellwoll«-Qualitäten der Wolle und Baumwolle Konkurrenz. Die Zellwolle profitierte wie die anderen halbsynthetischen Materialien vom Streben nach Autarkie – im nationalsozialistischen Deutschland, in Japan und nach dem Krieg in der DDR. Aber auch in den USA enthielt der überwiegende Teil der Kleidung in den späten 1930er Jahren Viskoseanteile.

Viskose und andere Materialien verkauften sich einerseits über den Preis, andererseits über ihre Eigenschaften. Bezeichnungen wie Kunstseide oder Glanzstoff demonstrieren, dass die Hersteller Assoziationen mit dem kostbaren Naturstoff Seide und ihrem matten

Glanz zu wecken suchten. Seit den 1920er Jahren wies die Kunstseide ähnliche Eigenschaften wie die Naturseide auf, kostete aber nur ein Drittel. Kein Wunder, dass die Kunstseide die Produktionsmengen der Naturseide in der ersten Hälfte der 1920er Jahre übertraf und diese in den 1930er Jahren weit hinter sich ließ.

Kunstseide ermöglichte Frauen, deren Portemonnaie den Kauf von Seidenwaren nicht zuließ, die Anschaffung seideähnlicher Kleidung. Das beste Beispiel hierfür sind Damenstrümpfe. Nach dem Ersten Weltkrieg ließ die Mode den Rocksaum höher rutschen und legte als Höhepunkt in den 1920er Jahren das Knie frei. Der preisgünstige Viskosestrumpf erlaubte es den Frauen der Mittelschicht, diese Mode mitzumachen. In den 1930er Jahren erlebte Unterwäsche aus Viskose oder Acetat einen Boom. Die Hersteller vermarkteten das Angebot mit Hilfe freizügiger Anzeigen, die vor dem Krieg den Staatsanwalt auf den Plan gerufen hätten. Größere Freizügigkeit, modischer Wandel und textiltechnische Innovationen gingen auf diese Weise eine Allianz ein; die Frauen erhöhten ihre Attraktivität, und die Hersteller besserten ihre Bilanzen auf.

Kleidung aus Kunstseide eroberte sich also zunächst den Markt als billiges und minderwertiges Substitut und Imitat von Seidenwaren. In den 1920er Jahren erreichten Viskose und andere Kunstseiden nicht nur die Eigenschaften der Naturseide, sondern übertrafen sie sogar in mancher Hinsicht. Die Hersteller und Konfektionäre sahen in dem Begriff des Künstlichen zunehmend ein Verkaufshemmnis. In den USA und in anderen Ländern propagierten sie deswegen seit Mitte der 1920er Jahre die Bezeichnung Rayon, die den Glanz der Garne und Stoffe hervorhob. In Deutschland wurde der Begriff »Kunstseide« nach dem Zweiten Weltkrieg aufgegeben – zugunsten von Benennungen wie Viskose und Acetat, welche von alters her die jeweiligen Herstellungsprozesse bezeichneten, aber aufgrund ihres Wohlklangs auch marktgerecht erschienen. Die Umbenennungen schlossen einen Prozess ab, in dessen Verlauf sich die Kunstseide vom Ersatz oder Imitat der Seide zu einem textilen Material mit eigenem Charakter und hoher Qualität gewandelt hatte.

Der Nylonstrumpf als Wegbereiter der Synthetika

Die Kunstseiden erweiterten das Spektrum der textilen Materialien, verbilligten bestimmte Kleidungsstücke und schufen mehr Möglichkeiten modischer Variation. Nach dem Zweiten Weltkrieg wurden diese Tendenzen durch eine Vielzahl weiterer synthetischer Garne verstärkt. Dabei handelte es sich um vollsynthetische Materialien, die nicht wie die halbsynthetischen durch Umwandlung makromolekularer Naturprodukte entstehen, sondern aus niedermolekularen Substanzen – vor allem aus Kohle bzw. Erdöl sowie Wasser – synthetisiert werden. Am Anfang der neuen Welt synthetischer Garne stand noch vor dem Zweiten Weltkrieg das Nylon.

Um die Mitte der 1930er Jahre fand eine Forschergruppe des amerikanischen Chemieriesen DuPont ein viel versprechendes neues Fadenmaterial, das später den Namen Nylon erhielt. Die daraus hergestellten Gewebe besaßen eine hohe Elastizität, Reiß- und Scheuerfestigkeit, und dies auch in nassem Zustand. Sie waren schmutzabweisend und damit leicht waschbar; aufgrund ihrer geringen Wasseraufnahmefähigkeit trockneten sie schnell. Unter Kostengesichtspunkten traf DuPont die strategische Entscheidung, sich auf die Entwicklung eines Produkts zu konzentrieren: auf Damenstrümpfe. Die aus den ersten kleinen Garnmengen hergestellten Strümpfe testeten die Frauen der mit dem Projekt befassten Mitarbeiter. Im Mai 1940 nahmen Textilfabriken und Textilgeschäfte amerikaweit den Verkauf auf. Der Absatz der etwas mehr als Seidenstrümpfe kostenden Nylons übertraf alle Erwartungen. Innerhalb eines Jahres eroberten sie mehr als 30 Prozent des Damenstrumpfmarkts. Die Frauen rissen sich um die neuen Strümpfe – nicht nur, weil sie praktisch waren, sondern vor allem, weil sie die Beine zur Geltung brachten.

Der Krieg unterbrach die Eroberung des zivilen Markts. Nylon wurde jetzt für militärische Produkte wie Fallschirme gebraucht. In Deutschland war dies ohnehin von Anfang an die Bestimmung des parallel entwickelten Perlons. Jedoch blieben der Ruf und die Attraktivität der synthetischen Fasern in der Öffentlichkeit erhalten – über die USA hinaus. Einige europäische Hersteller boten Flüssigkeiten an, »Strümpfe aus der Flasche«, mit denen sich die Frauen die Beine färbten und Nähte aufmalten. Nach Kriegsende setzte sich der Erfolg fort. Wieder übertraf die Nachfrage die ohnehin schon hochgeschraubten Erwartungen. Manche Frauen standen stundenlang an, um ein Paar Nylons zu ergattern. In den 1960er Jahren kam, gefördert von der Minirockmode, die Strumpfhose dazu. Zunächst entstanden für die teuren Strümpfe überall Reparaturstellen zur Aufnahme von Laufmaschen. Preiszerfall und steigender Wohlstand ließ deren Zahl jedoch bald wieder schrumpfen. Heute lohnt sich eine Reparatur nur noch bei ganz teuren Strümpfen.

Der Nylonstrumpf bereitete den vollsynthetischen Fasern den Weg in die Kleidungsmode. Nach dem Krieg entstand eine große Vielfalt an Kunstfasern, die miteinander konkurrierten und sich wechselseitig Marktanteile abnahmen. Dazu gehörten textile Materialien aus Polyamid, Polyester und Polyacryl. Bügelfreie Hemden aus Polyamidfasern wie Nyltest erlebten um 1960 eine Konjunktur. Unter Bezeichnungen wie Dacron, Diolen oder Trevira gehandelte Polyesterfasern, teilweise mit Baumwolle zu Mischgeweben verarbeitet, verkauften sich aufgrund der Formbeständigkeit des Materials. Aus ihnen wurden bügelfreie Hemden und Blusen gefertigt sowie Hosen und Röcke, bei denen sich Bügelfalten oder Plissees gut hielten. Acryl ließ sich zu wollartigem Material verspinnen. Pullover aus Acryl oder mit einem Acrylanteil waren waschmaschinenfest und formbeständig.

In den 1950er und 1960er Jahren verkaufte sich Kleidung aus Kunstfasern in erster Linie über den Preis. Ein weiteres Verkaufsargument bildete die leichte Pflege. Gewaschen wurde bei niedrigen Temperaturen, Bügeln und Stärken entfielen teilweise. Mit steigendem Wohlstand ging die Bedeutung des Preises zurück. Kunstfasern kamen jetzt mehr unter modischen und funktionalen Gesichtspunkten zum Einsatz. Zum Beispiel ließen sich mit ihnen Glanzeffekte erzielen. Oder sie boten – wie bei Anoraks – bei geringem Gewicht besseren Schutz vor Wind und Wetter und waren vor allem leichter als die natürliche Konkurrenz. Letztendlich aber verdrängten Kunstfasern die Naturfasern nicht vom Markt, sondern etablierten sich in spezifischen Anwendungsfeldern.

Vielfalt der Materialien – Vielfalt der Mode

Im 19. Jahrhundert hatte die Baumwolle den Weltkleidungsmarkt erobert. In der Zwischenkriegszeit sank ihr Marktanteil leicht um etwa 10 auf 75 Prozent. Die halbsynthetischen Fasern zogen mit 5 bis 6 Prozent Marktanteil in etwa mit der Wolle gleich. Nach dem Zweiten Weltkrieg expandierten die Kunstfasern mit großer Geschwindigkeit zu Lasten der Naturfasern. In den späten 1960er Jahren überholten dabei die synthetischen die halbsynthetischen. Um 1980 zogen sie zusammen in etwa mit der Baumwolle gleich. Nach 1980 konnten die Naturfasern ihre Stellung im Großen und Ganzen behaupten. Hierfür war eine Reihe von Faktoren verantwortlich. Die Erweiterung des Baumwollanbaus und der Schafzucht wirkten sich günstig auf die Naturfaserpreise aus, die Ölpreiskrisen in den 1970er Jahren ungünstig auf die Preise der Kunstfasern. Kleidung aus Naturfasern war und ist teurer, was aber eine Zeit lang durch steigende Einkommen ausgeglichen werden konnte. Waschmaschinen und Waschautomaten ließen den größeren Aufwand bei der Wäsche der Naturfasern nicht so sehr ins Gewicht fallen. Schließlich stärkte die Ökologiebewegung die Verwendung von Naturfasern.

Mit dem heute zur Verfügung stehenden weiten Spektrum an Kunst- und Naturfasern, einer Fülle von Strick-, Wirk- und Webtechniken und zahlreichen chemischen Behandlungs- und Veredelungstechniken lassen sich Tuche und Kleider zu günstigen Preisen herstellen, welche auf jeweils spezifische Anforderungen zugeschnitten sind. Ohne das Etikett wäre die stoffliche Zusammensetzung vieler Kleidungsstücke nur noch schwer zu identifizieren. Funktionskleidung für Sport, Freizeit und Arbeit ist auf dem Vormarsch. Was früher Trainings- oder Jogginganzug hieß und sportlicher Betätigung vorbehalten war, dringt heute in andere Freizeitaktivitäten ein und ist ab und zu auch in der Arbeitswelt zu sehen. Bei der Kleidung laufen zwei Tendenzen parallel und fördern sich wechselseitig: Einerseits nimmt die Vielfalt der Kleidung zu – hinsichtlich Material, Verarbeitung, Farbe, Schnitt, Funktion. Andererseits verlieren schichten- und ereignisspezifische Kleidungsvorschriften an Verbindlichkeit.

Das saisonale Diktat der Mode wird heutzutage als zusätzliches

Angebot im Rahmen der Koexistenz zahlreicher Moden wahrgenommen. Früher fester gefügte Grenzen zwischen mehr und weniger Wohlhabenden, zwischen Jüngeren und Älteren, zwischen Angemessenheit und Unangemessenheit der Kleidung haben fließenden Übergängen Platz gemacht. Attraktive modische Kleidung lässt sich heute an vielen Orten erwerben. Bereits in den 1930er Jahren verkauften bekannte Modeschöpfer preiswerte Versionen ihrer Einzelmodelle in eigenen Läden. Eine Konjunktur erlebten Modeboutiquen in der Nachkriegszeit. Heute haben sich Kaufhäuser Boutiquen angegliedert, und die Kaufhausmode lässt sich nicht immer von der Designermode unterscheiden. Ebenso bieten Discounter zunehmend attraktive Mode an.

Der Rückgang der Kleidungspreise und der gewachsene Wohlstand haben Kleidung zu einem Massenkonsumgut gemacht. Kleidung veraltet in der Regel nicht mehr durch Verschleiß, sondern durch den sich zwar immer unübersichtlicher, aber dennoch stetig vollziehenden Gang der Mode. In den Wohlstandsgesellschaften der Nachkriegszeit ist die Neuanschaffung von Kleidung an die Stelle des Flickens und Umarbeitens getreten. In den konsumstarken Ländern besitzen die Menschen viel mehr Kleidung als früher, ohne dass sich am Anteil der Kleidungsausgaben in den Haushaltsbudgets Wesentliches geändert hat.

Wohnen: Die Entstehung der technisierten Komfortwohnung

Wohnverhältnisse im deutschen Kaiserreich

Im 19. Jahrhundert zogen große Teile der Landbevölkerung in die Städte, wo mit der beginnenden Industrialisierung Arbeitskräfte gesucht wurden, während es auf dem Land durch den steigenden Einsatz von Maschinen weniger Arbeit gab. Zugleich nahm die Gesamtbevölkerung sprunghaft zu. In Deutschland entfaltete diese Entwicklung um 1900 ihre größte Dynamik. 1830 lebten nur 1,3 Prozent der Gesamtbevölkerung in den Großstädten mit mehr als 100 000 Einwohnern, 1871 waren es bereits 4,8 Prozent und 1910 schließlich 21,3 Prozent. Die Einwohnerzahl mancher Städte verdoppelte bis verzehnfachte sich im Kaiserreich, also zwischen 1871 und 1914. Innerhalb eines Jahres konnte ein Viertel bis ein Drittel der städtischen Bevölkerung zu- oder abwandern. Die Zahl der Umzüge pro Jahr entsprach in etwa der Hälfte aller Haushalte. Viele junge ledige Arbeiter zogen im Jahresverlauf mehrfach um; sie folgten der Arbeit oder suchten eine andere Bleibe.

Dieser ungeheuren, durch die veränderten Umstände erzwungenen Mobilität konnten Wohnungsbau und Wohnungsangebot nicht gerecht werden. Die privaten Bauherren suchten ihren Profit, indem sie Wohnblöcke einfacher Bauart hochzogen. Die Arbeiterviertel wurden noch enger, die Häuser immer höher. Die Haus- und Wohnungsbesitzer vermieteten auch noch die schlechtesten Räume. Viele Wohnungen waren feucht, dunkel, unzureichend belüftet und überbelegt. Eine Arbeiterfamilie bewohnte meistens ein bis zwei Zimmer und besaß nur die allernötigsten Möbel. In vielen Wohnungen war die Wohnküche der einzige beheizbare Raum. Im Winter mögen die Bewohner Wärme und Essensdünste noch als angenehm empfunden haben, aber im Sommer konnte die Hitze des Kohleherdes unerträglich werden. Viele Familien benutzten deshalb in der heißen Jahreszeit zur Zubereitung der Mahlzeiten kleine Petroleumkocher. Auch die mit Öl oder Petroleum betriebenen Lampen verschlechterten die Luft. Die Schlafkammern wurden in der Regel nicht geheizt. Allenfalls die Erwachsenen besaßen ein eigenes Bett; Kinder schliefen häufig in den Betten der Eltern oder zu mehreren in einem Bett. Nicht wenige Wohnungsbesitzer oder Mieter besserten ihr Einkommen auf, indem sie Zimmer untervermieteten oder Betten an Schlafgänger vergaben. In Berlin beherbergten 1871 knapp 27 Prozent der Familienhaushalte Fremde in ihrer Wohnung, um ihr Einkommen aufzubessern.

Die allermeisten Wohnungen hatten keinen Wasseranschluss. Wasser musste vom nächsten Brunnen in Eimern oder Kannen geholt und in die Wohnung geschleppt werden. Die Mühsal der Versorgung limitierte die Wassermenge, die für die Körperpflege und das Wäschewaschen verbraucht wurde. Eine gründliche Körperreinigung und ein Wäschewechsel pro Woche war für die meisten Menschen normal. Für das kleine und große »Geschäft« gab es zwei

Möglichkeiten: Die Bewohner benutzten Nachttöpfe, die von Zeit zu Zeit entleert und gereinigt wurden, oder die Familien von zwei Etagen teilten sich einen Abort auf dem Treppenabsatz dazwischen. Bei manchen Mietshäusern lag die Toilette auch im Hinterhof. Die Fäkalien und sonstiger Unrat landeten in Senkgruben, die in unregelmäßigen Abständen geleert wurden. Der Inhalt fand in der Landwirtschaft als Dung Verwendung.

Unter den hier geschilderten miserablen Wohnverhältnissen litten besonders die in den Großstädten lebenden ärmeren Arbeiter und ihre Familien, deren Zahl im Zuge der Industrialisierung immer weiter wuchs. In den Kleinstädten ließ es sich besser wohnen. Auf dem Land wohnten die Knechte und Mägde nicht unbedingt besser. Häufig wurden sie in Ställen, Scheunen oder schlechten Räumen ohne Kochmöglichkeit untergebracht. Allerdings war das Wohnumfeld der Gesundheit zuträglicher als in der Großstadt. Über mehr und besseren Wohnraum verfügten Angehörige der städtischen Mittelschichten. Die reichen Familien lebten in teilweise luxuriös ausgestatteten Häusern und Wohnungen. Die heutigen Selbstverständlichkeiten: fließendes Wasser, WC und Elektrizität, fehlten zwar auch dort, doch ließ sich das mit Hilfe von Dienstboten teilweise kompensieren.

Noch im Kaiserreich verbesserten sich in den Großstädten die schlechten Wohnverhältnisse. Steigende Einkommen erlaubten, mehr Geld für die Miete auszugeben. Das Bevölkerungswachstum verlief in manchen Städten nicht mehr so dramatisch. Die Bauwirtschaft und die städtischen Bauverwaltungen stellten sich besser auf die neuen Herausforderungen ein. Infrastruktursysteme wurden geschaffen, die auch der ärmeren Bevölkerung zugute kamen. Die langsame Entwicklung zum Besseren lässt sich an einer Reihe von Indikatoren ablesen. So betrug in Berlin der Anteil der die Gesundheit besonders schädigenden Kellerwohnungen 1861 noch 10 Prozent, sank aber bis 1910 auf 3 bis 4 Prozent des Wohnungsbestands. 1905 wohnten nur noch in 13 Prozent der Haushalte fremde Schlafgänger; 1871 waren es 27 Prozent gewesen.

Die Segnungen des fließenden Wassers

In der zweiten Hälfte des 19. Jahrhunderts begannen die Kommunen Systeme der Wasserversorgung, der Abwasserentsorgung, der Müllabfuhr, der Gas- und Stromversorgung einzurichten. Einerseits ließ sich mit der neuen Beleuchtung und mit Wasseranschlüssen Geld verdienen. Andererseits ging es um die Vorstellungen einer repräsentativen, modernen Stadt. Die ersten Wasserwerke sollten nicht zuletzt Wasser zum Besprengen der Straßen und zum Spülen der zum Himmel stinkenden Rinnsteine liefern. Mit der Kanalisation wurden das Abwasser und das Niederschlagswasser unter die Erde verbannt. Eine von der Stadt organisierte Müllabfuhr reduzierte die Verkehrs-, Lärm- und Geruchsbelästigungen durch die vielen privaten Abfuhrunternehmen. Gaslicht und elektrisches Licht erhöhten die Attraktivität der Hauptstraßen und Plätze.

Die bisherigen dezentralen Systeme der Wasserver- und Abwasserentsorgung sowie der Müllabfuhr hatten zu hygienisch bedenklichen Zuständen geführt. Immer wieder kam es im 19. Jahrhundert zu Cholera- und Typhusepidemien. Zwar klärte die Bakteriologie erst gegen Ende des Jahrhunderts die Zusammenhänge auf, aber die Fachleute waren sich bereits vorher einig, dass die Verschmutzung der Städte Epidemien begünstigte. Heute wissen wir, dass das Grundwasser großräumig verseucht war, da unzureichend abgedichtete Senkgruben direkt neben den Trinkwasserbrunnen lagen. Die Fäkaliengruben und der Müll förderten die Verbreitung von Krankheitserregern.

Die Entwicklung von privaten zu kommunalen Infrastruktursystemen vollzog sich ab 1850. Die Stadtverwaltungen machten die Erfahrung, dass den privaten Unternehmen nicht an einer flächendeckenden Versorgung der Stadt gelegen war und übernahmen die Wasserversorgung und die Abwasserentsorgung und teilweise auch die Müllabfuhr in eigener Regie. Um 1850 begannen einzelne deutsche Städte mit dem Bau zentraler Wasserversorgungsanlagen. Die neuen Wasserwerke reinigten Fluss-, See- oder Grundwasser mit Sandfiltern, pumpten es in Wassertürme und Reservoirs und leiteten es den Verbrauchern über Rohrsysteme zu. In den Großstädten war der Aufbau eines lückenlosen Trink- und Abwassersystems bis

1900 weitgehend abgeschlossen. Bei den kleineren Städten und Ortschaften dauerte dies wesentlich länger. Im Allgemeinen erhielten die Kleinstädte erst in der Zwischenkriegszeit eine zentrale Wasserversorgung, die ländlichen Siedlungen sogar erst in den Nachkriegsjahrzehnten.

In nicht wenigen Städten hatten die Verantwortlichen unterschätzt, wie sich nach dem Aufbau der Versorgungsnetze der Wasserverbrauch in der zweiten Hälfte des 19. Jahrhunderts entwickeln würde. Tatsächlich waren die Rinnsteine und die bestehenden unterirdischen Kanäle bald nicht mehr in der Lage, die Abwässer abzuführen. Um das Problem zu lösen, errichteten die Kommunen Anlagen der Schwemmkanalisation. Als Mischsysteme nahmen sie sowohl Regen- wie Abwasser auf und führten es dem nächst gelegenen Fluss, See oder Meer zu. Damit waren die hygienischen Probleme nicht beseitigt, sondern nur verlagert, ein Zustand, der sich bald als unhaltbar erwies. Wieder suchte man nach einem Ausweg und legte Rieselfelder oder Kläranlagen an. Auf den landwirtschaftlich genutzten Rieselfeldern wurden die Abwässer großflächig als Dünger verteilt. Im Laufe des 20. Jahrhunderts setzten sich die Kläranlagen durch, in denen das Abwasser mit mechanischen, chemischen und biologischen Verfahren gereinigt und danach wieder in den natürlichen Wasserkreislauf eingeleitet wurde. Wie beim Aufbau der zentralen Wasserversorgung handelte es sich bei der Errichtung der Kanalisations- und Abwasserreinigungssysteme um einen langwierigen Prozess. Er setzte erst ein bis fünf Jahrzehnte nach dem Bau der Wasserwerke ein, nahm seinen Anfang in den Großstädten, erreichte dann die Kleinstädte und schließlich auch den ländlichen Raum.

Die Lebensgewohnheiten änderten sich dank dieser Infrastruktursysteme grundlegend. Ungefähr seit der Jahrhundertwende verfügten die meisten Stadthäuser und -wohnungen über fließendes Wasser. Die meisten Wohnungen hatten zunächst einen einzigen Anschluss in der Küche. Als unmittelbare Folge der zentralen Wasserversorgung und der Abwasserentsorgung gingen die Seuchen zurück. Da das Wasser nicht mehr vom Brunnen geholt werden musste, schnellte der Verbrauch in die Höhe. Die Koch-, Wasch- und Reinigungsgewohnheiten änderten sich. Badezimmer besaßen nur die Reichen, aber das fließende Wasser erleichterte auch in weniger begüterten Haushalten die Körperreinigung in der Küche oder den anderen Zimmern. Für eine »Katzenwäsche« füllten die Bewohner eine Waschschüssel; für ein Vollbad benutzten sie Wannen und Zuber aus Holz oder Zink. Manche hatten eine wassersparende Duschapparatur. Zu einer besseren bürgerlichen Ausstattung gehörte ein stehender Waschtisch im Schlafzimmer, auf dessen Abstellfläche aus Marmor man mit Keramikschüsseln und -krügen hantierte. Erhitzt wurde das Wasser auf dem Küchenherd oder man holte sich das heiße Wasser aus den Wasserkammern des Herdes.

Bei der Kleidungs- und Textilienwäsche wurde zwischen sogenannter Großer und Kleiner Wäsche unterschieden. Kochwäsche in kleineren Mengen, bunte oder weniger verschmutzte Wäsche wusch die Hausfrau neben der Verrichtung anderer Arbeiten in der Küche. Die Große Wäsche nahm dagegen mehrere Tage und die meisten Familienmitglieder in Anspruch. Manche Mietshäuser waren im Keller, auf dem Hof oder auf dem Dachboden zu diesem Zweck mit einer Waschküche ausgestattet, die von den Mietparteien abwechselnd genutzt wurde. Gab es eine solche Waschküche nicht, wurde auch die Große Wäsche in der Küche gewaschen. Die Wäschemenge und der größere Anteil an Kochwäsche machten den Verbrauch großer Wassermengen notwendig. Am Vortag des eigentlichen »Waschtags« wurde die Wäsche in Koch- und Buntwäsche sortiert und mit Soda und Seife eingeweicht. Am Waschtag selbst nahm der Waschkessel die Kochwäsche auf. Durch das Kochen der Wäsche oder ein mehrmaliges Übergießen mit Seifenlauge löste sich der Schmutz. Unter Umständen wurde dieselbe Lauge noch einmal zur Behandlung der Buntwäsche genutzt. Wenn nötig, unterstützte ein Waschbrett den nächsten Arbeitsschritt, das Schrubben und Fleckenauswaschen von Hand. Seit den 1880er Jahren erleichterten Waschmittel diese aufwendige Handarbeit. Danach folgten mehrere Spülgänge zum Auswaschen der Seifenlauge. Zwischen den einzelnen Arbeitsgängen wurde die Wäsche ausgewrungen. Ein Teil wurde nach dem Waschen gestärkt. Zum Trocknen wurde die Wäsche auf die Leine gehängt oder auf einer Wiese zum Bleichen in der Sonne ausgelegt. Das Mangeln der großen, das Bügeln der kleinen Stücke, das Legen und Falten und schließlich das Verstauen in Truhen und Schränken schlossen die Arbeiten ab. Diese Art der großen Wäsche war noch bis in die 1950er und 1960er Jahre verbreitet, wenn sie auch zunehmend an Bedeutung verlor. Gründe dafür waren die Reduzierung von Kochwäsche aufgrund der Verbreitung neuartiger Textilien und die Erfindung zuerst der elektrischen Wäscheschleuder und dann der Waschmaschine.

Alte Hochkulturen kannten bereits vor Tausenden von Jahren Toiletten mit Wasserspülung. Auch der Spülkasten, der das für eine Toilettenspülung benötigte Wasser enthält, wurde schon vor mehreren hundert Jahren erfunden. Die notwenigen Apparaturen und die Idee der Wasserspülung gab es also schon. Was den meisten städtischen Häusern des frühen 19. Jahrhunderts aber fehlte, war fließendes Wasser. Als sich dies in der zweiten Jahrhunderthälfte änderte, ließen die meisten Hausbesitzer sofort WCs einbauen. Allerdings bereitete es in den beengten Altbauwohnungen oft Schwierigkeiten, einen eigenen Raum für die Toilette abzutrennen. Die meisten WCs wurden deswegen auf den Treppenabsätzen zwischen den Etagen untergebracht. Vor dem Ersten Weltkrieg hatten einzelne Wohnungen der Ober- und Mittelschichten bereits Innentoiletten, während die Arbeiterfamilien sich die Toilette auf dem Treppenabsatz teilen mussten. Bei Neubauten schrieben Bauordnungen seit der Jahrhundertwende die Anlage von direkt belüfteten und belichteten Innentoiletten vor. Zum allgemeinen Standard wurde das in die Wohnung integrierte WC aber erst im Zuge der intensiven Neubautätigkeit nach dem Zweiten Weltkrieg.

Beleuchtung: Petroleum – Gas – Strom

Seit den 1820er Jahren wurden in deutschen Städten Gasleitungen verlegt. Das Gas diente zunächst der Beleuchtung von Straßen, Plätzen, Gewerbebetrieben und öffentlichen Gebäuden. Aber bereits um die Jahrhundertmitte dürfte die überwiegende Zahl der Gasflammen in privaten Häusern und Wohnungen gebrannt haben. Die Anschlussdichte war in den einzelnen Städten ganz unterschiedlich. Gegen Jahrhundertende waren zwischen 20 und 80 Prozent der Haushalte an das Gasnetz angeschlossen. Zudem gab es Häuser, in denen das Gas ausschließlich für die Außen- und die Treppenhausbeleuchtung, aber nicht in den Wohnungen verwendet wurde.

Mitte der 1880er Jahre bekam das Gaslicht Konkurrenz durch die elektrische Beleuchtung. Erst nach dem Ersten Weltkrieg begann aber der Strom die Kostenvorteile der anderen Leuchtmittel, Petroleum und Gas, nach und nach aufzuwiegen, so dass an eine weitere Verbreitung zu denken war. Bis dahin stellte das elektrische Licht einen ausgesprochenen Luxus dar, mit dem Unternehmen, Behörden und wohlhabende Privatleute ihren Sinn für Modernität demonstrierten. In manchen Häusern, die sowohl über Gas als auch über Strom verfügten, wurde das elektrische Licht nur bei besonderen Gelegenheiten, bei Festen oder wenn Besuch kam, angeschaltet. Da die Elektrizität im Haushalt zunächst nur für die Beleuchtung genutzt wurde, gab es in den Wohnungen bis etwa zur Jahrhundertwende überhaupt keine Steckdosen. Elektrische Haushaltsgeräte wurden mit Edison-Schraubgewinden an die spärlich vorhandenen Lampenfassungen angeschlossen. Erst später kamen zusätzliche Fassungen, Steckdosen und Stecker auf. Ihr vermehrtes Aufkommen zeigt die Technisierung der Haushalte an. Um 1910 verfügten alle deutschen Städte über ein Elektrizitätsnetz, an das aber die wenigsten Haushalte angeschlossen waren. In Berlin hatten 1910 3,5 Prozent der Haushalte Strom. In der Zwischenkriegszeit erhöhte sich der Versorgungsgrad in der Reichshauptstadt zunächst nur langsam, um dann rapide auf 25 Prozent (1925), 50 Prozent (1927) und schließlich 76 Prozent (1933) anzusteigen. Unter den Nationalsozialisten wurde die Elektrifizierung um der Autarkie willen weiter forciert; damit ließ sich das aus dem Ausland zu importierende Petroleum einsparen. Von der politisch motivierten Förderung der Elektrizität profitierte auch das flache Land. 1939 verfügten etwa 80 Prozent der deutschen Bauernhöfe über elektrisches Licht.

Der Übergang vom Petroleumlicht über das Gaslicht zur elektrischen Beleuchtung war mit beträchtlichen Nutzungsvorteilen verbunden. Das seit den 1860er Jahren auf dem Markt angebotene Petroleum besaß eine niedrigere Viskosität als die bisher gebräuchlichen Pflanzenöle, stieg damit schneller im Docht hoch, war billiger und brannte besser. Trotz ständiger Verbesserungen rußten jedoch auch die Petroleumlampen und mussten gereinigt werden. Beim

Hantieren mit den mobilen Beleuchtungskörpern kam es immer wieder zu schweren Brandunfällen. Stadtgas war ebenfalls feuergefährlich und zudem giftig, doch reduzierte die feste Installation die Brandgefahr. Auch die Gasbrenner waren von Zeit zu Zeit zu säubern, aber wesentlich seltener als die Petroleumlampen. Gaslicht und erst recht das seit den 1890er Jahren verwendete Gasglühlicht brannten viel heller als Petroleumlicht. Das elektrische Glühlicht machte erstmals eine wartungsfreie Beleuchtung möglich, wenn man vom Auswechseln der kaputten Birnen absieht. Die Gasflammen verbrauchten ebenso wie die Petroleumlichter Sauerstoff und minderten dadurch die Luftqualität, außerdem heizten sie die Wohnung ungleich mehr auf als elektrisches Licht, was besonders im Sommer von Nachteil war. Die Gasflammen mussten noch einzeln angezündet werden, beim elektrischen Licht genügte das Drehen des Schalters.

Wohnungspolitik im Deutschland der Zwischenkriegszeit

Im späten Kaiserreich war also die Wohnsituation in den Großstädten verbessert worden. Die schlechtesten Wohnungen wurden ausgemustert, die Überbelegung der Wohnungen reduziert, und die zentrale Wasserversorgung und Abwasserentsorgung ließen die Wohnqualität steigen. All dies änderte jedoch nichts daran, dass die Wohnungen der meisten Menschen klein und beengt waren, schlecht ausgestattet, im Sommer heiß und stickig, im Winter kalt und feucht. Nur sehr Begüterte verfügten über geräumige Wohnungen mit elektrischem Licht, Heizung, Bad und WC, in denen ihnen die Dienstboten einen Großteil der Arbeiten abnahmen.

Die Tendenz zum Besseren setzte sich in der Zwischenkriegszeit fort. Die Weimarer Verfassung formulierte das Recht auf eine bedürfnisgerechte Wohnung und legte damit den Grundstein für den sozialen Wohnungsbau, wie er heute noch üblich ist. Durch die Einrichtung einer kommunalen Wohnungsverwaltung, durch Mietpreisüberwachung und Kündigungsschutz wurde der Verfassungsartikel umzusetzen versucht. Seit 1924 besteuerte die Republik die Vermietungsgewinne und ließ die Gelder in die Wohnungsbauförderung fließen. Der überwiegende Teil der Neubauten wurde auf diese

Weise durch staatliche Zuschüsse gefördert. Mit den gemeinnützigen Wohnungsbaugesellschaften traten auf dem Wohnungsmarkt neue Akteure in Erscheinung. Von den Gemeinnützigen errichtete Wohnanlagen standen für modernes Wohnen. Die Wohnungen waren aus Kostengründen mit 55 bis 80 m^2 zwar relativ klein gehalten; aufgrund ihres funktionalen Grundrisses verfügten sie jedoch über eine Küche, ein Bad und eine Toilette. Viele hatten Zentralheizung und fließendes warmes Wasser. Weiterhin jedoch wurde die Mehrzahl der Wohnungen – wie schon im Kaiserreich – von privaten Investoren und Kapitalgesellschaften gebaut. So hielten sich die konkreten Erfolge der neuen Politik zwar in Grenzen. Die Republik war ökonomisch zu schwach, um ihre sozialpolitischen Maximen auch angemessen umsetzen zu können. Der Wohnungsmangel wurde nicht beseitigt, sondern nur gelindert. Mittel- und langfristig verankerte die Wohnungspolitik der Weimarer Republik aber eine neue Einstellung zur eigenen Wohnung. Sie wurde nicht mehr als bloßes Wirtschaftsgut interpretiert, sondern als ein durch Staat und Gesellschaft abzusicherndes Grundbedürfnis.

Die Nationalsozialisten setzten an die Stelle der direkten Förderung des Wohnungsbaus eine Kreditsubventionierung. Die Bautätigkeit im »Dritten Reich« entsprach in etwa jener der Weimarer Zeit, dennoch verschärfte sich der Wohnungsmangel. Die Rüstungskonjunktur, der Abbau der Arbeitslosigkeit und die nationalsozialistische Familienpolitik erhöhten die Nachfrage; militärische und repräsentative Bauprojekte banden Kapazitäten, die sonst dem Wohnungsbau zugute gekommen wären. Als Ergebnis fehlten vor dem Zweiten Weltkrieg zwischen 1,5 und 3 Millionen Wohnungen – vor allem kleine und preiswerte waren kaum zu haben. Ideologische Visionen, dem Mangel durch den Bau von Siedlungshäusern mit dazu gehörendem Grund und Boden sowie durch großräumige »Führerwohnungen« für kinderreiche Familien abhelfen zu können, blieben unter den politischen Rahmenbedingungen von Aufrüstung und Autarkiestreben Propaganda und Illusion.

Wohnverhältnisse in den USA

In den USA lebten und leben bis heute mehr Menschen auf dem Land und in Kleinstädten als in Deutschland. Die Wohnverhältnisse in den großstädtischen Zentren ähnelten im 19. Jahrhundert den deutschen, unterschieden sich aber in den Außenbezirken und Vororten sowie im ländlichen Raum. Das amerikanische Bevölkerungswachstum übertraf das deutsche bei weitem. Die Großstädte an der Ostküste, die für die meisten Einwanderer die erste Anlaufstelle waren, wuchsen und erfuhren eine Verdichtung, welche weit über jene in Deutschland hinausging und immense Probleme verursachte. In der zweiten Hälfte des 19. Jahrhunderts wurden mehrgeschossige Mietshäuser errichtet, in deren überfüllten Wohnungen die Armen in miserablen sanitären Verhältnissen hautsen. Ihren Lebensunterhalt verdienten sie oft mit Heimarbeit.

Für die Wohlhabenden wurden zur selben Zeit Häuser in den besseren städtischen Vierteln gebaut. Die amerikanischen Architekten lehnten sich dabei vielfach an europäische Vorbilder an und ahmten vor allem die Bauweise der französischen Großstadthäuser gerne nach. Um die Jahrhundertwende waren solche Wohnhäuser mit allen erdenklichen technischen Raffinessen ausgestattet: Aufzügen, Zentralheizung, fließendem Warm- und Kaltwasser, WCs, Gas und Elektrizität, zentralen Staubsaugeranlagen und Telefon. Eine amerikanische Besonderheit waren die Apartment-Hotels, in welchen den Bewohnern Kochen, Waschen und Reinigen als zentral organisierte Dienstleistungen abgenommen wurden. Zwar ging der Trend später wieder hin zur Privatwohnung, womit den Autonomiebedürfnissen der Bewohner besser Rechnung getragen wurde. Doch noch in der Zwischenkriegszeit wohnten in den Großstädten des Ostens die meisten der besser situierten Bürger in solchen Apartment-Hotels.

In den Erschließungsgebieten des Westens der USA wuchsen die Städte in großem Tempo. So stiegen zum Beispiel die Einwohnerzahlen von Denver von 5000 (1860) über 36 000 (1880) und 134 000 (1900) auf 256 000 (1920). Das Jahr 1920 war es auch, in dem die amerikanische Volkszählung erstmals mehr Städter als Landbewohner auswies. Im Unterschied zum Osten hielten sich im Westen die

Wohnungsbauprobleme in Grenzen, denn Grund und Boden standen nahezu unbeschränkt und damit billig zur Verfügung. Insgesamt wurde mehr in die Fläche als in die Höhe gebaut – eine Ausnahme bildeten die innerstädtischen Dienstleistungszentren.

Bereits in der ersten Hälfte des 19. Jahrhunderts lässt sich eine Tendenz zur Suburbanisation erkennen, das ist die Ausdehnung der Großstädte durch den Neubau von Wohnsiedlungen am Stadtrand. Wohlhabende verließen die Innenstädte und bauten sich am Stadtrand oder in Vororten Häuser, die von Gartenanlagen umgeben waren. Nach dem Bürgerkrieg folgten diesem Trend auch die Mittelschichten, in der Zwischen- und Nachkriegszeit Teile der Unterschichten. Die von ihnen gebauten Einfamilienhäuser waren bescheidener, die erworbenen Grundstücke kleiner. Um in die Innenstadt zu gelangen oder die Dienstleistungszentren in den Vororten aufzusuchen, benutzte man seit den 1880er Jahren die elektrische Straßenbahn; in der Zwischenkriegszeit avancierte das Automobil zum bevorzugten Verkehrsmittel. Es dauerte ein gutes Jahrhundert, bis das Einfamilienhaus in der Vorstadt die beliebteste amerikanische Wohnform geworden war. 1940 lebten etwa 15 Prozent, 1980 etwa 45 Prozent der Amerikaner in den Vorstädten und damit mehr als in den Innenstädten und auch mehr als auf dem Land. In den innerstädtischen Wohnbezirken blieben nur die Armen zurück. Kehrseite der Beliebtheit der Vorstädte war der Niedergang der Innenstädte. Die in den letzten Jahrzehnten unter dem Schlagwort der »gentrification« angestrengten Bemühungen um eine Aufwertung der Innenstädte vermochte die Suburbanisierung – zumindest bislang – nicht aufzuhalten oder gar umzukehren.

Es gab gute Gründe, in die Vorstädte zu ziehen. Viele Familien konnten sich nur dank der günstigen Grundstückspreise den Traum vom eigenen Haus erfüllen. Seit den 1930er Jahren förderte der Staat die Suburbanisierung durch Kreditsubventionen und verzichtete außerdem auf allzu regulierende Auflagen. Für viele Weiße war der Entschluss zum Umzug in die Vorstädte auch eine Entscheidung gegen ein Leben in sozial und ethnisch gemischten Stadtvierteln. Bauordnungen, welche zum Beispiel die Grundstücksgröße vorschrieben, dienten dazu, eine soziale und ethnische Homogenität herzustellen. Auch die vornehmlich durch Angehörige der schwarzen Mittelschicht bewohnten Vorstädte entstanden auf diese Weise. Erschlossen wurden die Vororte durch private »Developer«. Sie erwarben das benötigte Land, bauten teilweise die Häuser und sorgten für die benötigte Infrastruktur an Verkehrswegen, Wasser-, Abwasser- und Energienetzen, Einkaufsmöglichkeiten usw. Auf diese Weise übten sie einen beträchtlichen Einfluss auf die Entwicklung der Vorstädte aus.

In der Nachkriegszeit wurde das frei stehende Eigenheim zur allgemein bevorzugten Wohnform. Die heutige hohe Eigentumsquote von beinahe 70 Prozent ist eine Folge der Suburbanisierung. In jüngerer Zeit zeichnet sich eine neue Entwicklung ab: Immer häufiger werden die Wohnviertel der Begüterten eingezäunt und von privaten Wachdiensten gesichert. Schätzungen besagen, dass mittlerweile ein Sechstel der Amerikaner in solchen »gated communities« lebt. Sie symbolisieren die auch in der amerikanischen Konsumgesellschaft fortbestehenden gewaltigen sozialen Unterschiede, die solchen Schutz notwendig machen und der Abgrenzung dienen.

Bereits in der zweiten Hälfte des 19. Jahrhunderts wurden Einfamilienhäuser in rationeller Bauweise aus Holz errichtet. Ein stabiles Skelett aus Holz bildete den Kern, auf den die Wände aufgenagelt wurden. Die Häuser konnten dank dieser Technik auseinander genommen und an anderer Stelle wieder aufgebaut werden. Im Laufe des 20. Jahrhunderts wuchs das Angebot an Fertighäusern. Unmittelbar nach dem Zweiten Weltkrieg konnte man ein Fertighaus schon für ein paar tausend Dollar erstehen, für einige zehntausend erhielt man einen komfortablen Wohnsitz. Auch heute sind die meisten Einfamilienhäuser in den USA aus Holz gefertigt, wenn auch inzwischen immer öfter anderen Baustoffen der Vorzug gegeben wird. Eine Ausstattung mit Elektrizität, Bad, WC, Zentralheizung und Warmwasserversorgung wurde in der Zwischenkriegszeit zum Standard. General Electric errang in den 1930er Jahren die führende Stellung unter den Anbietern von Haus- und Haushaltstechnik. Die niedrigen Hauspreise wurden allerdings häufig durch eine schlechte Isolierung erkauft, die hohe Energiekosten zur Folge hatte. Umgeben waren die Häuser von Rasenflächen, Buschbepflanzungen und Blumenrabatten. Sie schufen die Atmosphäre ländlichen Wohnens, wonach sich die einstigen Innenstädter gesehnt hatten.

Als in den Jahren nach dem Ersten Weltkrieg das eigene Auto immer mehr zum Standard wurde, veränderte das auch die Architektur der Häuser. Anfangs waren Garagen aus Wellblech oder Holz hinter den Wohngebäuden verborgen, um den Eindruck der repräsentativen Veranden nicht zu schmälern. Seit den 1920er Jahren wurden die Garagen oder Carports immer öfter seitlich an die Häuser angebaut. Die Bewohner betraten das Haus nun durch die an der Hausseite gelegene Küchentür; Veranda und Eingangshalle verloren an Bedeutung.

Für sozial Schwächere blieb der Traum vom eigenen Vorstadthaus oft unerfüllt. Um hinter dem allgemeinen Trend nicht ganz zurückstehen zu müssen, wichen viele von ihnen auf eine andere Wohnform aus, die »Mobile Homes«. Das »Mobile Home« entwickelte sich aus den Wohnwagen. Wohnwagen benutzten in den zwanziger Jahren vor allem Touristen, und während des Zweiten Weltkrieges brachte die Regierung Rüstungsarbeiter in ihnen unter. Außerdem wohnten Vertreter und Wanderarbeiter in den preiswerten Unterkünften. Im Umkreis expandierender Städte und in der Nähe von Großbaustellen entstanden ganze Wohnwagenstädte mit Tausenden von Einwohnern.

Anders als die kleineren Wohnwagen lassen sich die meisten »Mobile Homes« nur durch spezielle Zugmaschinen, die von Fachkräften gesteuert werden, von einem Ort zum andern bringen. In den 1950er Jahren starteten Fabriken, die nichts mit der traditionellen Bauindustrie zu tun hatten, mit der Fließproduktion von »Mobile Homes«. Ein durchschnittliches Modell verfügte in der ersten Hälfte der 1980er Jahre über eine Wohnfläche von gut 100 Qadratmeter. Je nach Ausstattung lag ihr Preis zwischen 8000 und 40 000 Dollar, womit sie im Schnitt zwei Drittel günstiger waren als ein vergleichbar großes Einfamilienhaus. Heute sind mit den Triple Wides auch Luxusversionen mit 420 Qadratmeter Wohnfläche für den Preis von 115 000 Dollar auf dem Markt. »Mobile Homes« schafften sich vor allem junge Paare mit unterdurchschnittlichem Einkommen an. Sie erfüllten sich damit den Traum vom eigenen Heim und erhöhten durch Mobilität ihre Chancen auf dem Arbeitsmarkt. In speziell dafür bestimmten Siedlungen oder auf privaten Grundstücken wurden die Mobile Homes aufgestellt. Seit den 1970er Jahren förderte die Regierung diese preiswerte Form des Wohnungseigentums. Der Erwerb eines »Mobile Home«, besonders der eines gebrauchten, konnte aber auch sozialen Abstieg signalisieren. Die Verbreitung hing von der wirtschaftlichen Konjunkturlage und der davon beeinflussten sozialen Struktur der amerikanischen Gesellschaft sowie von den Preisen auf dem Häuser- und Wohnungsmarkt ab. Um 1990 lebten etwa 12,5 Millionen Amerikaner in »Mobile Homes«, ihr Anteil am Wohnungsbestand betrug 10 Prozent.

Amerikanische Versorgungssysteme: Umweltbelastung und Verschwendung

Im Vergleich zu den europäischen Industriestaaten blieben die Vereinigten Staaten im 19. Jahrhundert beim Ausbau wichtiger Infrastrukturnetze zurück. Im Laufe des 20. Jahrhunderts übernahmen sie aber die Vorreiterrolle bei der technischen Ausstattung der Haushalte. Die Art der Wasserversorgung und Abwasserentsorgung hing von den örtlichen Gegebenheiten ab. In vielen Gegenden gestaltete sich die Wasserversorgung schwieriger als in Deutschland, weil leicht zu nutzendes Grundwasser fehlte. Die ersten um 1800 errichteten Wasserwerke griffen auf ungereinigtes Oberflächenwasser aus Seen und Flüssen zurück, wenn nicht Wasser in Fernleitungen herangeführt wurde. Als Folge dieser Nutzung ungereinigten Wassers hatte man in den USA länger als in Europa mit Seuchen zu kämpfen. Um Abhilfe zu schaffen, rüsteten die Wasserwerke ihre Anlagen seit den 1870er Jahren mit Filtern zur Desinfizierung des Trinkwassers nach, bis um die Jahrhundertwende begonnen wurde, in großem Stil mit der Chlorierung des Wassers zu arbeiten.

Städte und Hausbesitzer leiteten ihr Abwasser in beträchtlichen Mengen und ohne Skrupel ungeklärt in Flüsse und Seen. Das weite Land und die großen Gewässer waren belastbar, was die Problematik dieser Praxis lange Zeit kaschierte. Die Dominanz privatwirtschaftlicher Interessen in der Wasser- und Abwasserwirtschaft dürfte dem Aufbau zentraler Entsorgungssysteme nicht förderlich gewesen sein. Während der Bau der Kanalisation mit dem in Europa einigermaßen Schritt hielt, hinkten die USA bei der Errichtung von Kläranlagen einige Jahrzehnte hinterher. Viele amerikanische

Städte nutzen für die Reinigung der Abwässer erst nach dem Zweiten Weltkrieg moderne Anlagen.

Ähnliche Verhaltensmuster lassen sich beim Umgang mit dem Müll feststellen. Der meiste Müll wurde relativ sorglos im Umland der Städte deponiert oder zum Auffüllen von Senken und Gräben genutzt. Am Meer, an großen Seen oder Flüssen gelegene Städte verklappten den Abfall im Wasser; New York stellte dies erst 1934 ein. Der frühere Einstieg der Amerikaner in die Konsumgesellschaft resultierte in größeren Müllmengen. Pro Kopf übertrafen sie die in Europa üblichen um das Zwei- bis Dreifache. Erst in den 1970er Jahren erkannten die Verantwortlichen das Ausmaß der Abfallproblematik und leiteten wenigstens auf der Entsorgungsseite Maßnahmen zur Abhilfe ein.

Im ländlichen Amerika – und im 19. Jahrhundert auch in den Städten – wurden Essensabfälle an das Vieh verfüttert. Die Städter und Vorstädter besaßen im 20. Jahrhundert diese Möglichkeit nicht mehr. Nach dem Zweiten Weltkrieg erhielten selbst Hund und Katze zunehmend Dosennahrung. Noch vor dem Krieg entwickelte General Electric den elektrischen »Garbage Disposer«, der, in den Abfluss der Spüle integriert, die organischen Abfälle zerkleinerte und der Kanalisation zuführte. In den Haushalten trat er seinen Siegeszug in der Nachkriegszeit an. Bauherren und Hersteller statteten die Einbauküchen mit solchen Garbage Disposern aus und kamen damit – wie Umfragen belegen – den Wünschen der Hausfrauen nach.

Vor der Zeit der zentralen Wasserversorgung holten sich die meisten Hausfrauen das Wasser mit einer Schwengelpumpe aus einem Grundwasserbrunnen oder einem Wasserreservoir bis an die Hintertür oder sogar in die Küche. Das Abwasser wurde in Gruben oder zum nächsten Fluss geleitet. Das Streben nach Komfort schuf also individuelle Lösungen vor der Entstehung privater oder kommunaler Systeme. Nicht zuletzt wegen der Dominanz des ländlichen Wohnens und der größeren Fläche der Städte verbreitete sich das von den Wasserwerken gelieferte Wasser langsamer als in Europa. Um die Jahrhundertwende dürfte fließend Wasser in der Wohnung noch die Grenze zwischen den Mittel- und den Unterschichten markiert haben. Der Anschluss an die zentrale Wasserversorgung und Abwasserentsorgung ließ den Verbrauch in die Höhe schnellen – deutlich über den europäischer Städte hinaus. Einen Beitrag hierzu leisteten die bessere sanitäre Ausstattung der Haushalte, die aus dem Ressourcenreichtum des Landes hervorgehende Verschwendungsmentalität und später die Verbreitung des Automobils und damit der Autowäsche. Die Suburbanisierung steigerte den Wasserverbrauch weiter. Die Bewohner der Vorstädte sprengten ihre Rasenflächen und legten sich in späterer Zeit Swimming Pools zu. Da Wasseruhren sehr zögerlich eingeführt wurden, hatten viele Anwohner keine Übersicht über ihren Verbrauch.

Die üppige Ausstattung der amerikanischen Haushalte

Eine Reihe von Unternehmen bot, Anregungen aus dem Hotelbau aufnehmend, in den Jahren um den Ersten Weltkrieg herum »Kompaktbadezimmer« an. Alle Wasserzuleitungen befanden sich an einer Wand, was die Installation erleichterte. Die einzelnen Teile wurden durch große Firmen in Massenproduktion hergestellt. Eine gusseiserne, emaillierte Wanne stand quer an der rückwärtigen Schmalseite, beim Duschen schützte ein Vorhang den Raum vor Spritzwasser. Vor der Wanne waren das WC und ein Handwaschbecken angebracht.

Vor dem Ersten Weltkrieg dürfte sich der Anteil der mit WC und Bad ausgestatteten städtischen Haushalte in etwa den gleichen Größenordnungen bewegt haben wie in Deutschland. In der Zwischenkriegszeit entwickelten sich WC und Badezimmer jedoch zum allgemeinen Wohnstandard. In den 1930er Jahren besaßen selbst die Haushalte der Ärmeren Bad und WC. Bundesdeutsche städtische Haushalte erreichten eine entsprechende Ausstattung beim WC erst in den 1950er, beim Bad in den 1970er Jahren. Die Differenz resultierte aus dem höheren amerikanischen Einkommen, dem ausgeprägten Hygienebewusstsein, dem größeren Anteil an neuen Häusern und aus der Tatsache, dass ein nachträglichen Einbau bei den Einfamilienhäusern leichter möglich war.

Offene Kamine und Spezialöfen, die den Blick auf das brennende Feuer erlaubten, waren in Erinnerung an die Pionierzeit und an die Erschließung des Westens auch in Haushalten des 19. und 20. Jahrhunderts anzutreffen. Die Standardheizung bildete jedoch, wie in Europa, der gusseiserne Ofen. In der Zeit nach dem Bürgerkrieg rüsteten immer mehr wohlhabende Hausbesitzer ihre Wohnungen mit Zentralheizung aus. Die Zentralheizung erzeugte relativ gleichmäßige Temperaturen in der gesamten Wohnung und damit ein angenehmes Raumklima. Im Gegensatz dazu war es in der Nähe der Einzelöfen meist unangenehm heiß; der größte Teil der Wohnung blieb dennoch kalt und feucht. Den frühzeitigen Einbau von Zentralheizungen in den Häusern der Mittelschicht dokumentieren entsprechende Angebote in den Katalogen des Versandhauses Sears seit 1908. Vor dem Zweiten Weltkrieg hatte etwa die Hälfte der städtischen Haushalte eine Zentralheizung; noch weiter verbreitet war die zentrale Warmwasserversorgung. Nach dem Zweiten Weltkrieg wurden Zentralheizungen und Warmwasser zum allgemeinen Standard. Die für die Zentralheizungen entwickelten Thermostatregelungen boten eine weitgehende Automatisierung und steigerten damit den Wohnkomfort. Die Heizanlagen wurden von den Versorgungsunternehmen, den Brennerherstellern oder selbstständigen Dienstleistern gewartet. Bei den Brennstoffen dominierte in der Zwischenkriegszeit noch die Kohle, doch erhöhten die weniger arbeitsintensiven Energieträger Gas und Öl ihre Anteile. Damals waren die USA noch das größte Ölförderland der Welt, und in manchen Regionen begünstigten neu verlegte Fernleitungen die Verbreitung von Gas als Energiequelle.

Eine amerikanische Besonderheit stellt heutzutage die weitgehende Versorgung der Privathaushalte mit Klimaanlagen dar. Vor dem Ersten Weltkrieg klimatisierten industrielle Kälteanlagen vor allem gewerbliche Produktionsstätten. In der Zwischenkriegszeit besetzten sie auch den Dienstleistungsbereich. Die meisten Amerikaner machten ihre erste Bekanntschaft mit den Annehmlichkeiten einer Raumklimatisierung in einem schwülheißen Sommer wahrscheinlich in Banken, Versicherungen, Hotels, Kaufhäusern oder Kinos. 1929 ließ der Präsident einzelne Räume des Weißen Hauses klimatisieren. Um die gleiche Zeit begannen Unternehmen wie General Electric den privaten Markt anzusprechen – mit zunächst noch sehr begrenztem Erfolg. Die Firmen mussten erst die Erfahrung machen, dass die Kunden weniger an einer aufwendigen Klimatisierung, was eine Regulierung der Luftfeuchtigkeit einschloss, als an einer möglichst preiswerten Senkung der Temperaturen interessiert waren. Die Existenz einer solchen Nachfrage bezeugten regionale Erfolge einfacher, teilweise in Eigenbau erstellter Verdunstungskühler. An dem in den Nachkriegsjahren einsetzenden Boom hatten die Bauunternehmen und die Erschließer der Vororte ihren Anteil. Sie rüsteten die Einfamilienhäuser von vornherein mit einfachen und preiswerten Fenstergeräten aus. Die Kompaktanlagen waren von außen sichtbar und weckten auch bei anderen Hausbesitzern das Interesse für den nachträglichen Einbau einer Klimaanlage. Allmählich wurden Klimaanlagen zum Statussymbol; sie standen für die Moderne, in der sich die Menschen von den unangenehmen Zwängen der Natur befreien und eine künstliche, von ihnen kontrollierte Umgebung schaffen konnten. Auf der anderen Seite steigerten die Klimaanlagen die ohnehin energieintensive amerikanische Lebensweise noch weiter.

Die höhere Kaufkraft erlaubte in der Zwischenkriegszeit auch den amerikanischen Mittelschichten die Anschaffung elektrischer Haushaltsgeräte und eines Autos. Dienstboten besaß nur noch eine kleine Minderheit der Haushalte. Hausarbeit war unbeliebt, und auf dem Arbeitsmarkt gab es genug andere attraktive Angebote. Der dienstbotenlose Haushalt war also aus der Not geboren, erfuhr aber auch eine ideologische Begründung und Überhöhung. Die Beschäftigung von Dienstboten laufe dem Gleichheitsgrundsatz der amerikanischen Demokratie zuwider. Im Haus lebende Dienstboten störten die Familienharmonie. Den Hausfrauen wurde nahe gelegt, die Arbeit der Dienstboten mit Hilfe moderner Haushaltsgeräte zu übernehmen. In der zweiten Hälfte der 1920er Jahre richteten zahlreiche Elektrizitätswerke mit »Home Economists« besetzte Abteilungen ein, welche die Aufgabe hatten, die Kunden von den Vorteilen elektrischer Geräte im Rahmen einer rationellen Haushaltsführung zu überzeugen. Colleges und High Schools boten Hauswirtschaftslehre als neues Unterrichtsfach an.

Bereits in den Jahren um den Ersten Weltkrieg stieg die Produktion von Möbeln und Haushaltswaren bemerkenswert an. Zeitschriften wie »American Home« und »Better Homes and Gardens« produzierten und verbreiteten Leitbilder angemessen eingerichteter Wohnungen und Häuser. Messen für Einrichtungsgegenstände und Haushaltswaren präsentierten Moden und Innovationen. Voraussetzung für die Anschaffung einer Reihe von Haushaltsgeräten war der Anschluss an das Stromnetz. Wie in Deutschland ging bei der Elektrifizierung die Stadt dem Land voran; doch erfolgte sie in der amerikanischen Stadt schneller, auf dem Land langsamer. Die städtische Elektrifizierung war in den 1930er Jahren weitgehend beendet. Vor dem Zweiten Weltkrieg verfügte dagegen nur gut ein Drittel der amerikanischen Farmen über elektrischen Strom. Die Elektrifizierung des flachen Landes wurde erst in den 1950er Jahren abgeschlossen.

Zur Standardausstattung städtischer Haushalte – auch jener der Ärmeren – gehörten in den 1930er Jahren elektrisches Licht, Bügeleisen und Staubsauger. Die im Vergleich zu Deutschland verschwenderische Konsumhaltung der Amerikaner schlug sich z. B. in einem wesentlich höheren Pro-Kopf-Verbrauch an Glühlampen nieder. Die Wohlhabenden besaßen darüber hinaus zahlreiche weitere elektrische Groß- und Kleingeräte wie Waschmaschine, Kühlschrank und Elektroherd sowie Radio, Toaster, Ventilator, Rühr- und Püriermaschine, Waffeleisen, Saftpresse und Fön. Größere Anschaffungen wurden den amerikanischen Familien durch den von der Roosevelt-Regierung 1934 erlassenen National Housing Act erleichtert. Das Gesetz förderte die Vergabe von Hypothekendarlehen und Krediten. Viele Haushalte nutzten die Krediterleichterungen, um sich elektrische Geräte zu kaufen. Die indirekte Wirkung der Regelung war noch größer als die direkte: Private Banken stiegen vermehrt in das Hypotheken- und Kreditgeschäft ein.

Die Wäsche wuschen die meisten amerikanischen Hausfrauen in den 1920er Jahren auch nicht anders als die deutschen. Sie konnten allerdings dank der besseren Einkommen mehr Wäsche in gewerbliche Wäschereien geben. Bereits in den 1930er Jahren erlitt deren Geschäft allerdings einen Einbruch, als sich die private Anschaffung von Waschmaschinen durchzusetzen begann. Bei diesen Maschinen handelte es allerdings noch nicht um die heute üblichen Automaten. Die Waschmaschinen der 30er Jahre hatten keine sich drehende Wäschetrommel, sondern kochten die Wäsche und rührten sie um. Das Wasser musste manuell eingefüllt und abgelassen werden, und auch die einzelnen Waschschritte wurden per Hand geschaltet. Mit solchen Maschinen war vor Beginn des Zweiten Weltkrieges die weit überwiegende Mehrheit der städtischen Haushalte, also auch die ärmeren, ausgestattet. Mitte der fünfziger Jahre besaß dann in der Regel jeder Haushalt eine Waschmaschine, nun aber die auch heute gebräuchlichen Vollautomaten mit integriertem Schleudergang.

Weniger verbreitet war der teurere Kühlschrank, aber 1941 war er bereits in über der Hälfte der städtischen Haushalte vorhanden. Mit seiner Hilfe erfüllten sich die Familien den Wunsch nach kalten Getränken und Speiseeis. Sie reduzierten zudem den Zeitaufwand für das Einkaufen, das nun weniger häufig nötig war. In den Vereinigten Staaten mit ihren heißen Sommern und kalten Wintern hatte sich schon im Laufe des 19. Jahrhunderts eine Kälteindustrie entwickelt. Zuerst wurde Natureis an Seen und Weihern geerntet; in späterer Zeit fabrizierten Kältemaschinen Kunsteis in Stangenform. Seit dem späten 19. Jahrhundert übertraf die private Eisnachfrage die gewerbliche der Lebensmittelindustrie. Nach dem Ersten Weltkrieg hatten die meisten städtischen Haushalte einen Eisschrank. Im Vergleich zu einem mit einer Kältemaschine ausgestatteten Kühlschrank machte

Die kanadische Werbung von 1956 propagierte die Arbeitserleichterung durch die Waschmaschine

ein Eisschrank allerdings wesentlich mehr Arbeit. Das Eis musste regelmäßig erneuert und das Schmelzwasser entfernt werden.

Im 19. Jahrhundert begann man in den USA Werbung für sogenannte Funktionsküchen zu machen, die ausschließlich zum Kochen genutzt werden sollten. Funktionsküchen, so das wichtigste Argument, ermöglichen den dienstbotenfreien Haushalt. Die Planer machten sich Gedanken über eine günstige räumliche Aufteilung und die Organisation der Küchenarbeit; Haushaltstechnik stand noch nicht im Vordergrund. In der Zwischenkriegszeit wurde die Funktionsküche als technisches System praktisch ausgeformt. Die in den 1930er Jahren von großen Einrichtern angebotenen Küchen enthielten Schränke, die sich wie Bausteine zusammensetzen ließen, so dass der vorhandene Raum optimal genutzt werden konnte; durchgehende Arbeitsflächen und eingebaute Haushaltsgeräte gehörten bald zu den festen Bestandteilen der neuen Küchen. Allgemeine Verbreitung fanden sie aber erst in der Nachkriegszeit.

Schon um die Jahrhundertwendc suchte eine Reihe von Herstellcrn die Frauen vom Kochen mit den festen Brennstoffen Kohle und Holz in den gusseisernen Herden abzubringen und sie von den Vorteilen von Gas, Elektrizität oder Öl zu überzeugen. Sie verwiesen dabei vor allem auf die Arbeitszeit, die mit den neuen Brennstoffen eingespart werden sollte. Doch erst in der Zwischenkriegszeit konnte der Gasherd die anderen Herde am Markt überholen; der teurere Elektroherd hatte erst nach dem Zweiten Weltkrieg Konjunktur. Andere Elektrogeräte, wie die Spülmaschine und die Mikrowelle folgten. In anderen Ländern verbreiteten sich diese Geräte langsamer, nicht wenige Haushalte verzichteten völlig auf sie.

Bundesrepublik: Größere Wohnungen – kleinere Haushalte

Die wichtigsten Merkmale des Wohnens in der Konsumgesellschaft finden sich in den Vereinigten Staaten bereits in den 1930er Jahren. Die Mehrheit der Bevölkerung lebte in größeren Wohnungen, die eine funktionale Untergliederung der Räumlichkeiten in Wohnzimmer, Küche, Bad und WC, Eltern- und Kinderschlafzimmer erlaubten. Die Wohnungen hatten elektrisches Licht, fließendes warmes und kaltes Wasser, Zentralheizung und waren mit Großgeräten wie Waschmaschine, Kühlschrank und Gasherd und zahlreichen Kleingeräten ausgestattet. In der Bundesrepublik Deutschland wurden ein entsprechender Wohnkomfort und vergleichbare Ausstattungsgrade erst in den 1960er Jahren für die Mehrheit der Bevölkerung erreicht. Bis zur statistischen Vollversorgung der Haushalte – das heißt von mehr als 90 Prozent – mit WC und Bad dauerte es bis etwa 1980. Seit dieser Zeit besitzen besonders Eigentumswohnungen und Einfamilienhäuser ab und an auch ein Gäste-WC oder ein zweites Bad.

Der Unterschied der deutschen Wohnsituation im Vergleich zur amerikanischen hatte mehrere Gründe. Bis in die Nachkriegszeit stand die Kaufkraft in Deutschland deutlich hinter der in den USA zurück. Der knappe Grund und Boden, die dichtere Besiedlung, die dominierende Massivbauweise und die stärkere Regulierung des Bauens trieben die Immobilienpreise und die Mieten in die Höhe.

In den beiden Jahrzehnten nach dem Zweiten Weltkrieg belasteten die Zerstörungen und die Flüchtlingswanderungen den deutschen Wohnungsmarkt. Etwa ein Viertel des Wohnungsbestands war im Krieg zerstört oder beschädigt worden. Bis 1950 strömten in das Gebiet der Bundesrepublik etwa 10 Millionen Flüchtlinge aus dem Osten, weitere Millionen folgten in den Jahren danach. Es kann nicht verwundern, dass bis weit in die 1960er Jahre Wohnungsmangel herrschte. Die hohen Untermieterzahlen der 1950er Jahre spiegeln diese Probleme wider.

Eine rasante Neubautätigkeit vermochte bis Anfang der 1970er Jahre den elementaren Wohnungsmangel zu beseitigen. In den Jahren danach verschoben sich die Schwerpunkte des Bauens vom Mietshaus zum Eigenheim und vom Neubau zur Modernisierung. Von den 1972 vorhandenen Wohnungen waren mehr als 50 Prozent Nachkriegsbauten, bis in das Jahr 2000 stieg dieser Anteil in den alten Ländern auf 75 Prozent. Die meisten der vor dem Krieg gebauten städtischen Wohnungen waren modernisiert worden, so dass sie gehobenen Ansprüchen genügten. Verglichen damit boten die ländlichen Wohnungen weniger Komfort. Auf dem Land hatte es viel weniger Kriegszerstörungen und infolgedessen auch weniger Neubautätigkeit gegeben. Die Dauerkrise der Landwirtschaft erschwerte zusätzlich lange Zeit nennenswerte Investitionen in die Modernisierung von Wohnhäusern.

In der Zeit des Wohnungsmangels förderte der Staat den Wohnungsbau mit beträchtlichen Mitteln. Wohnungsbau wurde als Sozial-, als Familien- und als Eigentumspolitik interpretiert. Mit der Zeit fuhren die Regierungen die Fördermittel zurück und schränkten die Förderinstrumente ein. Parallel setzte eine Erosion der gemeinnützigen Wohnungsbaugesellschaften ein. Es waren vor allem die Mittelschichten, die von den Zuschüssen und Steuersubventionen profitierten. Zahlreichen Familien mittleren Einkommens ermöglichte die staatliche Förderung den Erwerb eines Eigenheims im Grünen. Dies förderte die Zersiedlung – allerdings bei weitem nicht in dem Ausmaß wie in den USA. Neben den Eigenheimen gewann die städtische Eigentumswohnung an Bedeutung. 1950 waren in der Bundesrepublik 27 Prozent der Wohnungen in Privatbesitz, bis 2002 stieg diese Quote in den alten Ländern auf etwa 45 Prozent an. Gleichzeitig wurden die Rechte der Mieter gestärkt. Das 1965 eingeführte Wohngeld sollte die Probleme der Einkommensschwachen abfedern, ein Ziel, das allerdings nur bedingt erreicht wurde. Bis heute haben kinderreiche Familien, besonders Migranten und Ausländer, Schwierigkeiten, angemessene Wohnungen zu finden.

Die Mehrzahl der bundesdeutschen Bevölkerung konnte in der Nachkriegszeit ihre Wohnsituation entscheidend verbessern. Waren die Wohnungen 1955 noch im Durchschnitt 61 m^2 groß, maßen sie 1998 in den alten Ländern durchschnittlich 90 m^2. Von 1950 bis 1987 sank die Zahl der in einer Wohnung lebenden Menschen von im Schnitt 4,7 auf 2,4 Personen und halbierte sich damit. Zugleich stieg der Anteil der Wohnfläche pro Person von 15 m^2 (1950) auf 40,9 m^2 (1998). Je kleiner der Haushalt, desto größer der Wohnraum, der dem Einzelnen zur Verfügung stand. 1985 maß er bei einem Ein-Personen-Haushalt 61 m^2, bei einem Vier-Personen-Haushalt 27 m^2. Nutzten 1950 die Mitglieder eines Haushalts je noch etwa einen Raum der Wohnung für sich, waren es in den 1990er Jahren schon zwei Zimmer pro Person. In Relation zur Bevölkerungszahl verdoppelte sich die Anzahl der Wohnungen. Die Betrachtung längerer Zeiträume zeigt die Veränderungen noch drastischer. 1987 lebten in einer durchschnittlichen Mietwohnung von 86 m^2 mit vier bis fünf

Räumen zwei bis drei Menschen; um die Jahrhundertwende hatten sich noch vier bis fünf Personen eine halb so große Wohnung mit nur drei Räumen teilen müssen. Diese Vergrößerung der Wohnfläche hatte ihren Preis. Die Ausgaben für Wohnen und die Mieten erhöhten sich in der zweiten Hälfte des 20. Jahrhunderts markant – und dies nicht nur in absoluten Zahlen, sondern auch in relativen. In den Nachkriegsjahren hatten Mieter etwa 10 Prozent ihres Einkommens für die Wohnung aufzuwenden, gegen Ende des Jahrhunderts entfielen 25 Prozent ihres Verdienstes auf die Miete.

Ein gewachsener Wohlstand ermöglichte den Besitz von Wohnungen sowie die Nutzung von mehr Räumen und Quadratmetern. Doch es waren auch die Wandlungen in den Familienstrukturen, durch die sich die Wohnsituation verändert hatte. In den Städten des 19. Jahrhunderts bildete die Kleinfamilie der Eltern mit ihren Kindern den üblichen Familientyp. Die Großfamilie, die mehr als zwei Generationen umfasste, war vor allem noch auf dem Land anzutreffen. Im Laufe des 20. Jahrhunderts kehrten sich die Haushaltsgrößen völlig um. Um die Jahrhundertwende waren die Fünf-Personen-Haushalte am häufigsten, die Ein-Personen-Haushalte am seltensten vertreten. Heute ist es umgekehrt. In den großen Städten liegt der Anteil der Single-Haushalte bei etwa der Hälfte, was einem Fünftel der Bevölkerung entspricht. Zu den Single-Haushalten gehören so unterschiedliche soziale Gruppen wie ältere Menschen, deren Lebenspartner gestorben ist, Geschiedene oder Jüngere, die mit ihrem Alleinsein eine bewusste Lebensentscheidung getroffen haben. Durch das Single-Dasein werden im Verhältnis zur Bevölkerungszahl mehr Wohnungen und pro Person mehr Wohnfläche beansprucht. Beim Wandel des Wohnverhaltens wirken sich außerdem wachsender Wohlstand und demographische Veränderungen aus. Mehr ältere Menschen können es sich erlauben, in großen Wohnungen zu bleiben, aus denen die Kinder ausgezogen sind. Junge Menschen ziehen früher zuhause aus und leisten sich, ob allein, zu zweit oder zu mehreren, eine eigene Wohnung. Partner behalten oftmals jeweils eine eigene Wohnung, obwohl sie fest zusammenleben – zeitweise in der Wohnung des einen, zeitweise in der des anderen. Schließlich nimmt die Tendenz des Zweit- und Mehrwohnungsbesitzes zu.

Haushaltsausstattung: Zeitersparnis durch Technik?

Erst durch die Neubautätigkeit nach dem Krieg und durch Modernisierungen erhielten die bundesdeutschen Wohnungen bis etwa den 1960er Jahren eine Ausstattung, die in den meisten amerikanischen Wohnungen bereits in den 1930er Jahren vorhanden war. Nur ein kleiner Teil der Wohnungen der Zwischenkriegszeit und der unmittelbaren Nachkriegszeit besaß eine Zentralheizung. Von den damit verbundenen Unannehmlichkeiten zeugt die hohe Verbreitung elektrischer Heizstrahler, Heizdecken und -kissen, mit denen die Menschen die geringe Raumwärme zu kompensieren suchten. Auch nach dem Krieg erfolgte der Einbau von Zentralheizungen in Neubauten zunächst zögerlich; im sozialen Wohnungsbau wurden sie erst in den 1960er Jahren zum Standard. Da die Modernisierung einen großen Aufwand bedeutet, finden sich aber auch heute noch in vielen Altbauten Ofenheizungen. Wenigstens installierten die Wohnungsinhaber nach dem Krieg Einzelöfen in den Zimmern, die sich mit Öl einfacher beheizen ließen als mit Kohle und Holz.

Die Arbeits- oder Funktionsküche setzte sich in den deutschen Wohnungen nicht so schnell durch wie in den USA. Den Empfehlungen der Wohnungsreformer zum Trotz, optierten die Haushalte in der Zwischenkriegszeit für die traditionelle Wohnküche. Relevante Marktanteile errangen die Arbeitsküchen erst mit der Neubautätigkeit nach dem Zweiten Weltkrieg. In den anfänglich kleinen Wohnungen waren die Funktionsküchen eher ein Notbehelf, später lernten die Frauen ihre Vorteile kennen und schätzen. Arbeitsküche und Wohnküche existierten in der Bundesrepublik jedoch weiterhin nebeneinander. Außerdem wurde nach Möglichkeiten gesucht, die Küche als eine Kombination von Arbeits- und Lebensraum zu gestalten.

Als noch vor dem Zeiten Weltkrieg schon mehr als die Hälfte der amerikanischen Haushalte über die Großgeräte Waschmaschine und Kühlschrank verfügte, konnten in Deutschland erst 1 bis 2 Prozent der Haushalte diese Symbole moderner Haushaltstechnik vorweisen. Zum selbstverständlichen Wohnstandard gehörten Kühlschrank und die stufenweise per Hand geschaltete Waschmaschine in der Bundesrepublik erst in den 1970er Jahren. Ein Jahrzehnt später wurden sie ergänzt oder ersetzt durch Gefrierschränke und -truhen sowie durch Waschvollautomaten.

Die Hersteller empfahlen die meisten Geräte der Haushaltstechnik mit den Argumenten, dass sie die Arbeit erleichterten und Zeit ersparten. Ob zumindest die letztere Behauptung zutrifft, bedarf der Überprüfung, denn der zeitliche Gesamtaufwand für die Hausarbeit hat sich nicht vermindert. Bei einigen Geräten, zum Beispiel manchen Küchenmaschinen, ließ sich zwar eine Reduzierung der Zubereitungszeit konstatieren, aber die Vorbereitungs- und Reinigungsarbeiten dauerten länger, und die Bilanz musste nicht immer positiv sein. Andere Geräte, wie die Waschmaschine, verkürzten die für die Pflege eines bestimmten Quantums Wäsche erforderliche Zeit geradezu dramatisch. Diese Zeitersparnis wurde aber kompensiert durch höhere hygienische und ästhetische Ansprüche, das heißt durch die Verwendung von mehr Wäsche und häufigeren Wäschewechsel. Staubsauger und Putzmittel sparten Putzarbeit, dafür wurde öfter geputzt. Küchengeräte verkürzten die Zubereitung der Mahlzeiten, doch es wurde aufwendiger gekocht. Die Geschirrspülmaschine sparte Zeit beim Abwasch, dafür wurde insgesamt mehr Geschirr benutzt.

Unabhängig von der Frage der Zeitersparnis eröffnete die Haushaltstechnik Spielräume für die Zeitplanung und Zeitverwendung. Hausarbeiten konnten technisch komprimiert und entzerrt werden. Erforderte früher die Große Wäsche einen längeren, kontinuierlichen Arbeitsprozess, an dem mehrere beteiligt waren, so lassen sich heute das Waschen und die Nebenarbeiten in zahlreiche Einzelschritte aufteilen, die nicht unmittelbar aufeinander folgen müssen. An der Aufteilung der Hausarbeit unter Männern und Frauen jedoch änderte die Haushaltstechnik wenig. Haushaltsgeräte wurden eher in bestehende Strukturen der Arbeitsteilung eingefügt, als dass sie deren Überprüfung veranlassten. Die Last der Hausarbeit trägt weiterhin und weitgehend die Frau – ungeachtet dessen, dass immer mehr Frauen im Lauf des 20. Jahrhunderts erwerbstätig wurden.

Wohnen in der Konsumgesellschaft: Privatisierung, Technisierung, Komforterhöhung

Unter den Stichworten Privatisierung, Technisierung und Komforterhöhung lassen sich die Veränderungen der Wohnverhältnisse seit Beginn der Industrialisierung zusammenfassen. Im Laufe des 19. Jahrhunderts verlagerte sich der Schwerpunkt der Produktion von der Heim- zur Fabrikarbeit. Dies bedeutete tendenziell eine Entlastung der Wohnungen von Lärm, Staub und Schmutz. In den neu entstandenen Industriestädten hatten die Arbeiter zunächst unter extrem beengten und häufig erbärmlichen Wohnverhältnissen zu leiden. Die einzelnen Arbeiterwohnungen waren meist innerhalb eines Mietshauses nicht klar voneinander getrennt. Aus wirtschaftlichen Gründen sahen sich die Familienhaushalte vielfach gezwungen, Fremde aufzunehmen. Mit der Zeit wurden Schlafgänger und Untermietverhältnisse seltener, bis beides in der Nachkriegszeit nicht mehr üblich war. Erst im 20. Jahrhundert entwickelte sich die Wohnung zum privaten Reich der Familie.

Privatisierung des Wohnens hieß zudem, Ver- und Entsorgungseinrichtungen sowie Arbeitstätigkeiten aus dem sozialen Raum der Hausgemeinschaft in die Wohnung zu verlagern. Der Wasseranschluss in der Wohnung ersetzte das Wasserholen von der Straße, vom Hof oder aus dem Treppenhaus. Gewaschen wurde in der Wohnung und nicht mehr in der Waschküche. Der Staubsauger machte das Teppichklopfen auf der im Hof angebrachten Stange überflüssig, der Wäschetrockner oder ein geräumigeres Bad, in das ein Trockengestell passte, wurden dem Trocknen der Wäsche im Hof, im Keller oder auf dem Speicher vorgezogen. Die Kinder hatten in der Wohnung Raum zum Spielen, wenn sie auch weiter das Abenteuer des Hofes oder der Straße suchten. Die Familien schufen sich eine private Sphäre, und die Orte, an denen sich die Mitglieder einer Hausgemeinschaft trafen, wurden weniger. Zwar entstanden mit der Technisierung des Wohnens auch neue Begegnungsstätten, wie zum Beispiel der Aufzug oder die Tiefgarage, doch regierte in diesen der Zufall und die Flüchtigkeit.

Mit dem Konsum, der auch durch die Haushaltstechnik befördert wurde, stiegen Stoff- und Energieverbrauch. Heute verbrauchen die privaten Haushalte zusammen mehr elektrische Energie als die Industrie. Das Volumen des Hausmülls hat sich so vermehrt, dass – auch aufgrund eines gestiegenen Umweltbewusstseins – Anstrengungen zu Mülltrennung und Wiederverwertung unternommen werden wie ansatzweise schon einmal um die Jahrhundertwende. Wie viel Müll pro Einwohner anfällt, ist ein ziemlich präzises Zeichen für die Wohlstandsentwicklung. Bis zum Zweiten Weltkrieg erhöhten sich die Gesamtmüllmengen nur moderat, in der Nachkriegszeit um ein Vielfaches. Auch die veränderte Zusammensetzung des Mülls spiegelt die Entwicklung zur Konsumgesellschaft wider. So lassen beispielsweise Zentralheizungen, die mit Öl oder Gas betrieben werden, keine Asche mehr anfallen. Sperrstoffe und organische Stoffe bilden die beiden großen Müllfraktionen. Die Sperrstoffe sind in erster Linie Verpackungsmaterialien, die organischen Stoffe Lebensmittelreste, die in den Haushalten der Konsumgesellschaft keiner Verwertung mehr zugeführt werden. Wasserklosetts, Bad, Waschmaschine und das Wäscheaufkommen haben den Wasserverbrauch erhöht – und entsprechend die Abwassermengen.

Die Technisierung des Haushalts setzte einen Anschluss an Ver- und Entsorgungssysteme für Wasser, Abwasser, Müll, Gas und Elektrizität voraus. Damit gingen die Haushalte Abhängigkeiten ein, die aber im Allgemeinen keine Beeinträchtigung bedeuteten, solange die Familien die entstehenden Kosten aufbringen konnten. Die Eingliederung in technische Infrastruktursysteme bedeutete eine Externalisierung von Belastungen. Die kommunale Abwasserentsorgung und die Müllabfuhr übernahmen die Verantwortung für die anfallenden Abfallstoffe, die vorher beim Hausbesitzer oder Haushaltsvorstand gelegen hatte. Gas- und Stromversorgung reduzierten die im Haushalt entstehenden Aschemengen, Luftschadstoffe und die im Sommer unerwünschte zusätzliche Wärme. Die Wohnungen wurden sauberer – und die Schadstoffe häufig weiträumig in die Umwelt verlagert. Damit eröffnete sich den Haushalten der Weg zur Konsumexpansion, deren negative Folgen für die Bewohner nicht mehr sicht- und spürbar waren. Es entstanden Mentalitäten nach dem Motto »aus den Augen – aus dem Sinn«. Später ging es dagegen im Zeichen gestiegener umweltpolitischer Sensibilität um die Rückführung von Verantwortlichkeiten in die Haushalte. Initiativen für eine getrennte Sammlung von Haushaltsabfällen hatten jedoch zunächst wegen mangelnden Engagements nur teilweise Erfolg.

Erst in der jüngsten Vergangenheit schlossen die Haushalte ihre Entwicklung zu modernen »Wohnmaschinen« ab und boten damit ein komfortables Wohnfeld. Größere Wohnflächen, geringere Belegung, technische Ausrüstung sind heute Kennzeichen des Wohnens in der Konsumgesellschaft.

Sexualität: Vom verdeckten zum offenen Konsum

Nach dem Zweiten Weltkrieg interpretierten manche konservativen Kulturkritiker und linke Gesellschaftskritiker Sexualität als Konsumgut. Die Konservativen bezogen sich dabei vor allem auf das angeblich libertinäre Sexualverhalten der jungen Generation, die Linken auf die kommerzielle Ausbeutung und Instrumentalisierung von Sexualität durch die kapitalistische Gesellschaft. Beide verwiesen auf das Sexgewerbe, auf den Handel mit pornographischem Material und die Zurschaustellung von Sexualität in Massenmedien und Werbung. Später griffen Sexualwissenschaftler diese Argumente auf.

Sexualverhalten im Wandel

Im Folgenden geht es um Tendenzen der Kommerzialisierung, Industrialisierung und Technisierung von Sexualität sowie um Veränderungen des Sexualverhaltens in der Konsumgesellschaft. Sozialhistorische Forschungen zum Sexualverhalten sehen sich vor erhebliche Probleme gestellt. Im Allgemeinen sind Situationen intimsten Zusammenseins den Blicken der Öffentlichkeit entzogen. Empirische Untersuchungen, die sich auf Befragungen stützten, gab es erst seit Beginn des 20. Jahrhunderts. Eine besondere Signifikanz kam dabei den Forschungen des amerikanischen Zoologen Alfred Kinsey zu, der 1948 eine erste Auswertung seiner Ende der 1930er Jahre begonnenen Erhebungen veröffentlichte. Befragungen zum Thema Sexualität auf breiter Front folgten ab 1970 – Folge und zugleich Teil der sogenannten sexuellen Revolution.

Die Untersuchungen des 20. Jahrhunderts lassen sich mit aller gebotenen Vorsicht wie folgt zusammenfassen: Die Altersgrenze für erste sexuelle Erfahrungen ist für beide Geschlechter gesunken – Frauen sammeln sie nicht mehr wesentlich später als Männer, die früher häufig eine Initiation durch Prostituierte erfuhren. Sexualkontakte finden immer mehr auch unabhängig von der Ehe statt. Die gängige Meinung, Sexualpartner wechselten ständig und folgten immer rascher aufeinander, lässt sich dennoch empirisch nicht bestätigen. Vielmehr sind die meisten Menschen noch immer über einen längeren Zeitraum hinweg mit ein und demselben Partner zusammen. Die Veränderungen im Sexualverhalten scheinen insgesamt weniger dramatisch zu sein, als gemeinhin angenommen, und lassen sich weitgehend auf einen früher einsetzenden Sexualverkehr und auf die gestiegene Scheidungsrate zurückführen. Sexuelle Beziehungen sind auch weiterhin überwiegend mit Liebesbeziehungen verbunden. Die Sexualpraktiken weisen eine größere Variationsbreite auf. Oraler Sex und die Vielfalt der Koituspositionen spielen eine größere Rolle. Frauen gestalten Sexualkontakte aktiver mit. Überhaupt haben sich die Differenzen zwischen dem männlichen und dem weiblichen Sexualverhalten verringert. Heute wird darüber diskutiert, ob die problemlose Verfügbarkeit pornographischen Materials sich auch auf die Sexualpraktiken auswirkt.

Es entsteht der Eindruck einer erweiterten, multiplen Körperlichkeit. Der weibliche und der männliche Körper wurden schon immer erotisiert und sexualisiert – durch Gestik, Frisur, Kleidung, Schmuck. Das historische Spektrum des Schmucks umfasst dabei Körperbemalungen, Tätowierungen, Penishüllen, modernen Genitalschmuck und vieles mehr. Seit kurzem haben diese »Körpertechniken« dank der gewachsenen physiologischen und medizinischen Kenntnisse einen enormen »Boom« erfahren. Scheut man die damit verbundenen Mühen nicht, lässt sich der Körper dank Bodybuilding und Bodyshaping regelrecht »gestalten«. Die Angebote der Schönheitschirurgie reichen von kosmetischen Gesichtsoperationen über Fettabsaugen bis hin zu Brust- und Penisvergrößerungen. Die Potenz des Mannes kann durch operative Eingriffe oder die Einnahme von Viagra gesteigert werden.

Zumindest in zweierlei Hinsicht bedarf die Beschreibung der

sexuellen Verhaltensänderungen eines ergänzenden Kommentars: einmal hinsichtlich der Formenvielfalt der Sexualpraktiken und zum anderen bezüglich des Stellenwerts der Prostitution. Bereits die ältesten Darstellungen der Liebeskunst aus den Jahrhunderten um die Zeitenwende, wie zum Beispiel die daoistischen Sex-Handbücher oder das indische Kamasutra, zeigen einen Formenreichtum des sexuellen Verkehrs, der höchstens noch durch sehr artifizielle Zugaben überboten werden könnte. In der jüdisch-christlichen Tradition mit ihrer Reduzierung des Sexuellen auf Ehe und Fortpflanzung, die dafür außerdem nur eine Koitus-Position vorsah, konnten solche variantenreichen Anleitungen nicht mehr entstehen. Doch dokumentieren früh- und hochmittelalterliche Bußbücher, dass das sexuelle Verhalten allen Verboten trotzte und nicht unbedingt schriftlicher Instruktion bedurfte. Diese frühen und auch zahlreiche spätere Quellen vermitteln den Eindruck, dass die Menschheit seit Urzeiten über ein reiches Repertoire an Möglichkeiten verfügte, um sich geschlechtlich auszuleben. In welchem Maße sie von diesen Möglichkeiten Gebrauch machte, wissen wir nicht.

Immerhin gibt es gute Gründe anzunehmen, dass das Sexualverhalten in einer Ehe des 19. Jahrhunderts ein anderes war als das in einer modernen Zweierbeziehung, wobei ein solcher Vergleich hinkt, da er eine wichtige sexuelle Institution des 19. Jahrhunderts auslässt: die Prostitution. Allerdings deuten nicht nur Sexualumfragen, sondern auch die historischen Quellen und Beobachtungen von Zeitgenossen darauf hin, dass die Prostitution – abgesehen von vorübergehenden Konjunkturen in Kriegs- und Besatzungszeiten – seit dem Ersten Weltkrieg mehr oder weniger kontinuierlich zurückging.

Prostitution: Von Straßenmädchen und Sexarbeiterinnen

Im 19. Jahrhundert hatte die Prostitution – zumindest in den großen Städten – ein heute kaum vorstellbares Ausmaß angenommen, das sich aufgrund der teilweisen Illegalität und der unscharfen Ränder des Gewerbes nicht genau bestimmen lässt. Zwar war es Aufgabe der Polizei, Prostituierte zu erfassen und das Gewerbe zu kontrollieren, sie erzielte dabei aber nur Teilerfolge. Viele Professionelle entzogen sich der Registratur. Vor allem aber gelang es den Behörden nicht, die große Zahl jener Frauen zu erfassen, die als Dienstmädchen, Arbeiterinnen, Verkäuferinnen oder Kellnerinnen tätig waren, aber hin und wieder erotische und sexuelle Dienstleistungen gegen Entgelt anboten – sei es aus Not, sei es aufgrund sozialer Ausgrenzung (als sogenannte »gefallene Mädchen«) oder auch, um den Verlockungen der Warenwelt nachgeben zu können. In den Großstädten ging im 19. Jahrhundert ein nicht unerheblicher Teil der weiblichen Bevölkerung ständig oder gelegentlich der Prostitution nach. Und der Anteil der männlichen Bevölkerung, der diese Dienste in Anspruch nahm, war ungleich höher.

Die herrschende Moral erlegte den Freiern keinerlei Schranken auf. Viele junge Männer machten ihre ersten intimen Erfahrungen mit dem anderen Geschlecht im Bordell oder auf dem Straßenstrich. Das Heiratsalter der Männer lag höher als heute, es gab mehr Junggesellen, weshalb eine größere Anzahl dieser Männer über einen längeren Zeitraum hinweg potenzielle Kunden von Prostituierten waren. Den Ehemännern gestattete die gesellschaftliche Moral bereitwillig, ihrer »Natur« in den Armen eines Straßenmädchens oder einer finanziell ausgehaltenen Geliebten freien Lauf zu lassen. In der Ehe dagegen hatten sie sich gegenüber ihren Frauen – zumindest für die Dauer einer Schwangerschaft und in der Zeit der Menstruation – Zurückhaltung aufzuerlegen. Überhaupt war häufiger ehelicher Verkehr nicht gerade eine allgemein anerkannte Norm.

Es bestehen unmittelbare und mittelbare Zusammenhänge zwischen der Entwicklung der Ehe, dem sexuellen Verhalten und dem Rückgang der Prostitution im 20. Jahrhundert. Das Heiratsalter sank, die Zahl der Eheschließungen nahm zu. Die Ehe wurde nicht mehr vorwiegend als ökonomische Zugewinngemeinschaft und als Produktionsstätte für Kinder, sondern auch als erotisch-sexuelle Beziehung gesehen. Unabhängig von der Ehe ermöglichte die Emanzipation der Frau den Männern, sexuelle Abenteuer auch außerhalb der Prostitution zu erleben. Früh eingegangene Ehen und außereheliche Sexualkontakte ließen das Durchschnittsalter der Freier steigen. Auch technische und soziale Entwicklungen veränderten die Erscheinungsformen der Prostitution. Mit dem Aufkommen des Automobils entstanden neue Formen des Straßenstrichs, seit Einführung des Telefons gab es die Dienstleistungsangebote von sogenannten Callgirls. Die billigen Transportkapazitäten der Großraum-Düsenjets ermöglichten den Sextourismus und damit eine globale Struktur der Prostitution. Durch die international gewachsenen sozialen Ungleichheiten treffen in den Wohlfahrtsstaaten inländische Freier vermehrt auf ausländische Prostituierte.

Empfängnisverhütung: Kondome, Pillen und Pessare

Seit den 1960er Jahren hat sich die öffentliche Diskussion über Sexualität wahrscheinlich gravierender verändert als das Sexualverhalten selbst. Über Jahrhunderte war Sexualität in der Öffentlichkeit vor allem in Form von Verboten und negativ besetzten und mit dem nötigen Abscheu vorgebrachten Umschreibungen präsent. Nun wurde sie Gegenstand einer offenen, wenn auch zuweilen voyeuristisch anmutenden Diskussion – mit der entsprechenden Rückwirkung auf das Sexualverhalten. Sexualität galt nunmehr als veränderliche und gestaltbare Größe.

Unter dem Einfluss so revolutionärer Entwicklungen wie der Kontrazeption erfuhr das Sexualverhalten eine entscheidende Wandlung. Das Bemühen um Empfängnisverhütung, Geburten- und Bevölkerungsregulierung reicht weit in die Menschheitsgeschichte zurück. Nur waren die zahlreich angebotenen Methoden nicht einfach zu praktizieren und nur bedingt zuverlässig. Im Laufe des 19. Jahrhunderts verbesserte sich zumindest der Wissensstand bezüglich der Verhütungsmethoden. Als Indiz hierfür könnte der tatsächliche Rückgang der Geburtenrate gewertet werden. In den Industriestaaten nahm eine Entwicklung ihren Anfang, die schließlich im 20. Jahrhundert zur Dominanz der Zwei- und Einkinderfamilie führte.

Empfängnisverhütung verbreitete sich im sozialen Gefüge von den oberen zu den unteren Schichten. Die am häufigsten angewandten Methoden waren der Coitus interruptus, die postkoitale Scheidenspülung, das mit Spermiziden getränkte Schwämmchen, Kondome, verschiedene Diaphragmen und Pessare sowie die Bestimmung der unfruchtbaren Tage der Frau. Es wäre jedoch falsch, die Verbreitung der Kontrazeption im 20. Jahrhundert allein auf wirkungsvolle Kontrazeptiva zurückzuführen. Die eigentliche Ursache ist in gesellschaftlichen Veränderungen zu suchen. Eine positivere Einstellung zugunsten kleinerer Familien ist in dem Maß zu verzeichnen, in dem öffentliche und gewerbliche soziale Versicherungssysteme an die Stelle sozialer Absicherung durch Kinderreichtum und Großfamilie traten. Nach der Jahrhundertwende trat ein eklatanter Rückgang der Kindersterblichkeit ein, der es überflüssig machte, Kinder, wie vordem üblich, sozusagen auf Vorrat in die Welt zu setzen. Die Lebensentwürfe der Menschen, die nunmehr stärker auf die Entfaltung der eigenen Persönlichkeit als auf die Familie ausgerichtet waren, ließen sich mit weniger Kindern leichter realisieren. Hinzu kamen die Auflösung der Großfamilie im Zuge der Verstädterung, der Rückgang religiöser Einflüsse, die Frauenemanzipation, eine größere Rationalität der Lebensführung.

Zu den sichersten Mitteln der Empfängnisverhütung gehörte das Kondom. Kondome aus Leinen oder Seide, später aus Tierdärmen fanden mindestens seit dem 16. Jahrhundert Verwendung als Prophylaxe gegen sexuell übertragbare Krankheiten wie Gonorrhö und Syphilis. Im Zusammenhang mit Prostitution wurden Kondome am häufigsten verwendet, was bis heute die Akzeptanz des Kondoms als Mittel der Empfängsnisverhütung einschränkt. Seit den 1850er Jahren revolutionierte die Vulkanisierung von Kautschuk die Kondomproduktion. Die preiswerten Gummikondome scheinen um 1870 allgemein bekannt gewesen zu sein. Mit der Zeit verschob sich der Verwendungsbereich von der Prophylaxe zur Kontrazeption, ehe sich der Verwendungszweck in den 1980er Jahren mit der rapide ausgreifenden Immunschwächekrankheit Aids wieder umkehrte. Kondome waren – bei markanten nationalen Unterschieden – in Apotheken und Drogerien erhältlich, konnten aber auch über Ärzte, Tankstellen, Tabakgeschäfte und Kneipen und zum Teil aus Automaten bezogen werden – also überall da, wo Männer verkehrten bzw. ein diskreter Erwerb gewährleistet war. Eine zweite Revolution der Kondomproduktion stellte um die Jahrhundertwende deren Fertigung aus Latex dar, einem aus dem Milchsaft der Kautschukpflanze gewonnenen Produkt, das die Herstellung dünnerer und nahtloser Kondome erlaubte.

Ist die Geschichte des Kondoms eher die einer handwerklich-technischen Errungenschaft, so basiert die Verhütungspille für die

Frau eher auf wissenschaftlichen Erkenntnissen. An hormonalen Ovulationshemmern wurde seit der Zwischenkriegszeit gearbeitet, ein entsprechender synthetischer Wirkstoff Anfang der 1950er Jahre entwickelt. Nachdem sie klinische Tests durchlaufen hatte, kam die Pille 1960/61 auf den Markt. Vor dem Hintergrund einer noch immer konservativen Sexualmoral wurde die neue Verhütungsmethode nur zögerlich, in Deutschland aber noch eher als in den USA angenommen. Später profitierte die Pille wie andere Methoden von einer zwangloseren Einstellung zur Sexualität, als deren Folge Empfängnisverhütung öffentlich akzeptiert und propagiert wurde – auch und gerade außerhalb der Ehe.

Die langfristigen Konsequenzen zuverlässiger Empfängnisverhütungsmethoden können kaum überschätzt werden. Jahrhunderte hindurch war die am meisten verbreitete und von der öffentlichen Moral allein akzeptierte Form menschlichen Sexualverhaltens mit der Möglichkeit einer – gewollten oder ungewollten – Schwangerschaft verbunden. Der Koitus hatte demnach ein Janusgesicht: einerseits lustvolle Befriedigung, andererseits belastende Bedrohung, vor allem für die Frau. Dank neuer Verhütungsmethoden konnte dagegen nun die Sexualität von der Fortpflanzung geschieden werden. Sie schafften die Möglichkeit, Sexualität sowohl als eine Form individueller Expression als auch eines intimen Austauschs zu begreifen, welche gestalt- und verfeinerbar war. Die Empfängnisverhütung leistete damit einen wichtigen Beitrag zur Demystifizierung und Sozialisierung der Sexualität.

Die Angebote der Porno-Industrie

Sex-Shops, Telefonsex und ein breites sexuelles Angebot im Internet scheinen zu bestätigen, dass in jüngster Zeit eine weitgehende Kommerzialisierung und Industrialisierung der Sexualität stattgefunden hat. Mit einem Blick in die Geschichte der Pornographie lässt sich diese Vermutung überprüfen. Im 19. Jahrhundert wurden pornographische Darstellungen vornehmlich unter kriminalistischem Aspekt gesehen. Was immer jedoch die staatlichen Organe dagegen unternahmen, die intensive Nachfrage hielt den Markt am Leben. Pornographie in Wort und Bild war weit verbreitet und leicht zugänglich.

Das einschlägige Gewerbe und die entsprechende Kundschaft griffen jede technische Innovation, die die Authentizität der Darstellung und somit den sexuellen Reiz zu erhöhen imstande war, begierig auf. Bereits in den 1840er Jahren, die Photographie war gerade erst erfunden, erschienen Aktdaguerrotypien und bald darauf Stereodaguerrotypien, welche die Posen der dargestellten weiblichen Akte teilweise der zeitgenössischen Salonmalerei entlehnten, teilweise pornographische Abbildungen sexueller Handlungen in üppiger Variationsbreite boten. Verbreitungsbeschränkungen waren in erster Linie eine Kostenfrage. Bei den Daguerrotypien handelte es sich um Unikate, die den Wert mehrerer Tagesverdienste eines Arbeiters ausmachten. Seit der Jahrhundertmitte ermöglichten neue photographische Verfahren eine Vervielfältigung vom Negativ, ab 1890 erleichterte der Zelluloid-Rollfilm das Aufnehmen pornographischer Bilder. Die Pornohändler der Jahrhundertwende boten in Kleinanzeigen einschlägige Postkarten an. Interessenten erhielten auf Anfrage das Angebot in Kleinformat zur Auswahl und Bestellung. Außerdem erfolgte der Verkauf durch Straßenhändler und unter dem Ladentisch.

In der Folgezeit machte sich die Pornoindustrie jedes neue Medium zunutze – und das meist kurz nach dessen Marktreife. Umgekehrt erleichterte die Pornographie neuen Medien den Marktzugang. Die Aufnahme und Vorführung pornographischer Filme begann um die Jahrhundertwende. In den 1970er Jahren tauchten die ersten Videos auf, heute gehört Pornographie zu den meist gefragten Internetangeboten. Ihre in den 1960er Jahren und zuerst in den skandinavischen Ländern erfolgte Legalisierung brachte eine Konzentration des Porno- Geschäfts mit sich. Vermutungen zufolge kontrollieren gegenwärtig etwa zwölf Unternehmen die Hälfte des Weltmarkts. Ihre Zentralen befinden sich in den USA, Deutschland, Schweden und Dänemark.

Pornomagazine kamen zunächst aus den liberalen Ländern Skandinaviens auf den internationalen Markt. Ihre Verbreitung profitierte von der drucktechnischen Entwicklung, die niedrige Preise bei guter Qualität mit Farbe und Hochglanz erlaubte. Die Produzenten kombinieren heute teilweise die Herstellung von Magazinbildern mit jener von Pornovideos. Dabei bedeutete das Aufkommen der bewegten Bilder für die Pornomagazine einen härteren Kampf um Auflagenhöhen. Bis etwa 1970 wurden Pornofilme heimlich gezeigt. Nach ihrer Legalisierung schossen Sexkinos förmlich aus dem Boden. Nach 1980 verschwand ein Großteil von ihnen wieder, da nun stattdessen der Videorekorder den Pornokonsum in den eigenen vier Wänden ermöglichte. In den USA machten pornographische Kassetten anfangs mehr als die Hälfte des Videoverkaufs aus. Heute hat sich ihr Anteil auf 10 bis 25 Prozent eingependelt; ähnliche Größenordnungen finden sich auch in anderen Ländern.

Die meisten Videos präsentieren Sexualität, insbesondere weibliche, in stereotypen Handlungsabläufen aus Sicht männlicher pornographischer Phantasie. Viele Filme werden an einem Tag abgedreht. Manche entstehen gleichzeitig in einer Hardcore- und einer für das Fernsehen bestimmten Soft-Version. Filme, in denen Sexualität und Gewalt gekoppelt werden, offeriert nur ein kleiner Teil. Im Durchschnitt werden einige 1000 Kopien eines Filmes verkauft. Sein Publikum erreicht er in Videoläden, Sexkinos, in den Videokabinen der Sex-Shops, den Inhouse-Netzen der Hotels, im Pay-TV und im Internet. Zukunftsvisionen zum medialen Sex drehen sich um die Möglichkeiten der Virtual Reality.

Dieser kurze Überblick über Pornographie erweckt den Eindruck, es habe sich hinsichtlich Nachfrage und Inhalten im Lauf der Zeit wenig geändert. Verändert haben sich jedoch die Struktur der Angebote und der Zugang zu ihnen. Die Entwicklung technischer Medien hat zu einer größeren Vielfalt geführt, dabei aber auch alte Medien, wie beispielsweise die pornographische Schwarz-Weiß-Postkarte, ins Abseits gedrängt. Hochproduktive Massenfertigung hat die Preise sinken lassen, Kaufkrafterhöhungen haben einen breiteren Zugang ermöglicht. Außerdem wird Pornographie nicht mehr unter dem Ladentisch, sondern vergleichsweise offen vertrieben. Damit unterscheidet den Handel mit Pornographie nichts mehr vom Handel mit sonstigen Waren der Konsumgesellschaft: Ein breiteres und verbilligtes Angebot und ein erweiterter, wenn man so will »demokratischerer«, Zugang sind entstanden.

Auch die Angebote der Sex-Shops weisen ähnliche Strukturen auf. Die Kataloge offerieren eine auf den ersten Blick verblüffende Warenvielfalt. Bei genauerer Betrachtung handelt es sich jedoch oft um traditionelle, zum Teil seit Tausenden von Jahren bekannte erotische und sexuelle Angebote, deren Präsentation mittels moderner Technik überarbeitet wurde. Hierzu gehören pornographische Darstellungen in Wort, Bild und Ton, oft mittels des klassischen Mediums Buch offeriert, aber auch Videos, DVDs, Computerdisketten und vieles mehr. Zu den Klassikern gehören Kondome, erotische Bekleidung, wenngleich aus modernen Stoffen gefertigt, erotische Scherzartikel und chemisch-pharmazeutische Produkte wie Parfüm, Gleitcremes, Potenz- und Stimulationsmittel. Die schon in den alten Hochkulturen verbreiteten künstlichen Penisse, sogenannte Dildos, werden weiterhin angeboten, nun aber aus anderen Materialien bestehend. Selbst der Vibrator ist keine neue Erfindung. Bereits um die Jahrhundertwende ist er – häufig als Medizintechnik getarnt – in den Anzeigen von Frauenzeitschriften zu finden. Die Sex-Shop-Kataloge der Jahrtausendwende haben weitere mechanische, pneumatische und elektromechanische Stimulatoren für männliche und weibliche Interessenten im Angebot. Die lebensgroßen Sexpuppen verdanken ihre Attraktivität einer verbesserten Gummiverarbeitung.

Ein Vergleich zwischen »alter« und »neuer« Pornographie zeigt, dass sich weniger die Inhalte als vielmehr die Formen geändert haben. Das gilt wahrscheinlich auch für das Sexualverhalten. Die einstige Kluft zwischen tatsächlichem Sexualverhalten und moralischem Diktat hat sich verringert. Ihren Niederschlag findet diese Tatsache im Sexualstrafrecht: Schützte es ehemals die Sitten, setzt es sich heute vermehrt für die Möglichkeit sexueller Selbstbestimmung ein. Die soziale Akzeptanz nicht nur der Heterosexualität, sondern auch der männlichen und weiblichen Homosexualität hat zugenommen und schließt auch die Billigung der schon immer bestehenden Vielfalt sexueller Praktiken ein. Die sogenannte sexuelle Revolution hat die Sexualität aus der Dunkelheit des Verborgenen in das Licht der Öffentlichkeit geholt. Die damit einhergehende Demystifizierung kann als Gewinn, aber ebenso als ein Verlust empfunden werden. Gewonnen haben das Bekenntnis und die Fähigkeit zur Lust, die Möglichkeit zur Reflexion, die Handlungsfreiheit; verloren gegangen sind die in Unwissenheit und Ungewissheit begründeten Komponenten der Spannung und des erotischen Reizes.

Mobilität und Massentourismus

Die Mobilität der Menschen ist kulturell bedingt, ihr liegen aber auch anthropologische Konstanten zugrunde. Sie wurzelt in der Neugier und Erweiterungsfähigkeit des Menschen, in seinem Streben nach Erfahrungen und Erlebnissen. Der Begriff der »Erfahrung« verweist darauf, dass eine Ortsveränderung die Gewinnung von Erkenntnissen über sich selbst und über andere befördert. Die Ausbreitung der Hominiden und später des Homo sapiens über die Erde dürfte jedoch in erster Linie erfolgt sein, um Not und Gefahr zu entgehen. Die Jäger und Sammler erweiterten durch Wanderungen ihren Nahrungsspielraum und entzogen sich ungünstigen natürlichen, zum Beispiel klimatischen, Veränderungen. Auch in späteren Zeiten dominierte vielfach eine erzwungene Mobilität, wie bei der Völkerwanderung, bei Vertreibungen und Fluchtbewegungen oder bei der Auswanderung und der Arbeitsmigration.

Die erzwungene klein- und weiträumige Mobilität stand in mannigfaltigen historischen und kulturellen Kontexten. Dies gilt gleichermaßen für den Tourismus, den man bereits in den alten Hochkulturen und in der Antike findet. So besuchten begüterte und bildungsinteressierte Römer in der Kaiserzeit die historischen Stätten des klassischen Griechenlands. Die Wiedererweckung der Antike in der Renaissance machte Italien zum bevorzugten Reiseziel der europäischen Gebildeten. Im 18. Jahrhundert entdeckten Reisende die landschaftliche Schönheit der Meeresküsten und der Gebirge. In der Romantik erfuhren die Naturlandschaften eine idealistische Erhöhung. Bildungs-, Landschafts- und Unterhaltungsreisen beschränkten sich jedoch bis ins 19. Jahrhundert wegen des hohen Zeit- und Geldaufwands auf den Adel und das begüterte Bürgertum.

Lange Zeit begrenzten die fehlenden Mittel, an Geld und Zeit, aber auch an geeigneten Verkehrsträgern, das Reisen und die Mobilität. Darüber hinaus gab es zahlreiche weitere gesellschaftliche Hemmnisse wie Aufenthaltsgebote sowie Dienst- und Zunftpflichten. Die Bereitschaft zur Mobilität konnte sich unter diesen Bedingungen nur schwer herausbilden. Natürlich waren auch vorher schon einzelne Menschen unterwegs, etwa Pilger, Kreuzfahrer, Handwerker auf der Walz, Soldaten oder Glaubensflüchtlinge, aber sie reisten nicht um des Reisens willen. Hierzu bedurfte es eines längeren gesellschaftlichen Prozesses, der Zwänge abbaute und Freiheiten vermehrte, vor allem jedermann die Freizügigkeit erlaubte, zu wohnen und sich aufzuhalten, wo er wollte.

Eine Mobilitätsrevolution: Dampfschiff und Eisenbahn

Durch die in Großbritannien beginnende Industrielle Revolution erfuhr die allmähliche Mobilisierung der Gesellschaft eine enorme Beschleunigung. Dabei lösten häufig neue Zwänge – besonders in der Arbeitswelt – alte ab. Aber auch diese wirkten mobilitätssteigernd. Innerhalb eines knappen Jahrhunderts entwickelte sich Großbritannien von einer Agrar- in eine Industriegesellschaft. Die Arbeit fand nicht mehr überwiegend im Familienverband statt, sondern in Fabriken und anderen Gewerbebetrieben. Größere Teile der Bevölkerung zogen vom Land in die Stadt. Die bürgerlichen Schichten verbesserten ihre gesellschaftliche Position gegenüber dem Adel. Insgesamt beförderten oder erzwangen die britische Industrielle Revolution und die sich anschließende Industrialisierung in anderen Ländern größere soziale, geistige und räumliche Mobilität.

Zunächst vollzog sich die Industrielle Revolution auf der Basis des alten Verkehrssystems und mit den alten Verkehrsträgern. Schifffahrt und Landtransport wurden allerdings erheblich ausgebaut. Dies galt für die Küsten- wie für die Binnenschifffahrt. Für die expandierende Küstenschifffahrt wurden neue Landestellen angelegt. Flusskanalisierungen und der Neubau von Kanälen verlängerten die Binnenwasserstraßen im Laufe eines Jahrhunderts auf mehr als das Dreifache. Private Gesellschaften sorgten für den Ausbau und den guten Zustand der als Mautstraßen betriebenen wichtigsten Landverbindungen. Ebenso wuchs die Zahl der leichteren und mit besseren Federungen versehenen Kutschen sowie der fahrplanmäßigen Postdienste. Auf dem Wasser und auf dem Lande dominierte der Güterverkehr, der Personenverkehr nahm aber ebenfalls zu.

Eine Revolution des Verkehrswesens – und zwar des Fracht- wie des Personenverkehrs – brachte erst der Einsatz der Dampfmaschine auf Schiffen und Eisenbahnen. Dabei ging das Dampfschiff der Dampfeisenbahn voraus, weil bei ihm die technischen Entwicklungsprobleme leichter zu bewältigen waren. Zum Eldorado der frühen Dampfschifffahrt wurden die langen und viel Wasser führenden amerikanischen Flüsse. Als Beginn kann man die 1807 erfolgte Einrichtung eines Liniendienstes auf dem Unterlauf des Hudson zwischen New York und Albany werten. Seit 1812 tauchten Dampfschiffe auf dem Flusssystem des Mississippi, Missouri und Ohio auf. Bis zur Jahrhundertmitte erhöhte sich die Gesamtzahl der amerikanischen Flussdampfer auf mehr als 500.

Der Transport auf dem Wasser war viel leistungsfähiger als der auf den meist schlechten Landverbindungen. Besonders im Süden, von New Orleans ausgehend, trugen die Binnenschiffe zur Erschließung des Mittleren Westens bei. Die meisten Raddampfer beförderten Fracht und Passagiere zusammen. Nur wenige spezialisierten sich auf den Passagier- und Posttransport. In den einzelnen Klassen wies der Komfort enorme Unterschiede auf. Mit gutem Recht konnten deshalb die Zeitgenossen die Flussdampfer sowohl als »floating palaces« wie als »floating barracks« oder »sepulchres«, als schwimmende Friedhöfe, bezeichnen. Die größte Differenz bestand zwischen Kabinen- und Deckpassagen. Die sich in der Mehrheit befindlichen Deckpassagiere schliefen in engen Verschlägen oder auf den nackten Planken und bereiteten sich das Essen selbst zu. Unter ihnen befanden sich viele Auswanderer, für die es – ganz gleich wie – darauf ankam, das Ziel zu erreichen.

Zwischen der Jahrhundertmitte und dem Ende des Bürgerkriegs löste die Eisenbahn das Dampfschiff als wichtigstes Personentransportmittel ab. Die Eisenbahnverbindungen waren geradliniger, kürzer und pünktlicher. Hierfür waren die Fahrgäste bereit, höhere Preise als auf dem Schiffsdeck zu bezahlen. Den Flussdampfern blieben die Kabinenpassagen. Das Binnenschiff entwickelte sich von einem Massentransport- zu einem Luxusverkehrsmittel, das mit seinen Kabinen, Salons und Bars denjenigen, welche über Zeit und Geld verfügten, ein komfortables Reisen ermöglichte.

Eine besondere Anziehungskraft auf die Vergnügungsreisenden entfaltete der Hudson River. Der Fluss im amerikanischen Nordosten erleichterte die Anreise in den Erholungs- und Vergnügungsort Saratoga, zum malerischen Lake George und zu den eindrucksvollen Niagarafällen. Der Hudson bot reizvolle Landschaftspanoramen mit Bergen und Hügeln, führte an prächtigen Landhäusern vorbei und ermöglichte den Besuch historischer Stätten des Bürgerkriegs. Mit der Kutsche konnte man von den Landungsstellen aus die White Mountains oder die Catskill Mountains ansteuern, wo es seit den 1820er Jahren Touristenhotels gab.

Nur wenig später als auf den amerikanischen Flüssen nahmen Dampfschiffe an den europäischen Küsten und auf den Flüssen und Seen den Linienverkehr auf. Sie beförderten Passagiere von Liverpool auf die Isle of Man, von London nach dem Seebad Margate, auf dem Mittelrhein und der Elbe sowie den Schweizer Seen. Allein schon die Gewässer und die Reiseziele zeigen an, dass es sich bei einem größeren Anteil der Passagiere um Vergnügungsreisende handelte.

Die im ersten Drittel des 19. Jahrhunderts in England gebauten Dampfeisenbahnen dienten dem Transport von Massengütern, insbesondere von Kohle. Auch bei der 1830 zwischen der Hafenstadt Liverpool und dem Industriezentrum Manchester eröffneten Strecke dachten die Investoren in erster Linie an das Frachtaufkommen. Doch auch den Passagieren hatte man einiges zu bieten. Die Eisenbahn verringerte die Fahrzeit zwischen den beiden Städten um mehr als die Hälfte, und sie war zuverlässiger und bequemer als die Postkutsche. Nach der Eröffnung war der Zuspruch so groß, dass die Eisenbahn fortan auch als Personenverkehrsmittel interpretiert wurde. Die zwischen einer Reihe großer Städte gebauten Einzelverbindungen wuchsen bis zu den 1870er Jahren zu einem großen, wenn auch heterogenen, von zahlreichen privaten Gesellschaften betriebenen Netz zusammen. Fusionen der Eisenbahngesellschaften sowie technische und organisatorische Vereinheitlichungen machten das Netz in der Folgezeit leistungsfähiger und attraktiver.

Die Motive für eine Eisenbahnreise waren recht vielfältig: Geschäftsreisen, Fahrten zur Arbeit, Verwandtenbesuche, Ausflüge oder schlicht die Neugier auf das neue Verkehrsmittel. Im Zeitraum bis 1870 dominierte jedenfalls der Kurzstreckenverkehr über Entfernungen zwischen 15 und 20 Kilometer. In den 1840er Jahren ließ die Einführung einer Dritten Klasse die Zahl der Reisenden in die Höhe schnellen. Das Fahren mit der Eisenbahn dehnte sich also sozial mit großer Geschwindigkeit von oben nach unten aus. Ausflugszüge setzten britische Eisenbahngesellschaften von Anfang an ein. Die Züge steuerten Ziele an der Küste und in landschaftlich reizvollen Gebieten des Binnenlandes an, sie führten zu Industrieausstellungen und kulturellen Veranstaltungen. Thomas Cook, der Pionier des Massenreisens, organisierte 1851 Eisenbahnfahrten zur Londoner Weltausstellung. Später karrte Cook an den Wochenenden Arbeiter aus den Industrierevieren an die Küste. Die alten Seebäder verloren sukzessive ihren exklusiven Charakter. Seit den 1860er Jahren stellten sich Badeorte wie Blackpool und Scarborough auf mehrtägige Ferienaufenthalte von Arbeiterfamilien ein. Um die Jahrhundertwende war der Andrang in den Sommermonaten so groß, dass sich die Eisenbahngesellschaften genötigt sahen, in den Ferienzentren an der Küste die Bahnhöfe auszubauen.

Aufgrund der englischen Erfahrungen betrachtete man in Deutschland die Eisenbahn von vornherein als Personentransportmittel. Im Vergleich zu den leichten Wagen der Schnellpost steigerte die Bahn die Reisegeschwindigkeit auf etwa das Dreifache, die Fahrkarten der Vierten Klasse kosteten dagegen nur ein Drittel. Zudem war eine Eisenbahnfahrt bequemer als eine Kutschfahrt auf holprigen Straßen. Kein Wunder, dass sich die Postkutsche gegen die Eisenbahn nicht behaupten konnte. In der Regel stellten nach Eröffnung einer Eisenbahnlinie die parallel verlaufenden Poststrecken den Betrieb ein. Dessen ungeachtet nahm auch der Kutschenverkehr beträchtlich zu. Die Kutschen bedienten Nebenstrecken oder fungierten als Zubringer.

Die Eisenbahnen zogen auf den Hauptstrecken nicht nur den vorher durch die Post bedienten Verkehr an sich, sondern sie ließen ihn auf ein Vielfaches ansteigen. Auf den gleichen Verbindungen zählten sie 20 bis 50 Mal mehr Passagiere als vorher die Post. Damit übertrafen sie auch die optimistischen Erwartungen um das Fünf- bis Zehnfache. Die neue Verkehrstechnik aktivierte und vermehrte mit ihrem überlegenen Leistungsangebot offensichtlich latente Mobilitätsbedürfnisse. Damit leitete die Eisenbahn das Zeitalter des

Massenverkehrs ein. Ausflüge und Reisen wurden immer populärer. Nach wenigen Jahrzehnten reisten 80 bis 90 Prozent der Passagiere mit der Dritten oder Vierten Klasse. Vermutungen gehen dahin, dass die Erste und die Zweite Klasse den Wohlhabenden vorbehalten war, Angehörige der bürgerlichen Mittelschichten reisten mit der Dritten Klasse, die Arbeiter mit der Vierten. Bei Bahnen, welche beide Klassen führten, zählte man in der Dritten und in der Vierten Klasse in etwa gleich viele Passagiere.

An den Wochenenden und an Feiertagen fand ein beträchtlicher Ausflugsverkehr statt. Um die Jahrhundertwende fuhren zum Beispiel die Berliner mit der Stadtbahn zum Zoo, in den Tiergartenpark, ins Theater oder zu Vergnügungsstätten. Mit der Ringbahn steuerten sie Ausflugslokale an. Radialstrecken führten zu attraktiven Naherholungsgebieten: nach Erkner, Eberswalde, Freienwalde, dem Müggelsee, dem Grunewald, zum Baumblütenfest in Werder. Auf den Gewässern verkehrten Ausflugsschiffe, gegen ein paar Pfennige durften Familien in den Grunewaldgaststätten ihren mitgebrachten Kaffee zubereiten, in Werder boten die Restaurationsbetriebe Obstwein und Havelfische an. In der Folge setzte die Bahn zunehmend Sonderzüge ein, die landschaftlich reizvolle Gegenden anfuhren, die Berge, die Seen, die Baumblüte, oder Ereignisse, wie das Münchner Oktoberfest, den Kölner Karneval, das Autorennen auf dem Nürburgring, oder auch einfach ins Blaue führten.

An die See und in die Berge: Anfänge des Tourismus

Längere Reisen erforderten nicht nur Geld, sondern auch freie Zeit. Beides besaßen in erster Linie wirtschaftlich Selbstständige. Anspruch auf Urlaub erhielten im Kaiserreich zuerst die Beamten. Den Beamten folgten die Angestellten. Sie konnten ihren Urlaubsanspruch in individuellen Arbeitsvertragen festlegen, oder das Unternehmen gewährte ihnen Urlaub als Belohnung. Um die Jahrhundertwende dehnten einige wenige Firmen diese Praxis auf die Arbeiter aus. Schätzungen besagen, dass am Vorabend des Ersten Weltkrieges zwei Drittel der Angestellten, aber nur ein Zwanzigstel der Arbeiter einen Urlaubsanspruch von wenigen Tagen besaßen. Darüber hinaus verlangte eine Reise auch ein Mindestmaß an

Welterfahrung und Unternehmungslust. Die expandierenden Printmedien führten den potenziellen Touristen die Welt vor Augen und steigerten ihre Neugier und Reiselust.

Vor dem Ersten Weltkrieg konnten sich vor allem Angehörige der Oberschicht und der oberen Mittelschicht eine Urlaubsreise leisten. Unterstützung fanden sie seit der Jahrhundertmitte bei den Reisebüros, die nach dem Vorbild des englischen Marktführers Thomas Cook arbeiteten. In allen Industrieländern entstand im 19. Jahrhundert eine Infrastruktur touristischer Angebote und Dienstleistungen. Geschäfte boten Reiseführer, Reisekoffer und spezielle Reisekleidung an. Die Unterkünfte umspannten ein breites Spektrum vom Privatquartier über einfache Gaststätten bis zum Grand Hotel. Die Zielorte legten Spazier- und Wanderwege sowie Parks an, kreierten Sehenswürdigkeiten und organisierten Unterhaltung. Touristische Regionen oder Orte riefen Verkehrsvereine ins Leben, welche die heimischen Angebote bündelten, bewarben und Informationen für die Gäste vorhielten.

Nach englischem Vorbild entstanden um und nach 1800 Badeorte an der deutschen Nord- und Ostseeküste. Die vor allem aus der jeweiligen Region kommenden Gäste erreichten ihr Ziel mit dem Schiff oder mit der Postkutsche. Seit der Jahrhundertmitte erweiterte die Eisenbahn den Einzugsbereich der Küstenorte. Andere Linien führten in die deutschen Mittelgebirge. Nach einer Fahrkartenstatistik aus dem späten 19. Jahrhundert lagen unter den Urlaubszielen die Ostseebäder an der Spitze, gefolgt von Schlesien, dem Harz und Thüringen. Bei diesen Zielgebieten dominierten die Dritte-Klasse-Fahrkarten, bei den exklusiveren Zielen, den Nordseebädern und dem Rhein, die Karten der Ersten und Zweiten Klasse.

Eine Auslandsreise zum Beispiel in die Schweiz unternahm nur eine Minderheit. Seit Beginn des 19. Jahrhunderts trafen sich dort adelige und großbürgerliche Touristen und besuchten Naturschönheiten wie den Rheinfall bei Schaffhausen oder die Gletscherwelt bei Grindelwald. Größere Touristenscharen kamen seit den 1860er Jahren mit der Eisenbahn ins Land. Sommerfrischler, Wanderer und Bergsteiger verwandelten abgelegene Bergorte in touristische Ziele. Von den Bahnstationen in den Tälern aus erreichten sie ihre Zielorte mit Kutschen und Fuhrwerken. Zwischen den 1880er Jahren und dem Ersten Weltkrieg erhielten die wichtigsten davon Verbindungen mit Schmalspurbahnen.

Vor dem Ersten Weltkrieg entwickelte sich die Schweiz zum führenden Land des alpinen Tourismus. Der Tourismus bildete den zweitgrößten Arbeitgeber. Die um die Jahrhundertwende zunehmenden tourismuskritischen Strömungen konnten diesen Trend nicht aufhalten, sie verhinderten nur die schlimmsten Auswüchse, wie Bergbahnen auf die höchsten Alpengipfel. In solchen Bestrebungen und Konflikten offenbarte sich das Grunddilemma des alpinen Tourismus. Einerseits wurde die Natur als Ressource ausgebeutet, andererseits war ihre Erhaltung Voraussetzung für den Tourismus. Die konträren Anforderungen setzen bis heute immer wieder die Suche nach einem labilen Gleichgewicht zwischen Naturnutzung und Naturbewahrung in Gang.

Parallel zur Verkehrserschließung der Alpen verlief die technische Erschließung der landschaftlichen Schönheiten, der Berge und Seen. Das Paradoxe bestand darin, dass in den Alpen ein Maximum an technischem Aufwand nötig war, um den Touristen ein Maximum an Natureindrücken zu vermitteln. Dampfschiffe befuhren die Schweizer Seen seit den 1820er Jahren. Zahnrad- oder Standseilbahnen öffneten dem Tourismus seit den 1860er Jahren die Berge und Pässe. Bis zum Krieg baute man in der Schweiz mehr Bergbahnen als in jedem anderen Land. Mit der Bahn erklommen die Touristen die Aussichtsterrassen, delektierten sich an der alpinen Szenerie, schnupperten Bergluft und wagten ab und zu einen Schritt in die Bergwelt. Wanderern und Bergsteigern erleichterten die Bahnen den Zugang zu ihren Routen.

Der Wintertourismus stand zunächst weit hinter dem Sommerreiseverkehr zurück. Die beliebtesten Wintersportarten waren Eislaufen und Schlittenfahren. Ende des 19. Jahrhunderts gewann auch das Skilaufen an Popularität. Allerdings war es mühsam, die steilen Hänge hochzukraxeln, und anspruchsvoll, sich mit der damaligen Ausrüstung in die Abfahrten zu stürzen. Einen enormen Aufschwung erlebte der alpine Skisport in den 1930er Jahren. Die Eisenbahnen richteten spezielle Wintersportzüge ein. Bügelschlepplifte und Luftseilbahnen brachten die Skiläufer auf die Höhen. Die mit verbesserten Bindungen und mit Stahlkanten ausgerüsteten Ski erleichterten die Talfahrt. In einigen Alpenregionen übertraf bereits vor dem Zweiten Weltkrieg die Zahl der Wintertouristen die der Sommergäste.

»Kraft durch Freude«: Anspruch und Wirklichkeit

Bis zum Krieg unternahm nur eine Minderheit der deutschen Bevölkerung eine Urlaubsreise. Die Gewerkschaften hatten Urlaub in den Tarifverträgen verankert. Die Nationalsozialisten verallgemeinerten ihn weiter auf ein bis zwei Wochen. Doch verfügten die meisten Arbeiter nicht über die erforderlichen finanziellen Mittel. Eine Reihe von Organisationen bemühte sich seit der Jahrhundertwende, auch Minderbemittelten eine Gruppenreise zu ermöglichen, doch gelangte dies über kleine Ansätze nicht hinaus. Erst die nationalsozialistische Organisation »Kraft durch Freude« (KdF) schuf eine Basis für das organisierte Reisen großer Teile der Gesamtbevölkerung und nahm mit einzelnen Planungen Formen des Massentourismus vorweg. Indem die KdF der breiten Bevölkerung Urlaubs- und Freizeitaktivitäten eröffnete, welche bislang als bürgerliche Privilegien gegolten hatten, wollte sie die Zustimmung für das Regime fördern. Außerdem sollten sich die Freizeitler und Urlauber erholen und neue Kraft tanken, um sich mit Freude wieder auf die Arbeit zu stürzen.

An der Spitze der touristischen Aktivitäten der KdF standen Wochenendausflüge von ein, seltener zwei Tagen Dauer. Danach folgten gleichauf Wanderungen und Urlaubsfahrten. Schiffsfahrten machten zwar nur einen kleinen Anteil aus, besaßen aber hohen propagandistischen Wert. Die KdF nährte die Erwartung, dass jeder »Volksgenosse« die Chance habe, das Urlaubsangebot wahrzunehmen. Offiziell strebte man, gemäß der Ideologie der »Volksgemeinschaft«, eine Mischung der Berufe und sozialen Schichten an. Schätzungen besagen, dass die KdF-Aktivitäten zwischen 1933 und dem Kriegsausbruch bis zu 20 Prozent des deutschen Ferienreiseverkehrs ausmachten. Selbst mit diesem begrenzten Anteil vergrößerte die KdF die Urlaubsmöglichkeiten für Menschen, die vorher kaum gereist waren; sie erweiterte also das soziale Spektrum des Reisens nach unten. Die KdF-Reisen ergänzten den bislang vorwiegend bürgerlichen Tourismus um Teilnehmer aus der Arbeiterschaft und dem Handwerk sowie um kleine Angestellte und Beamte. Von einem repräsentativen Querschnitt der Bevölkerung blieb man jedoch weit entfernt. Höhere soziale Strata waren gegenüber niedrigeren überrepräsentiert. Zudem dominierten Einzelreisende, für Familien waren die Fahrten zu teuer.

Die Urlaubsreisen der KdF dauerten ein bis zwei Wochen. Wegen der zahlreichen Zustiegsaufenthalte erforderte die Anreise ziemlich viel Zeit. Die Unterbringung erfolgte zumeist in Pensionen und Privatquartieren. Dort blieben die Urlauber im Großen und Ganzen sich selbst überlassen, wenn die KdF auch zentrale Veranstaltungen anbot. Zunächst führten die Reisen in traditionelle Urlaubsgebiete an die See, in die Mittelgebirge und die deutschen Alpen. Später lenkte die KdF die Urlauber mehr in strukturschwache Randgebiete bzw. in zum Deutschen Reich gekommene Gebiete wie Österreich. Damit betrieb sie regionale Strukturpolitik und separierte die KdF-Reisenden von den wohlhabenden Touristen.

Viel weiter gehende massentouristische Planungen ließen sich bis zum Krieg nicht realisieren. Die KdF plante riesige Seebäder und Landerholungsheime mit bis zu 20 000 Betten. Davon wurde nur ein Ferienkomplex auf Rügen weitgehend fertig gestellt, aber nicht mehr in Betrieb genommen. Der Bau zahlreicher Kreuzfahrtschiffe auf einer eigenen KdF-Werft blieb in ersten Überlegungen stecken. Die Planungen und Projektionen für ein Millionenheer von Urlaubern in Seebädern und auf Kreuzfahrtschiffen stellten eine frühe Vision des Massentourismus dar. Verwirklicht werden sollte sie mit auf den Tourismus übertragenen Strategien der Massenproduktion: große Anlagen und Teilnehmerzahlen, ein vereinheitlichtes und vereinfachtes Angebot, totale Auslastung und Ausdehnung der touristischen Saison auf nahezu das gesamte Jahr. Vieles davon lässt sich im Massentourismus seit den 1960er Jahren wiederfinden, wenn auch nicht in dieser Radikalität.

Die Aktivitäten der KdF zeigen, dass sich mit Strategien des Massentourismus eine erhebliche Verbilligung des Urlaubs erreichen und die soziale Basis des Reisens erweitern ließ. Beträchtliche Zweifel sind jedoch anzumelden, ob die Zukunfts- und Wachstumsvisionen realistisch waren. Schwerlich hätte die durch Autarkiestreben und Aufrüstung ohnehin schon überlastete nationalsozialistische Wirtschaft die für den Ausbau der touristischen Infrastruktur notwendigen Mittel aufbringen können. Die versprochenen Reisepreise hätten sich ohne hohe Subventionen nicht erzielen lassen. Letzten Endes sind solche ökonomischen Überlegungen jedoch müßig, denn die nationalsozialistische Politik einer Expansion mit Hilfe militärischer Macht zerstörte den Frieden und damit die grundlegende Voraussetzung für Tourismus, Urlaub, Freizeit und Erholung.

Mobilität und Tourismus in den USA

In die USA gelangte die Eisenbahn deutlich früher als nach Deutschland. Der amerikanische Eisenbahnbau ging von den Städten an der Ostküste aus. Bis etwa 1860 erschlossen die Eisenbahngesellschaften den Mittleren Westen; besonders im Nordosten zwischen New York und Chicago entstand ein relativ dichtes Netz. In einer beispiellosen Kraftanstrengung wurde bis 1869 die erste transkontinentale Verbindung hergestellt, der in den folgenden Jahrzehnten weitere folgten. Das amerikanische Eisenbahnnetz besaß weit mehr Streckenkilometer als die Netze europäischer Staaten; wegen der Größe des Landes war es jedoch weitmaschiger.

Das Frachtaufkommen übertraf das Passagieraufkommen bei weitem. Dessen ungeachtet war die Eisenbahn bei Reisen über größere Entfernungen, sofern es überhaupt eine Verbindung gab, ohne Konkurrenz. Für die amerikanischen Eisenbahnen charakteristisch war der Großraumwagen mit Mittelgang. Reisende berichteten, dass es in den Wagen recht lebhaft zuging. Die extremen Entfernungen initiierten Bemühungen, die zeitaufwendigen Eisenbahnfahrten bequemer zu gestalten. Nach dem Bürgerkrieg entstand ein reich differenziertes Angebot an einfachen und besser ausgestatteten Wagen. Marktführer in der Luxusklasse wurde Pullman, der seine komfortablen Aufenthalts-, Schlaf- und Speisewagen, welche auch eine mehrtägige Eisenbahnreise erträglich machten, entweder an fahrplanmäßige Züge anhängte oder zu eigenen Zügen zusammenstellte. Pullman bot für gutes Geld bequemes Reisen und umfangreiche Dienstleistungen; teilweise kam ein Bediensteter auf zwei Passagiere.

Die amerikanische Bevölkerung galt und gilt als besonders mobil. Die Einwanderung und die Erschließung des Westens erforderten ein hohes Maß an Mobilität. Nur eine winzige Minderheit der Amerikaner verbrachte im 19. Jahrhundert das ganze Leben am Geburtsort. Den Amerikanern fiel es weder schwer, den Wohnort zu wechseln, noch die Arbeitsstätte. Die aus dem Erwerbsleben und Erwerbsstreben herrührende Mobilität wurde im Laufe der Zeit in die Freizeit transferiert. Die touristischen Pioniere, deren Zahl seit den 1820er Jahren zunahm, gehörten den bürgerlichen Eliten an. Das puritanische Arbeitsethos übertrugen sie auf den Tourismus. Der Tourist empfand es als Pflicht, in der zur Verfügung stehenden Zeit möglichst viel zu besichtigen. Bereits in der ersten Hälfte des 19. Jahrhunderts entstand im Nordosten eine Art Kanon der touristischen Ziele, wie die Niagarafälle oder der Erie-Kanal. Nach dem Bürgerkrieg expandierte das touristische Gewerbe – mit Reisebüros, Pauschalreisen und der Erschließung neuer Zielgebiete. Der Tourismus erfasste jetzt zunehmend die Mittelschichten.

Es dauerte eine gewisse Zeit, bis die amerikanischen Eisenbahnen die Ausflugs- und Ferientouristen als Zielgruppe entdeckten. Nach dem Bürgerkrieg boten sie besonders im Nordosten immer mehr Touristenzüge an. Von New York aus gingen Züge nach Saratoga Springs und nach Newport, in die Adirondacks und die White Mountains. Seit den 1880er Jahren entstanden touristische Fernverbindungen – als Extrem bis nach Kalifornien. Zum beliebten Fernreiseziel besonders in den Wintermonaten entwickelte sich das touristisch planmäßig erschlossene Florida.

Die Wenigen, die Europa besuchten, unternahmen eine Kulturreise. Dagegen verstand sich der im eigenen Land Reisende in erster Linie als Landschaftstourist. Zwischen Natur und Technik wurde nicht unbedingt ein Gegensatz empfunden. Zum Beispiel integrierten die Landschaftsmaler am Hudson oder am Connecticut ohne weiteres Eisenbahnen, Dampfschiffe und Fabriken in ihre Bilder. Der Tourismus in die Nationalparks suchte dagegen Anschluss an die Mythen der Pionierzeit. Beginnend 1872 mit der Gründung des Yellowstone National Park in Wyoming, wurden bis zum Ersten Weltkrieg etwa ein Dutzend meist großflächiger Gebiete unter nationalen Schutz gestellt. Ihre Attraktionen bildeten Berge, Täler, vulkanische Erscheinungen, Wasserfälle, Felswände, Höhlen, Mammutbäume und die Tierwelt. Die schwierige Aufgabe der Parks lautete, sowohl dem Naturschutz wie der Erholung der Menschen zu dienen. Seit den 1880er Jahren ging die Nationalparkbewegung eine pragmatische Allianz mit den Eisenbahnen ein. Eisenbahngesellschaften übernahmen die Erschließung einzelner Parks. Sie bauten Verbindungen bis in Parknähe und errichteten an den Stationen Hotels. Von dort erreichten die Besucher die Parkcamps mit der Kutsche. Ein Besuch im Nationalpark zitierte die Erschließung des »Wilden Westens« und wurde als Abenteuer konsumiert.

Eine Nation auf Rädern: Das Automobil in den USA

Die Funktion der Eisenbahn als wichtigstem Verkehrsträger übernahm im Laufe des 20. Jahrhunderts das Automobil. Allerdings dauerte es etwa 50 Jahre, bis es, und zwar zuerst in den USA, eine weitere Verbreitung als Reisemittel fand. Die ersten Autos zeichneten sich durch geringe Zuverlässigkeit aus und erforderten umfangreiche Wartungsarbeiten. Das Fahren selbst verlangte Kraft und Geschick. Das Halten und Führen eines Kraftfahrzeugs erforderte also entweder ein gehöriges Maß an technisch-sportlichem Enthusiasmus und Kompetenz oder aber genügend Mittel für die Bezahlung eines Chauffeurs. Die ihren Wagen selbst steuernden »Herrenfahrer« verstanden sich als Sportler. Sich in einem Chauffeurwagen kutschieren zu lassen, strahlte dagegen den Nimbus von Wohlstand und Luxus aus. Schließlich kostete ein repräsentativer Wagen den Gegenwert eines kleinen Einfamilienhauses, und die jährlichen Unterhaltungskosten schlugen noch einmal in Größenordnungen von mindestens der Hälfte des Kaufpreises zu Buche.

Aufgrund der fehlenden Infrastruktur sowie der geringen Zuverlässigkeit und des niedrigen Komforts waren die offenen Automobile denkbar schlecht geeignete Reisemittel. Dies hinderte Enthusiasten nicht daran, große Entfernungen zurückzulegen. Die Automobilhersteller führten Langstrecken- und Zuverlässigkeitsfahrten durch oder sponserten sie. Die Fahrten lieferten Erkenntnisse über konstruktive Schwächen der Wagen und demonstrierten – Erfolg vorausgesetzt – die wachsende Zuverlässigkeit der Motorfahrzeuge.

Hinter anderen Unternehmungen stand das Streben nach Rekorden. So gelang es zum Beispiel 1903, erstmals mit einem Kraftfahrzeug in 63 Tagen den amerikanischen Kontinent zu durchqueren. Andere Autofans, die über viel Zeit und Geld verfügten, unternahmen Besichtigungs- und Vergnügungsreisen. Vor dem Ersten Weltkrieg stellten solche Automobilreisen immer auch technische Abenteuer dar, begleitet von Pannen und Reparaturen. Die Reiseberichte thematisierten bereits um die Jahrhundertwende ein zentrales Motiv für den späteren Siegeszug des Automobils: Wie kein anderes Verkehrsmittel verhalf das Auto zu selbst bestimmter Mobilität.

Die Mobilität der Einen ging zumindest partiell zu Lasten der Anderen, die unter dem Lärm, den Abgasemissionen und dem aufgewirbelten Staub zu leiden hatten. Nicht wenige Fußgänger und Fuhrleute machten bei Unfällen unliebsame Bekanntschaft mit dem Automobil. Der entstehende Hass und Ärger gegen die Autofahrer entlud sich in polizeilichen Anzeigen, Protestschreiben, im Werfen von Steinen oder in schlimmeren Attacken. Einige Orte und Regionen – selbst in den USA – erlegten den Autos strenge Restriktionen auf. Am weitesten ging der Schweizer Kanton Graubünden, welcher – von Ausnahmen abgesehen – den Automobilismus bis 1925 verbot. Die soziale Akzeptanz des Automobils erforderte jedenfalls Anpassungsleistungen von beiden Seiten – den Gegnern und den Befürwortern.

Zum Massenverkehrsmittel wurde das Automobil erst in der Zwischenkriegszeit – nicht in Europa, sondern in den USA. Im Vergleich zu den europäischen Industriestaaten fand das Automobil in die Vereinigten Staaten zunächst verzögerten Eingang. Seit 1907 rückte Amerika dann bei der Kraftfahrzeugproduktion und dem Autobesitz an eine internationale Spitzenposition. Gegen Ende der 1920er Jahre bauten amerikanische Hersteller 85 Prozent aller Automobile auf der Welt. Vor allem drei Faktoren sind für diesen beispiellosen Siegeslauf verantwortlich zu machen: die höhere und gleichmäßiger verteilte Kaufkraft, der billige Treibstoff und die Massenproduktion eines Henry Ford. Mit der Massenproduktion eines preiswerten und einfachen Einheitsmodells gelang es Ford, seinen Marktanteil bis zum Krieg auf über 40 Prozent zu steigern.

Der weitaus größte Teil der Produktion ging an die Farmer. Mit

Fords Modell T erwarben sie ein auf ihre Bedürfnisse zugeschnittenes robustes und gut ausgestattetes Auto. Kleinere Reparaturen konnten sie selbst ausführen, Ersatzteile bei in jeder Kleinstadt sitzenden Vertragshändlern erstehen. Das Automobil diente primär als Produktionsmittel. Die Farmer fuhren mit ihm zur Feldarbeit, brachten die landwirtschaftlichen Produkte auf den Markt und nutzten es als stationäre Kraftmaschine, mit der sie die Wasserpumpe oder die Sägemaschine betrieben. Fords Modell T – und außerdem das Telefon – gestaltete aber auch das Privatleben um. Mit ihm überwanden die auf Einzelgehöften lebenden Familien ihre Isolation. Die nächstgelegene Stadt und die Farmen der Umgebung rückten zeitlich und räumlich näher aneinander – für Besuche bei Bekannten, Vergnügungen, den Gottesdienst, den Schulbesuch der Kinder, Einkäufe und sonstige Erledigungen. Damit hatte eine Kundengruppe relevanten Anteil an den Anfängen der Massenmotorisierung, die es in der Form in den europäischen Industriestaaten nicht gab.

In der Zwischenkriegszeit ging die Massenmotorisierung weiter. 1923 besaß – statistisch gesehen – bereits jede zweite amerikanische Familie ein Automobil; am Vorabend des Zweiten Weltkriegs kann man nahezu von einer Vollmotorisierung sprechen. Konkret hieß dies, dass sich die städtischen Armen immer noch keinen Wagen leisten konnten, dies aber statistisch durch die Besitzer von Zweit- und Drittwagen ausgeglichen wurde. Es dauerte bis nach dem Zweiten Weltkrieg, dass vier von fünf amerikanischen Familien realiter mindestens ein Auto ihr eigen nannten. Die amerikanische Automobilindustrie praktizierte seit den späten 1920er Jahren eine differenzierte Modellpolitik und einen jährlichen Modellwechsel; das Fordsche Einheitsauto hatte sich überlebt. Die weniger Begüterten bedienten sich auf dem rapide wachsenden Gebrauchtwagenmarkt.

Das Automobil befand sich auf dem besten Weg zum dominierenden Verkehrsmittel. Es zog nicht nur alle Verkehrszuwächse an sich, sondern es untergrub auch die Existenz der kollektiven Verkehrsmittel. Die Verlierer waren die Eisenbahnen und der öffentliche Nahverkehr. Die amerikanischen Eisenbahnen erreichten das Maximum ihres Streckennetzes im Jahr 1916, das Maximum ihrer Passagierzahlen 1920. Danach erlebte der Passagierverkehr einen allmählichen Rückgang, der nach dem Zweiten Weltkrieg in einen dramatischen Absturz überging. Hinter dem Umstieg von der Eisenbahn auf das Automobil standen weniger Kostenüberlegungen; die Familien nutzten vielmehr die mit dem Kraftwagen verbundene mobile Selbstbestimmung. Auch attraktiven Angeboten gelang es nicht, sie von der Straße auf die Schiene zu bringen. Die Eisenbahnen reagierten auf die Konkurrenz, indem sie sich auf die von Geschäfts- und Urlaubsreisenden frequentierten Fernstrecken konzentrierten. Ähnlich wie den Eisenbahnen erging es den innerstädtischen elektrischen Straßenbahnen und den »Interurbans«, den Überland-Straßenbahnen. Die Linien der Interurbans verbanden wie Spinnennetze Städte in den Ostküstenstaaten und im Mittleren Westen mit dem näheren und weiteren Umland.

Bei den Ausgaben der Haushalte machte das Automobil in den 1930er Jahren den größten Posten aus. Die Besitzer nutzten ihre Fahrzeuge für eine Vielzahl von Zwecken, wie es auch heute noch der Fall ist. Die Männer fuhren mit dem Auto zur Arbeit, zum Jagen und Fischen, die Frauen zum Einkaufen, sie brachten die Kinder zur Schule, die Familien besuchten per Auto Verwandte und Bekannte, unternahmen eine Fahrt in die Stadt oder zum Picknick, erreichten mit dem Wagen neue Urlaubsziele usw. usw. Europäische Besucher registrierten erstaunt, wie sehr das amerikanische Leben auf das Automobil abgestellt war. Sie mokierten sich über Drive-in-Restaurants, die das Essen am Wagen servierten, über Beerdigungen, bei denen die Trauergäste auf dem Friedhof parkten, über die Autokinos und vieles andere mehr.

An sich begünstigten die großen Entfernungen nicht das Reisen mit dem Auto. Auch das Straßenwesen blieb zunächst hinter europäischen Standards zurück. Dies änderte sich um den Ersten Weltkrieg; seitdem engagierte sich die Bundesregierung deutlich mehr im Straßenbau. Die Gelder entstammten teilweise der Benzinsteuer. Dies setzte einen sich selbst verstärkenden Prozess in Gang: Die Benzinsteuer floss in den Straßenbau, bessere Straßen steigerten das Verkehrsaufkommen, und mehr Verkehr erhöhte die Steuereinnahmen. Im Rahmen der New-Deal-Politik von Präsident Roosevelt wurden in den 1930er Jahren die ersten – den deutschen Autobahnen entsprechenden – »Freeways« gebaut, für deren Benutzung eine Gebühr zu entrichten war. In der Nachkriegszeit nahm das Autobahnnetz gigantische Ausmaße an. Die Städte und das gesamte Land erfuhren eine autogerechte Umgestaltung.

Den frühen Automobilisten stellte sich die Frage, wo sie übernachten sollten. Viele kampierten entlang der Straßen und hinterließen ihren Unrat. In den frühen 1920er Jahren suchten Kommunen den Problemen gegenzusteuern und errichteten eigene Campingplätze. In der zweiten Hälfte des Jahrzehnts etablierten sich private Unternehmer auf dem expandierenden Markt. Manche der neuen Camps besaßen einfache Holzhütten zum Schutz vor der Witterung und boten etwas mehr Komfort. Aus den Zeltplätzen und Hüttensiedlungen entstand das auf die Motortouristen ausgerichtete Motel, welches den Reisenden Essen und Bett bot, für den Wagen eine Garage, eine Tankstelle und eine Werkstatt. Mit der Zeit differenzierte sich das Motel in Qualitätsstufen aus. Nach dem Krieg dominierten Ketten wie Holiday Inn und Best Western. Sie konnten aufgrund der großen Zahl ihrer Beherbergungsbetriebe Kostenvorteile anbieten und suchten die Kunden durch spezifische Standards an sich zu binden. Im Zuge der Motorisierung platzierten sich die Dienstleister für Autofahrer entlang der Fernstraßen, und zwar besonders an Auffahrten und Kreuzungen: Hotels, Motels, Tankstellen, Werkstätten, Restaurants und Imbissbuden. Die amerikanische Landschaft wurde mit einem Infrastrukturnetz für die Bedürfnisse einer Nation auf Rädern überzogen.

Seit den 1930er Jahren scheinen Ferien- und Wochenendreisen mit dem Automobil weit verbreitet gewesen zu sein. Arbeiter und andere, die auf den Cent schauen mussten, kampierten oder übernachteten in preiswerten Unterkünften. In der späten Zwischenkriegszeit kam der Wohnwagen auf. Er vermittelte mehr Unabhängigkeit, Naturnähe und eine private Umgebung. Den zweiten, viel größeren Boom erfuhren Wohnwagen und Wohnmobile allerdings erst in der Zeit nach dem Zweiten Weltkrieg. Das Angebot umfasste kleine bewegliche Gefährte wie auch gigantische »Mobile Homes«, welche eine geräumige und komfortable Wohnstätte boten.

Einige Entwicklungstendenzen des amerikanischen Autotourismus lassen sich gut am Beispiel der Nationalparks demonstrieren. Der Yellowstone-Park wurde 1872 gegründet, zahlreiche weitere in

Amerikanische Autotouristen bewundern 1915 die Niagarafälle

der Folgezeit. Die zunächst von den Eisenbahnen erschlossenen Parks wurden zunehmend auch von Autoreisenden angefahren. 1916 erreichten erstmals mehr Besucher das Yosemite-Tal mit dem Auto als mit der Eisenbahn; in den meisten anderen Parks erfolgte die Ablösung erst nach dem Krieg. Auf Drängen der National Parks Highway Association entstand in den frühen 1920er Jahren ein wichtige Parks verbindendes Straßensystem. In der Folgezeit gewährten die Verwaltungen den Autos auch Einlass in das Innere der Parks. Die Einfahrtgebühren entwickelten sich zur größten Einnahmequelle – und die Gelder wurden teilweise wieder in den Straßenbau investiert. Neue Parkstraßen erschlossen die Camps sowie die attraktivsten landschaftlichen Schönheiten. Manche Parks konnten jetzt erkundet werden, ohne den Wagen überhaupt zu verlassen. Die Eisenbahnen gerieten gegenüber den Autos allmählich ins Hintertreffen. Die letzten Strecken zu den Parks wurden in den 1960er Jahren stillgelegt.

In der Nachkriegszeit schwollen die Besucherströme und Blechlawinen auf ein Vielfaches an. Heute verbringen zwei Drittel der Besucher weniger als einen Tag in den Parks. Der Yellowstone National Park gibt mehr Angellizenzen aus als einige amerikanische Bundesstaaten. Im Yosemite-Tal übertrifft die Bevölkerungsdichte an schönen Tagen die der Region Los Angeles um das Dreifache. Bereits 1937 bezeichneten Zeitgenossen das Tal als Amusement Park. Um 1970 begann die Parkverwaltung die Besucherströme und den Autoverkehr als Gefährdung wahrzunehmen. In der Folgezeit bemühte sie sich, den Andrang zu kanalisieren. Sie bot Ausweichziele an und erließ Zulassungsbeschränkungen, so dass die Besucherzahlen festgesetzte Grenzen nicht überschritten. In manchen Parkteilen zog man die Notbremse und baute die Infrastruktur nicht mehr weiter aus oder sogar zurück. Bestimmte Zubringerstraßen dürfen nicht mehr mit dem privaten Automobil befahren werden, die Besucher müssen an Parkplätzen auf Busse umsteigen. Ein großer Teil der Umweltprobleme resultiert jedoch generell aus dem Massentourismus und lässt sich nur bedingt dem Automobil zuordnen.

Die typische amerikanische Stadt unterscheidet sich von der europäischen durch die Dominanz des Einfamilienhauses in Holzbauweise, die geringere räumliche Verdichtung und die weitgehende Erschließung für den Autoverkehr. Die Zersiedlung der Städte setzte bereits in den 1880er Jahren ein. Elektrische Straßenbahnen verbanden die Vororte mit den Arbeitsstätten und Dienstleistungszentren. In der Zwischenkriegszeit löste das Automobil die Straßenbahnen ab. Mit ihm wuchsen die Städte weiter in die Fläche. Die Massenmotorisierung entzog den Straßenbahnen Kunden; immer mehr Bahnen stellten den Betrieb ein. Dem Leitbild der autogerechten Stadt folgend, versuchten die Kommunen mit dem Verkehr durch Straßenbau Schritt zu halten.

In den Jahrzehnten nach 1945 schafften sich viele Familien mehr als ein Auto an. Das Automobil entwickelte sich von einem durch den Mann kontrollierten Familienbesitz zum Individualbesitz der einzelnen Familienmitglieder. Die amerikanischen Wagen boten viel Platz, waren großvolumig, eher auf niedrige Geschwindigkeiten ausgelegt, besaßen Automatikgetriebe, Servolenkung und Klimaanlage. Komfort und Bequemlichkeit rangierten in der automobilen Wertskala deutlich vor Sportlichkeit und Sparsamkeit. Seit den 1960er Jahren lassen sich mehrere in Wellen verlaufende Tendenzen zu kompakteren Autos feststellen. Jedoch bedienten diese Bedürfnisse eher europäische und vor allem japanische Hersteller als amerikanische.

Das Automobil ist in den USA präsenter als in anderen Ländern. Dabei handelt es sich nicht nur um ein Phänomen der großen Zahlen, sondern auch der Nutzungsweisen und der kulturellen Wertschätzung. In vielen Mittel- und Kleinstädten bereitet es Schwierigkeiten, das Shopping oder Fitness-Center, das Fast-Food-Restaurant oder das Büro ohne Auto überhaupt zu erreichen. Das Automobil ist jedoch mehr als eine Notwendigkeit, es ist selbstverständlicher Teil des Alltags. Im Auto wird flaniert, gegessen oder eine Unterhaltung geführt. Ein markanter Ausdruck der kulturellen Integration des Autos ist das Road Movie, das im Auto und auf der Straße spielt, bei dem der Wagen aber auch manchmal eine tragende Charakterrolle besitzt.

Vom Fahrrad und Motorrad zum Auto: Individualmotorisierung in Deutschland

Nicht eine besondere Mentalität machte die Amerikaner in der Zwischenkriegszeit zur ersten und einzigen Autonation, sondern für die Verbreitung des Kraftfahrzeugs günstige sozioökonomische Bedingungen. Wie sehr zur gleichen Zeit auch in Deutschland ein Bedürfnis nach individueller Mobilität bestand, zeigt die Geschichte des Fahrrads und des Motorrads. Wie schon das Automobil diente das Fahrrad den Deutschen über lange Zeit mehr dem sportlichen Vergnügen als der beruflichen Fortbewegung. Seit der Jahrhundertwende fuhren jedoch auch mehr Angestellte und Arbeiter mit dem Rad zur Arbeit. Eine allgemeine Verbreitung fand das Fahrrad in der Zwischenkriegszeit. Ende der 1920er Jahre dürfte statistisch gut die Hälfte der Haushalte über ein Fahrrad verfügt haben, zehn Jahre später nahezu alle. Dies hieß jedoch nicht unbedingt, dass alle interessierten Familienmitglieder ein Fahrrad besaßen.

Das Motorrad tauchte in etwa zeitgleich mit dem Benzinwagen auf. In den Jahren vor 1909 fuhren auf deutschen Straßen mehr Motorräder als Automobile. In den Vorkriegsjahren waren mehr Automobile in den Städten zu finden; etwa 60 Prozent dienten gewerblichen Zwecken, etwa 40 Prozent privaten. Die meisten Motorräder waren dagegen im ländlichen Raum zugelassen; in noch größerem Umfang fanden sie berufliche Verwendung. Mitte der 1920er Jahre überholten die Motorradzahlen wieder die der Automobile. In den 1930er Jahren nahm besonders der Anteil der Kleinkrafträder und der Motorfahrräder zu. Bei etwa der Hälfte der Motorradbesitzer handelte es sich um Arbeiter. 1939 entfielen auf Deutschland 45 Prozent des Welt-Motorradbestands. Mit dieser Motorradverbreitung stand Deutschland unter den europäischen Industrieländern einzig dar, ganz zu schweigen von der überaus geringen Motorraddichte in den USA. Die Unterschiede zwischen Deutschland und anderen Ländern lassen sich nur mit der geringeren Kaufkraft im von Wirtschaftskrisen geplagten Deutschland erklären – bei ähnlichen Bedürfnissen nach individueller Mobilität. Da es für ein Auto nicht reichte, begnügte man sich mit dem Fahrrad oder dem Motorrad.

Auch im Nachkriegsdeutschland bereitete das Motorrad dem Auto den Weg. Mit steigendem Wohlstand erhöhte sich die Zahl der Autos rapide, die der Motorräder sank. Im Jahr 1957 hatte das Automobil erstmals die Nase vorn. Seit den 1970er Jahren erlebte das weitgehend in der Versenkung verschwundene Motorrad wieder Zuwachsraten – allerdings in einer veränderten Markt- und Motivkonstellation. Japanische Hersteller dominierten den Markt. Von den Motorradkäufern konnten sich manche kein Auto leisten. Jugendliche überbrückten mit dem Motorrad die Zeit bis zur Altersgrenze für den Erwerb des Autoführerscheins. Die meisten Mofas, Mopeds und Kleinmotorräder lassen sich in dieser Rubrik verbuchen. Vor allem aber diente das Motorrad als Freizeitspielzeug. Schien doch am ehesten der Motorradfahrer die durch die Massenmotorisierung verlorene »Freiheit« auf den Straßen wieder erfahren zu können. Die Zahl der nur in den Sommermonaten als

Zweit- oder Drittfahrzeuge zugelassenen schweren Maschinen erlebte einen starken Zuwachs.

Individuelle Mobilität vermittelten in Deutschland in der Zwischenkriegszeit also vor allem Fahrrad und Motorrad. Die Automobilisierung erfolgte aufgrund der fehlenden Kaufkraft nur zögerlich. Der geschlossene Wagen setzte sich gegenüber dem offenen durch, der Anteil der Selbstfahrer erhöhte sich auf Kosten der chauffierten Wagenbesitzer. Die weiteste Verbreitung fanden kompakte Fahrzeuge, welche ihre Leistung aus einem kleinen Hubraum entwickelten. Der überwiegende Teil der zugelassenen Wagen wurde für berufliche Zwecke genutzt; die wichtigste Käuferschicht war der gewerbliche Mittelstand. Das Automobil diente als Nutzfahrzeug; die alten Motivkonstellationen für die Anschaffung eines Wagens, wie Sportlichkeit und Prestige, bestanden fort, büßten aber ihre Dominanz ein.

Das wenig koordinierte Motorisierungsprogramm der Nationalsozialisten trug dazu bei, dass sich die Zahl der Personenkraftwagen zwischen 1933 und 1939 nahezu verdreifachte. Die Mehrzahl der Käufer entstammte weiterhin den gewerblichen Mittelschichten, als neue relevante Gruppe kamen Landwirte hinzu. Die hohen Benzinpreise aufgrund der nationalsozialistischen Autarkiebestrebungen hielten die weitere Verbreitung des Autos allerdings auf. Das Volkswagen-Projekt brauchte wegen des Krieges nicht mehr den Beweis seiner wirtschaftlichen Tragfähigkeit anzutreten. Mit dem Ansparsystem für den Wagen gelang es, den Kreis potenzieller Käufer sozial zu erweitern, ohne die Dominanz der bürgerlichen Mittelschichten grundsätzlich zu durchbrechen. Die Fortwirkung des Volkswagenprojekts in der deutschen Bevölkerung bestand – sieht man von der Wagenkonstruktion ab – darin, dass es Wünsche und Erwartungen nach der Massenmotorisierung weckte, die dann in der Nachkriegszeit erfüllt wurden.

Ähnliches lässt sich vom Straßenbau der Nationalsozialisten sagen. Überlandstraßen mit Bitumendecken und Kleinpflaster, die den durch Motorfahrzeuge verursachten höheren Belastungen gewachsen waren, wurden seit den 1920er Jahren gebaut. An der Dominanz der Schotterstraße änderte sich jedoch in der Zwischenkriegszeit wenig. Allerdings tränkte man die Schotterdecken mit bituminösen

Stoffen und unterband damit die schlimmste Staubentwicklung. Seit 1930 nahm sich der Weimarer Staat ausgewählter Fernstraßen an. Die Nationalsozialisten dehnten die zentralstaatliche Zuständigkeit für das Straßenwesen beträchtlich aus. Unter den Straßenbaumaßnahmen erzielte der Autobahnbau nach vorgefundenen Plänen den größten propagandistischen Effekt. Außerdem diente er der Arbeitsbeschaffung. Bis 1942 entstanden fast 4000 Kilometer Autobahnen. Die in erster Linie von der Kaufkraft abhängige Entwicklung der Individualmotorisierung dürfte von ihnen wenig beeinflusst worden sein.

In seinem materiellen Kern knüpfte das Programm der Massenmotorisierung in der Bundesrepublik dort an, wo es die Nationalsozialisten wegen des Krieges aufgegeben hatten. Hierzu gehörte neben dem Autobahnbau der Volkswagen, der mit mehr als 20 Millionen Exemplaren das meistgebaute Auto der Welt wurde. Ideologisch erfuhr das Automobil allerdings eine Uminterpretation zum Symbol persönlicher Freiheit. Im Unterschied zu früher hatte jetzt die gesamte Bevölkerung Anteil an den neuen Formen der Mobilität. Die Protagonisten der Individualmotorisierung beriefen sich auf das Vorbild der USA und distanzierten sich damit ebenso vom nationalsozialistischen Totalitarismus wie vom sozialistischen Kollektivismus des östlichen deutschen Nachbarn. Als später immer mehr Menschen die negativen Seiten der massenhaften Verbreitung des Autos erfuhren, ließ sich das angehäufte symbolische Kapital leicht ummünzen. Hierzu gehörte der in den 1970er Jahren gegen Tempolimits eingesetzte Slogan »Freie Fahrt für freie Bürger!« Das Automobil und seine spezifisch deutsche Geschichte gestatteten also eine mühelose Gleichsetzung von individueller mobiler mit demokratischer Freiheit.

Die allgemeine Anerkennung des Automobils als Freiheitssymbol setzte eine weitgehende Motorisierung voraus. Bereits 1952 erreichten die Autozahlen in der Bundesrepublik den Vorkriegsstand und erhöhten sich in der Folgezeit exponentiell. Erstmals 1960 wurden mehr Autos privat als geschäftlich zugelassen. Wie alle hochpreisigen technischen Konsumgüter verbreitete sich das Automobil zuerst in den Oberschichten, erreichte aber jetzt mit großer Geschwindigkeit auch die Arbeiter und kleinen Angestellten. Kleinstwagen wie

Messerschmitt, Isetta, Goggomobil, Goliath oder Lloyd ermöglichten Geringverdienenden den Einstieg in die Motorisierung, bevor sie sich einen VW-Käfer leisten konnten. 1960 verfügte etwa ein Viertel der Haushalte über ein Auto, 1970 die Hälfte. Amerikanische Verbreitungszahlen wurden erst in der jüngsten Vergangenheit erreicht.

Der Straßenbau hielt mit der Massenmotorisierung und dem Verkehrsaufkommen nicht Schritt. Bis 1957 bestanden in den angespannten öffentlichen Haushalten ohnehin keine Spielräume für Straßenbauprogramme. Danach floss ein Großteil des sich kräftig erhöhenden Verkehrsetats in den Ausbau der bestehenden Straßen. Die Ära der Schotterstraße ging dem Ende entgegen, die Straßen wurden den Belastungen durch den zunehmenden Güterverkehr angepasst. Insgesamt wuchs das Straßennetz – ausgedrückt in Straßenkilometern – nur in geringem Umfang, während sich die Fahrleistungen von 1953 bis zur Jahrtausendwende verzehnfachten. Die sich trotz erheblicher Straßenbauinvestitionen vergrößernde Differenz zwischen Verkehrsleistung und Straßenraum musste in vermehrte Staus münden. Allerdings ist es unter Umwelt- wie unter finanziellen Gesichtspunkten schwer vorstellbar, dass ein den Verkehrsspitzen angepasstes Straßennetz hätte entstehen können. Die in der Wohlstandsgesellschaft möglich gewordene Entfaltung des individuellen Bedürfnisses Mobilität ließ sich nicht mehr sozial- und umweltverträglich umsetzen.

Mit Recht konnte das Kraftfahrzeug nun als Konsumgut und nicht mehr vorwiegend als Investitionsgut interpretiert werden. Im Laufe der Zeit übertrafen die privaten Fahrleistungen die beruflichen und gewerblichen. Mit dem Auto unternahmen die Menschen Ausflüge und fuhren in den Urlaub. Man gewinnt den Eindruck, dass die Anschaffung eines Pkws geradezu automatisch dessen Nutzung als Reisegefährt implizierte. 1961 löste das Kraftfahrzeug die Eisenbahn als wichtigstes Urlaubsverkehrsmittel ab. Im Laufe der 1960er Jahre stieg der Anteil der das Auto benutzenden Urlaubsreisenden von etwa 40 auf 60 Prozent. Danach holte das Flugzeug als Urlaubsreiseverkehrsmittel auf und drückte bis zu den 1990er Jahren den Anteil der Autourlaubsreisen wieder auf unter 50 Prozent. Die absoluten Zahlen der Autourlaubsreisen bewegten sich dagegen weiter steil nach oben. Die Motive für die Reisefeldzüge per Pkw liegen auf der Hand. Während sich in einer Zeit massenhafter Staus über Bequemlichkeit und Zeitgewinn streiten lässt, erlaubte das Automobil gerade Familien ein kostengünstiges, flexibles und selbstbestimmtes Reisen. Zwar werden die Kosten des Automobils notorisch unterschätzt, aber für Familien mit Kindern liegen sie auf jeden Fall niedriger als Bahnfahrten. Unterwegs lassen sich mit dem Auto attraktive Ziele ansteuern und individuelle Zeitplanungen realisieren.

In der frühen Nachkriegszeit übernachteten viele Familien im Urlaub bei Verwandten und Bekannten. Anderen ermöglichten das Auto und das Zelt eine erschwingliche Urlaubsreise. Auch in der Folgezeit nahm der Anteil der Camping- und Caravanreisenden weiter zu. Sie schätzten offenbar die damit verbundene Unabhängigkeit genauso wie die wachsende Gruppe der Ferienhausmieter, während die finanziellen Motive an Bedeutung verloren. Finanziell besser Gestellte und Reisende, die mehr Komfort wünschten, votierten für das Hotel, das heute an der Spitze der Urlaubsunterkünfte steht. Diese Zuwächse erfolgten auf Kosten von Pensionen und Privatquartieren, die nicht mehr den Ansprüchen des modernen Touristen genügten.

Auch bei der Reihenfolge der Urlaubsländer lässt sich der Einfluss der Motorisierung feststellen. Bis 1967 rangierten deutsche Urlaubsziele vor ausländischen. Die beliebtesten Gebiete waren – in dieser Reihenfolge – die deutschen Alpen und Voralpen, die Nord- und Ostsee sowie die Mittelgebirge. Bei den ausländischen Zielen führte bis etwa 1980 Österreich vor Italien und Spanien die Rangliste an. Das auch per Bahn, aber bereits überwiegend mit dem Pkw angefahrene Österreich zog besonders die Landschafts-, Berg- und Skiurlauber an und profitiert bis zur Gegenwart von der gemeinsamen Sprache. Italien war mit dem Kraftfahrzeug zunächst nur mühsam zu erreichen, nämlich über Passstraßen. Die Eröffnung großer Straßentunnel, wie der des Gotthard 1964, und der Ausbau der Alpenpässe, so zum Beispiel 1972 durch die Brennerautobahn, brachte es für mehr deutsche Autotouristen in Reichweite. In den 1980er Jahren hatte Italien seinen Anteil am deutschen Tourismus gegenüber den 1950er Jahren in etwa verdoppelt und lag mit dem klassischen deutschen Urlaubsland Österreich und dem neuen flugtouristischen Zielland Spanien an der Spitze. Mit der Verschiebung zwischen den Zielländern ging eine Verlagerung vom Gebirgs- zum Strandurlaub einher.

Das Automobil leistete einen Beitrag, dass sich der alpine Skilauf seit den 1960er Jahren zum Massensport entwickelte. Die voluminöse Ausrüstung und die Bekleidung ließen sich mit dem Auto leichter in die häufig entlegenen Skiorte transportieren als mit der Bahn. Weitere Voraussetzungen bildeten die Wohlstandssteigerungen, der Ausbau der Infrastruktur und verbesserte Ausrüstungen. Die Ski und die Bekleidung, die Wochenkarten für die Skilifte und gegebenenfalls die Kosten für den Skikurs machten den Winterurlaub teurer als den Sommerurlaub. Skilifte und Seilbahnen sowie Kunststoffschuhe und Sicherheitsbindungen reduzierten die sportlichen Mindestvoraussetzungen beträchtlich.

Skifahren gilt zwar als Natursport, bedarf aber in seiner heutigen Form einer extrem aufwendigen technischen Infrastruktur. Die Wintersportler erreichen ihre Unterkünfte auf breiten, lawinensicheren und winterfesten Straßen. Die auf die Frequenzspitzen ausgelegten Skiorte setzen erhebliche Mengen Energie, Wasser und sonstiger Ressourcen um. Die Seilbahnstationen im Tal sind mit großen Parkplätzen ausgestattet; oben gewähren Bergstationen Rast und Verpflegung. Teilweise gehen der Anlage von Pisten umfangreiche Geländeveränderungen voraus. Kunstbauten, wie Brücken, Galerien und Unterführungen, sorgen an den Kreuzungs- und Knotenpunkten für sicheren und flüssigen Verkehr. Die Pistenpflege, früher durch Treten, Schaufeln und mit Handwalzen vorgenommen, verlangt heute einen beträchtlichen Maschineneinsatz. In der Nacht fräsen mehrere Tonnen wiegende Maschinen die Buckelpisten des Tages glatt und walzen den Schnee und Firn zu ebenen Flächen. Bodenbefestigungen, Kältemischungen und Matten an kritischen Stellen ermöglichen ein Befahren auch bei geringen Schneehöhen. Mit Schneekanonen lässt sich das Geschäft auch bei schlechten Schneeverhältnissen aufrechterhalten. In manchen Alpenregionen werden bereits die Hälfte der Pisten künstlich beschneit. Aufgrund des Klimawandels und des Temperaturanstiegs wird dieser Anteil zunehmen.

Nach dem Zweiten Weltkrieg setzte sich in Deutschland das

Auto als Personenverkehrsmittel durch, während der Personenverkehr der Eisenbahn stagnierte. Anders in den 20er und 30er Jahren, als die Eisenbahn in Deutschland das Monopol für den Personentransport über große Entfernungen hatte und private Reisen mit dem Auto eher eine abenteuerliche Ausnahme darstellten.

Das deutsche Eisenbahnnetz erreichte seine maximale Ausdehnung im Jahr 1913. Im 19. Jahrhundert konzentrierten sich die Bahnunternehmen auf den Streckenausbau, um den bestehenden Verkehrsbedürfnissen gerecht zu werden. Verkehrsnachfrage erschien ihnen als Selbstläufer, welche keiner weiteren Stimulierung bedurfte. Nach dem Ersten Weltkrieg wandelte sich das Selbstverständnis. Die Bahn bemühte sich, neue Fahrgäste zu gewinnen und baute ihr touristisches Angebot aus. Mit der Zeit nahm die Reichsbahn den Kraftwagen als potenziellen, wenn auch noch ungefährlichen, Konkurrenten wahr. Die Gefahr für die Bahn schien nicht allzu groß, denn sie war viel schneller. Die 1923 eingeführten FD-Züge (Fern-Durchgangszüge) erreichten eine mittlere Reisegeschwindigkeit von etwa 80 Kilometern in der Stunde. In den 1930er Jahren plante die Reichsbahn ein Schnellzugnetz, auf dem die Züge mit einer Höchstgeschwindigkeit von 160 Kilometern verkehren sollten, und einige Verbindungen wie zwischen Berlin und Hamburg wurden auch tatsächlich gebaut. Insgesamt gelang es der Bahn, ihr Angebot im Personenverkehr auszubauen und erfolgreich zu vermarkten.

Im Nachhinein ist viel darüber spekuliert worden, ob die Bahn nach 1945 mit größerer politischer Unterstützung und besserer Geschäftspolitik den Wettlauf mit dem Kraftfahrzeug hätte erfolgreicher bestehen können. Wie immer bei kontrafaktischen Fragen lässt sich auch diese nicht allgemeingültig beantworten. Die Begeisterung, mit der sich die deutsche Bevölkerung auf das Automobil stürzte, spricht letztlich dagegen. Allenfalls hätte die Bundesbahn ihre Verluste reduzieren können.

Einen erheblichen Teil ihres nach dem Krieg gewonnenen Wohlstands legten die Deutschen in automobiler Freizeit an. In den Haushaltsbudgets verdoppelte sich der Anteil der Verkehrsausgaben in den 1950er Jahren; zwischen 1950 und 1990 stieg er auf das Siebenfache. Den allergrößten Teil davon fraß das Automobil. Nur ein kleiner Teil des Verkehrszuwachses lässt sich durch sozialen und räumlichen Strukturwandel erklären, wie eine zunehmende Berufstätigkeit der Frauen oder längere Wege zur Arbeit und zum Einkaufen. Den weitaus größten Anstieg erlebte der Freizeitverkehr und rangierte damit deutlich vor anderen Verkehrszwecken wie Beruf, Einkauf und Urlaub. Heute stellt der Freizeitverkehr fast die Hälfte des Gesamtverkehrs. Entsprechend einem bereits in den 1950er Jahren fixierten gesellschaftlichen Grundkonsens ist das Automobil heute ein alltägliches Element modernen Lebensstils. Die Kritik an der Dominanz des Autoverkehrs in unserer Lebenswelt hat bislang keine Mehrheit bekommen können. Darüber hinaus zeigt sich bei unserem Verhältnis zum Automobil immer noch eine beträchtliche Differenz zwischen Reden und Tun.

Seit etwa 1960 fächerte sich die Nachfrage nach Automobilen zunehmend auf. Während es für die einen in erster Linie darum ging, überhaupt einen Wagen zu erstehen, optierten die anderen für das Image bestimmter Fahrzeuge. Die Besitzer verschmolzen gewissermaßen mit ihren Wagen zu einem Sozialtypus. Mit steigendem Wohlstand verlor die Wirtschaftlichkeit als Kriterium für die Typenwahl an Bedeutung. Der Niedergang des VW-Käfers steht für diesen Trend. Die Wagen wurden größer, stärker, besser ausgestattet und natürlich auch teurer. Die durch die Automobilhersteller erzielten Kosten- und Verbrauchseinsparungen wurden regelmäßig durch steigende Kundenansprüche überkompensiert. Der früher neutrale Begriff des Familienautos erfuhr eine negative Konnotation, als zwei oder mehr Familienmitglieder in den Besitz eines eigenen Autos gelangten. Heute gibt es Familien oder Lebensgemeinschaften, bei denen die Zahl der Autos die der Mitglieder übertrifft. Die von einer Person benutzten Wagen sind funktional differenziert. Da dient die Limousine der Repräsentation und für längere Autobahnfahrten, das Cabrio, der Geländewagen oder das überdimensionierte Sport Utility Vehicle (SUV), das ist der geländegängige »Van«, in dem die ganze Familie Platz findet, dem Vergnügen und der Kleinwagen dem Einkauf.

Schifffahrt: Von der Auswanderung zur Kreuzfahrt

Die Eisenbahn bildete bis ins 20. Jahrhundert das dominierende Landverkehrsmittel, ehe sie durch das Automobil abgelöst wurde. Ebenso lange, wie die Dominanz der Eisenbahn währte, ermöglichte einzig das Schiff Reisen von Kontinent zu Kontinent. Eine solche Überfahrt erforderte einen hohen Aufwand an Zeit und Geld und wurde deshalb nur selten unternommen. Den größten Umfang besaß noch die Auswanderung von Europa nach Nordamerika, an zweiter Stelle rangierten aus wirtschaftlichen und politischen Gründen unternommene Reisen. In der zweiten Hälfte des 19. Jahrhunderts reduzierte das Dampfschiff im Vergleich zum Segelschiff die Dauer einer Nordatlantikpassage von fünf bis sechs Wochen auf ein bis zwei. Die Passagierzahlen bewegten sich um die Jahrhundertwende um eine Million im Jahr; im verkehrsreichsten Jahr 1913 gingen allein in New York mehr als 1,3 Millionen Menschen von Bord. Die meisten reisten auf den beengten Zwischendecks, Wohlhabende erfreuten sich auf den Luxusdampfern jedweder Annehmlichkeit. Sie logierten in großzügig eingerichteten Kabinen, frequentierten Restaurants, Salons, mit Palmen bepflanzte Wintergärten und verglaste Promenadendecks. Die Passagiere konnten sich dem Tanz und Spiel, der Kultur und Muße hingeben; nach Einführung der Funktechnik stand ihnen täglich eine Bordzeitung zur Verfügung.

In der Zwischenkriegszeit erfuhren die nordatlantischen Verkehrsströme eine Reduzierung und Umstrukturierung. In der ersten Hälfte der 1920er Jahre beschränkten die Vereinigten Staaten die Einwanderung, womit das kabinenlose Zwischendeck seine Kunden verlor. Die Schifffahrtsgesellschaften reagierten auf diese Entwicklung, indem sie sich von der Auswanderung auf den Tourismus umorientierten. Eine neu geschaffene Dritte Klasse peilte vor allem die amerikanische Mittelschicht an. Tatsächlich stellte sie in der Zwischenkriegszeit den größten Teil der Reisenden.

Das um 1890 beginnende Kreuzfahrtgeschäft entwickelte sich aus der Passagierschifffahrt. Es sollte Schwankungen der Auswanderung ausgleichen und die Schiffe in den verkehrsschwachen Wintermonaten auslasten. Die überaus teuren Reisen führten in das Mittelmeer, die norwegischen Fjorde, das Schwarze Meer und die

Karibik. Vor der Jahrhundertwende setzten die Reedereien umgebaute Passagierschiffe ein, danach zunehmend eigens dafür konzipierte Kreuzfahrtschiffe. 1909/10 fand erstmals eine mehrere Monate dauernde Weltreise statt. Schon damals stellten Amerikaner den größten Anteil der Kreuzfahrer.

In die Zwischenkriegszeit fallen die ersten Versuche europäischer Reeder, die Kreuzfahrt zu »popularisieren«. Die Gäste wurden in Kabinen untergebracht, die bis zu zwölf Personen fassten und keine Schränke, sondern nur Wandhaken zum Aufhängen der Kleider besaßen. Für die Körperhygiene nutzten sie gemeinsame Waschräume. Damit entwickelten sich bereits in der zweiten Hälfte der 1920er Jahre Ansätze für einen Massentourismus zur See, an welche die Nationalsozialisten mit ihren KdF-Seefahrten anknüpften.

In den 1950er Jahren verloren die Linienschiffe an Bedeutung. Zunächst übertrafen die Passagierzahlen auf dem Nordatlantik im Laufe weniger Jahre wieder jene der Vorkriegszeit. Doch allmählich machte sich die Konkurrenz des Flugzeugs bemerkbar. 1957 lag die Zahl der Flugreisenden erstmals höher als die der Schiffspassagiere. Außerdem gingen seitdem auch die absoluten Zahlen drastisch zurück. Eine Reihe von Reedereien stieg aus der Personenschifffahrt aus und baute stattdessen das Geschäft mit dem Flugcharterverkehr aus.

Auch das Kreuzfahrtgeschäft hatte schwere Zeiten zu überstehen. Heute deckt es zwar nur eine kleine touristische Nische ab, floriert aber seit einigen Jahrzehnten wieder. Die Kreuzfahrerei profitiert vom steigenden Wohlstand und von Kostenreduzierungen mit Hilfe von Riesenschiffen, die man gut und gern auch als schwimmende Ferienanlagen bezeichnen kann. Die größten besitzen mehr als ein Dutzend Passagierdecks und bieten etwa 4000 Gästen Platz. Der Altersdurchschnitt der Kreuzfahrtpassagiere liegt relativ hoch, ist aber im Sinken begriffen. Die Vereinigten Staaten stellen zwei Drittel bis drei Viertel der Kreuzfahrer weltweit. Das wichtigste Fahrtgebiet ist die Karibik mit Miami als dem größten Kreuzfahrthafen der Welt. In Europa rangiert das Mittelmeer vor den skandinavischen Ländern. Großer Beliebtheit erfreuen sich auch Fahrten auf den großen Flüssen aller Kontinente.

Flugreisen: Vom Zeppelin zum Großraumjet

Es dauerte ein gutes halbes Jahrhundert, bis sich das Flugzeug zu einem Instrument des Massentourismus entwickelt hatte. Das erste Fluggerät mit einem Potenzial zur Beförderung von Passagieren war das Luftschiff – in Deutschland nach seinem wichtigsten Innovator »Zeppelin« genannt. Die Pioniere sahen jedoch im Luftschiff weniger ein öffentliches Verkehrsmittel, sondern in erster Linie eine militärische Waffe. Im Ersten Weltkrieg zeigte sich jedoch, dass sie die militärischen Fähigkeiten des Luftschiffs überschätzt hatten. Da die Rüstungsgelder anfänglich nur zögernd flossen, schuf sich Graf Ferdinand von Zeppelin 1909 mit der Deutschen Luftschifffahrts AG (DELAG) ein weiteres Standbein. Bis zum Kriegsausbruch führte die DELAG mit ihren sieben Luftschiffen mehr als 1500 Flüge durch. Die Mehrzahl diente der Ausbildung von Heeres- und Marineluftschiffern, nur eine Minderheit der Passagiere zahlte den normalen Reisepreis. Die Gesellschaft kam nicht aus den roten Zahlen. Der Zeppelin erwies sich als wenig zuverlässiges Fluggerät, machte aber den Gedanken des Fliegens populär.

1926 nahm die DELAG den Flugbetrieb wieder auf. Seit Ende der 1920er Jahre führte sie spektakuläre Linienflüge über den Nord- und den Südatlantik durch. Die Zeppeline waren etwa drei Mal so schnell wie Schiffe; eine Fahrt dauerte etwa zweieinhalb Tage; die Preise lagen deutlich über den Schiffspassagen. Der Verkehrswert der Zeppeline blieb zwar gering, doch trugen sie dazu bei, dass man Langstreckenflüge im Blick behielt. Ihr Ende fand die Passagierluftschifffahrt, als die »Hindenburg« 1937 bei der Landung im Luftschiffhafen Lakehurst nahe New York verbrannte.

Im Vergleich zum Zeppelin handelte es sich beim Flugzeug zunächst um ein individualistisches technisches Sportgerät. Flugpioniere, wie die Brüder Wilbur und Orville Wright, nahm die Öffentlichkeit als Risikosportler wahr. Später ließ sich das Militär von dem kriegerischen Potenzial der Flugmaschinen überzeugen. Am Ende des Ersten Weltkriegs standen nicht nur zahlreiche ausgemusterte Maschinen und Piloten zur Verfügung, sondern auch umfangreiche Kapazitäten für den Flugzeug- und Motorenbau sowie geschulte Ingenieure und Mechaniker.

Streckendienste mit der Beförderung von Post, Passagieren und Fracht wurden nach Kriegsende mit umgebauten Militärmaschinen durchgeführt. Die größte ökonomische Bedeutung besaß in den meisten Ländern die Postbeförderung. Die defizitären Passagierdienste konnten sich in der gesamten Zwischenkriegszeit nur aufgrund direkter oder indirekter staatlicher Subventionen halten. In den 1920er Jahren wurden Linienverbindungen zwischen den großen Städten eingerichtet. Neben geschäftlichen, politischen und administrativen Reisezwecken gab es eine Reihe von Flugrouten, die eindeutig dem Privattourismus dienten, zum Beispiel in die Seebäder.

Auch in den USA lebte der Linienverkehr von der Geschäftsfliegerei. Dazu kam eine große Zahl eigener Geschäftsflugzeuge. Viele Privatpersonen bestiegen erstmals für einen der zahlreich angebotenen kurzen Rundflüge ein Flugzeug. Touristen nutzten mit Flugbooten – das sind Flugzeuge, die auf dem Wasser starten und landen – betriebene Streckendienste nach Kuba und auf die Bahamas. In der zweiten Hälfte der 1920er Jahre setzten sich die Vereinigten Staaten an die Spitze der Luftfahrtnationen. Die damaligen Transkontinentalverbindungen über den amerikanischen Kontinent stellten zunächst noch eine Kombination aus Fliegen und Eisenbahn dar. Das Flugzeug transportierte die Passagiere am Tag, die Eisenbahn setzte die Fahrt in der Nacht fort. In den 1930er Jahren verlängerten neue Maschinen die beflogenen Strecken und reduzierten die Reisezeiten. Die Kapazität der Flugzeuge verdoppelte sich von etwa 10 auf 20 Passagiere. So überquerte die DC-3 seit 1936 den amerikanischen Kontinent nonstop in etwa 15 Stunden. Die günstige Entwicklung des zivilen Luftverkehrs wurde durch den Zweiten Weltkrieg unterbrochen.

Geradezu revolutionär war der Zeitgewinn des Flugzeugs gegenüber dem Schiff bei den Interkontinentalverbindungen. So wurden in den 1930er Jahren Linienverbindungen von den USA nach Südamerika und von Europa nach Fernost, Australien und Südafrika eingerichtet. Die Schwierigkeiten bestanden darin, die nötige Infrastruktur an bodengebundenen Leitsystemen sowie an Flugplätzen aufzubauen und die erforderlichen Überflugrechte zu erlangen. Man flog üblicherweise am Tag und übernachtete auf den Landeplätzen.

1935 dauerte ein solcher Flug von England nach Australien zwei Wochen. Eine besondere Herausforderung stellten der Nordatlantik und der Pazifik dar. 1935 nahm die Pan American mit Flugbooten den Linienverkehr über den Pazifik auf, 1939 über den Atlantik – jeweils mit Zwischenlandungen auf sich anbietenden Inseln.

Die Interkontinentalverbindungen besaßen wirtschafts- und kolonialpolitische Bedeutung. Die Maschinen transportierten mehr Post und Fracht als Passagiere. Bei den wenigen Flugreisenden handelte es sich ganz überwiegend um Geschäftsleute und Diplomaten, deren Zeit knapp bemessen war. Die hoch subventionierten Gesellschaften suchten den Passagieren die Tortur der mehrtägigen Reise durch viel Raum, Service, Liegesitze, Schlafplätze und Waschräume erträglich zu machen.

Unterbrach der Krieg auch hoffnungsvolle Ansätze der Zivilluftfahrt, so schuf er doch eine viel breitere Basis, auf welcher die Passagierfliegerei nach 1945 aufbaute. Der Umfang des ausgebildeten fliegenden Personals übertraf das in der Vorkriegszeit um ein Vielfaches. Die amerikanische und die britische Luftfahrtindustrie hatten riesige Kapazitäten aufgebaut. Sie verfügten über umfangreiche konstruktive und produktionstechnische Erfahrungen, welche sie in den Bau von Zivilmaschinen einbrachten. Die nach dem Krieg gebauten viermotorigen Propellermaschinen, welche die amerikanischen Fernstrecken und die Nordatlantikroute bedienten, besaßen eine Sitzplatzkapazität zwischen 50 und 100. Vor dem Krieg hatte sich nur eine winzige Minderheit den Luxus und das technische Abenteuer des Fliegens geleistet. Im Krieg machten zahlreiche Soldaten – vor allem Amerikaner – persönliche Bekanntschaft mit der Fliegerei.

Lagen die jährlichen weltweiten Fluggastzahlen vor dem Krieg bei wenigen Millionen, so stiegen sie danach auf viele hundert Millionen. Die enorme Ausweitung erfolgte relativ stetig; politische oder ökonomische Krisen führten allenfalls zu kurzzeitigen Verzögerungen. Der amerikanische Inlandflugverkehr machte große Teile des Weltluftverkehrs aus, die am meisten frequentierten Interkontinentalstrecken führten über den Nordatlantik. Die Zuwächse im Luftverkehr resultierten aus steigenden Einkommen sowie sinkenden oder zumindest gleich bleibenden Flugpreisen. Die Luftverkehrsgesellschaften entwickelten ein differenziertes Tarifsystem, mit dem sie die Preiselastizität der Nachfrage auszunutzen und ihre Maschinen auszulasten suchten. Um 1950 wurde eine Touristenklasse eingeführt, welche seit 1956 von der Economy-Klasse abgelöst wurde. Innerhalb weniger Jahre flog die Mehrzahl der Passagiere mit den preisgünstigen Klassen. Mit der Zeit entwickelte sich ein wenig übersichtlicher Markt an Normal- und Sondertarifen und eine Grauer Markt für Flugtickets. Eine weitere Verbilligung löste die von den USA seit 1978 ausgehende Deregulierung des Luftverkehrs aus.

Die Expansion des Luftverkehrs hing mit zwei technischen Entwicklungen zusammen: dem Düsenflugzeug in der zweiten Hälfte der 1950er Jahre und dem Großraumflugzeug Anfang der 1970er. Das Düsenflugzeug besaß eine höhere Reisegeschwindigkeit und eine größere Tragfähigkeit als die Propellermaschinen. Die Zahl der Sitzplätze ließ sich damit auf etwa das Doppelte steigern, auf etwa 180 bei dichter Bestuhlung. Zudem überraschten die Düsenmaschinen durch hohe Zuverlässigkeit und geringe Wartungskosten. Insgesamt reduzierten sich die Platzkosten um etwa die Hälfte. Der zweite große Kapazitätssprung erfolgte seit 1970 durch die Einführung der Großraummaschinen. Die Großraumflugzeuge verdoppelten die Sitzplätze der bis dahin größten Düsenmaschinen erneut; spätere Versionen transportierten etwa 600 Reisende.

Im Vergleich zur Vorkriegszeit teilten die Luftverkehrsgesellschaften den Passagieren eine viel kleinere Fläche zu. Der in den Vordersitz integrierte Klapptisch, auf dem aufgewärmte Mahlzeiten serviert werden, steht für die optimale Ausnutzung des teuren und knappen Raums. Zudem schrumpfte in den Großraummaschinen der Anteil der Fensterplätze. Die Passagiere nahmen all diese Unannehmlichkeiten in Kauf, um überhaupt fliegen zu können. Eine Erleichterung stellte die Verkürzung der Reisezeiten dar. So reduzierten in den 1950er Jahren die Geschwindigkeitssteigerung und vor allem das Streichen von Zwischenstopps die Dauer eines Fluges zwischen London und Sydney von vier auf anderthalb Tage.

Eine weitere wichtige kommerzielle Innovation bildete die Charterreise. Unter »Charter« versteht man Flüge, für die keine Verkehrspflicht besteht, welche also bedarfsabhängig angesetzt werden.

Die Transportdienstleistung wird als Kontingent verkauft – entweder in seiner Gesamtheit oder in Teilen. Anfänge des Charterverkehrs finden sich bei der Frachtbeförderung. Eine Vorreiterrolle beim Passagiercharterverkehr spielten in den 1950er Jahren britische Gesellschaften mit preisgünstigen Verbindungen zwischen dem Mutterland und den Kolonien. Als das Empire in den 1960er Jahren zusammenbrach, rückte die Ferienfliegerei an die führende Position. Der Charterflug ging eine Verbindung mit der von den Touristikunternehmen angebotenen traditionellen Pauschalreise ein. Die Touristen nahmen das preisgünstige und bequeme Angebot bereitwillig an. Zum Eldorado der Charterfliegerei entwickelte sich Europa, in den USA unterbanden die Liniengesellschaften mit Hilfe von Billigangeboten das Wachstum des Chartermarkts. In Europa überholte seit Mitte der 1980er Jahre der Charterverkehr den Linienverkehr.

Mit der Charterfliegerei, zuerst mit Propeller- und dann mit Düsenmaschinen, schwollen die Touristenströme an und ergossen sich in neue, bislang vom internationalen Tourismus vernachlässigte Gebiete. So gehörte zum Beispiel Spanien nicht zu den klassischen Reiseländern am Mittelmeer. Die enorme Expansion des Spanientourismus fällt mit der des Charterverkehrs in den 1960er Jahren zusammen. Mit der Zeit entwickelte sich Mallorca zur Ferieninsel par excellence. Weiter entfernte Gebiete rückten überhaupt erst durch die Düsenmaschinen und die Anlage geeigneter Flughäfen in das Blickfeld des Pauschaltourismus. Dies galt für Ferienziele wie Hawaii, die Dominikanische Republik und Sri Lanka oder die Malediven und die Seychellen.

In der Nachkriegszeit wurde das Flugzeug zum Massenverkehrsmittel. Bildete Fliegen früher das Privileg einer Minderheit, so stellt die Ferienfliegerei heute für einen Großteil der Bevölkerung nichts Besonderes mehr dar. Die Freizeit- und Wohlstandsgesellschaft spiegelt sich in den Buchungszahlen wider; denn hier rangieren Privatreisen deutlich vor den Geschäftsreisen. Auf der Nordatlantikroute überholten die Privatreisenden bereits in den 1960er Jahren die Geschäftsleute. Darunter befanden sich nicht wenige Amerikaner, die

Ein Reisekatalog wirbt für den Mittelmeerurlaub per Flugzeug ❯

titulierten Deutschen liegen die Urlaubsreisen an der Spitze der Reiseaktivitäten, bei den Amerikanern die Besuchsreisen. In den USA besteht zwischen der beruflichen und der privaten Mobilität ein enger Zusammenhang: Die Amerikaner besuchen häufig Bekannte und Verwandte an früheren Wohn- und Beschäftigungsorten. Der Anteil der Amerikaner, die keine Urlaubsreise unternehmen, liegt deutlich höher als jener der Deutschen. Kurzreisen haben also gegenüber längeren Reisen einen höheren Stellenwert. Das Automobil und das Flugzeug besitzen größere Verkehrsanteile als in Deutschland. Die Amerikaner verreisen ganz überwiegend im eigenen Land; die beliebtesten Ziele sind Florida und Kalifornien. Trotzdem hat der amerikanische Auslandstourismus für einige Länder eine große Bedeutung. Unter den Zielgebieten ragen Mittelamerika und die Karibik sowie Westeuropa hervor.

Die Expansion des Tourismus beruhte auf materiellen und ideellen Faktoren. Neue Verkehrsmittel ließen den Raum und die Zeit schrumpfen. Entfernte Ziele rückten in Reichweite, kürzere Aufenthalte erschienen attraktiv. Ein Tagesausflug über Hunderte Kilometer zum Shopping, zum Besuch einer Ausstellung oder zum Skifahren ist keine Seltenheit mehr. Ein paar Urlaubstage genügen für den Flug in die südliche Sonne oder die verschneiten Berge. Mit dem Reisen wächst die Vertrautheit mit der Ferne und dem Fremden. Mag die erste Fernreise noch als Abenteuer empfunden worden sein, durch Wiederholung wird sie zur angenehmen Gewohnheit. Das Ferne erscheint nicht mehr fern, das Fremde nicht mehr fremd. Überdies stattet die Tourismuswirtschaft die Zielgebiete mit vertrauten Versatzstücken der Herkunftsländer aus. Die Unterkünfte, das Essen, die Shops, die Unterhaltung werden zu Hybriden aus Fremdem und Eigenem, die Ferienlandschaften zur zweiten Heimat.

Bei der Ausweitung der touristischen Zielgebiete wirken »Snobeffekte« und »Mitläufereffekte« zusammen. Die Suche nach Erlebnissen sowie das Streben nach Exklusivität und Prestige lässt die »Snobs« – dabei kann es sich um Rucksacktouristen wie um Luxusreisende handeln – neue Ziele aufsuchen. Sie beteiligen sich an der touristischen Erschließung und bereiten den »Mitläufern« den Weg. Vor dem Massentourismus flüchten sie dann wieder in neue Gebiete.

Das touristische Reisen wird von einem Motivbündel aus Erholung, Neugier und Prestige getragen. Urlaub und Reisen dienen der Erholung von Belastungen, welche der Beruf, aber auch der Alltag auferlegen. Viele Urlaubsreisende geben an, dass sie »ausspannen« und regenerieren wollen. Besonders gilt dies für Gesundheitsurlauber und Kurgäste. Andere verweisen auf den Reiz des Neuen und Ungewohnten. Dazu gehört das Klima und die Witterung mit Sonne und Schnee sowie die Landschaft an der See und in den Bergen. Reisen vermittelt Begegnungen mit Menschen, mit fremden Völkern und Kulturen, mit all jenem, was als sehenswert eingestuft wird und dem man einen Erlebnis- und Erfahrungswert zuschreibt. Gegenüber den Daheimgebliebenen lässt sich der touristische Erfahrungskonsum durch Ansichtskarten demonstrieren, durch Erzählungen, Fotos und Filme oder gebräunte Haut.

Heute ist vielfach die Rede von der »Tourismusindustrie«. Der Begriff bringt zum Ausdruck, dass der Tourismus in manchem den Prinzipien der industriellen Massenproduktion folgt. Wie die Industrie setzt die Tourismuswirtschaft Maschinen ein: von den Buchungssystemen bis zu den Transportmitteln. Sie errichtet große Ferienanlagen wegen deren ökonomischer Vorteile. Sie sucht die Anlagen möglichst vollständig während des gesamten Jahres und damit gleichmäßig auszulasten. Die Reiseveranstalter bieten in den Katalogen normierte Urlaubselemente an. Daraus lässt sich wie bei einem industriellen Baukastensystem die individuelle Reise zusammenstellen. Die Pauschalreisen wiederum sind zu Typen zusammengefasst, zu Bade-, Bildungs-, Sport- oder Abenteuerreisen. Die internationalen Touristikkonzerne integrieren Massenproduktion und Massendistribution touristischer Dienstleistungen. Sie veranstalten Reisen und besitzen Reisebüros, Charter-Fluggesellschaften, Schifffahrtslinien, Hotels und Ferienclubs. Die »Fertigungstiefe« der einzelnen Veranstalter ist unterschiedlich, manche arbeiten mit weniger, manche mit mehr Zulieferern zusammen. Die industrielle Massenproduktion stößt jedoch im Tourismus auch früh an Grenzen. Der Dienstleistungsbereich lässt sich nur bedingt maschinisieren und automatisieren. Die persönliche Kommunikation zwischen Anbieter und Kunde stellt ein zentrales Qualitätsmerkmal dar. Die jahreszeitlichen klimatischen Unterschiede lassen sich nicht beseitigen, sondern nur – durch Sonnenschutz oder Heizstrahler – mildern.

Gleichmäßige Bedingungen über das ganze Jahr stellen künstliche Freizeit- und Ferienanlagen zur Verfügung, wie sie seit einiger Zeit in vielfältigen Formen aus dem Boden schießen. Hierzu gehören Badeparadiese, die mit Sandstränden, Palmen und Vogelstimmen vom Band exotische Urlaubsziele zitieren. Hierzu gehören Skihallen, die kurze Abfahrten auf Kunstschnee bieten. Und hierzu gehören Kletterhallen, in denen sich die Wände mit Hilfe von Griffen und Tritten aus Kunststoff erklimmen lassen. Es ist noch nicht abzusehen, welche Wirkung das »Naturerlebnis« und der »Natursport« unter dem Dach auf den Tourismus haben wird. Holen sich die Badegäste, Skiläufer und Kletterer Appetit auf die geplante Bade- oder Sportreise? Bereiten sie sich auf den bevorstehenden Urlaub vor? Oder werden die synthetischen Freizeit- und Ferienanlagen dem Tourismus einen – vermutlich kleinen – Teil des Geschäfts entziehen?

Unterhaltung und Vergnügen: Die Expansion der medialen Welt

In der Konsumgesellschaft übertrifft der Umfang der Freizeit den der Arbeitszeit. Die Menschen geben einen Großteil ihres Einkommens für Freizeitaktivitäten aus. An erster Stelle stehen dabei Reisen und Ausflüge, gefolgt von Ausgaben für Dienstleistungen der Unterhaltungsbranche, wie zum Beispiel für den Besuch von Freizeitparks und Kinos, aber auch für den Erwerb von Konsumelektronik, also für die Anschaffung von Radios, Fernsehern und MP3-Playern. Im Laufe des 20. Jahrhunderts wurde immer weniger Geld für kollektive Vergnügungen ausgegeben, dafür mehr in individuelle Freizeitbeschäftigungen investiert. Zwar erfreuten sich auch die Unterhaltungsstätten eines wachsenden Zulaufs, doch die Ausgaben für privat zu nutzende Hard- und Software wuchsen verglichen damit überproportional.

Rummel, Vergnügungsparks, Weltausstellungen

Im 19. Jahrhundert begeisterte sich ein Großteil des Publikums für neuartige Unterhaltung in öffentlichen Räumen. Der Besuch von Garten- und Tanzlokalen, Sportstätten und Sportveranstaltungen, Jahrmärkten, Rummelplätzen und Vergnügungsparks war oft auch eine Flucht aus den überfüllten und unwirtlichen Wohnungen. Die ärmeren Bevölkerungsschichten genossen den Umstand, dass sie viele Veranstaltungen kostenlos oder zu moderaten Preisen besuchen konnten, ohne sich am Geschehen aktiv beteiligen zu müssen. Das laute, glitzernde, affektive Vergnügen ließ sie für kurze Zeit den Arbeits- und Familienalltag vergessen.

Um 1900 veränderten die Jahrmärkte und Vergnügungsparks ihr Gesicht. Die traditionellen Restaurationsangebote und Schaustellungen wurden durch Fahrgeschäfte ergänzt, die mit immer aufwendigerer Technik ausgestattet waren. Die Elektrizität machte neuartige Beleuchtungseffekte möglich. Auf den Rummelplätzen wurden alte Märchen und Mythen lebendig und die Verheißungen der Moderne effektvoll inszeniert. Die Besucher entführten sie in eine Welt, die eigenen Erfahrungen und assoziativen Wünschen Raum ließ. Die mit Modellen von Fahrrädern, Schiffen, Eisenbahnen, Automobilen, Zeppelinen und Flugzeugen bestückten Karussells drehten sich dank Dampfmaschinen und Elektromotoren immer schneller und überraschten die Fahrgäste mit immer vielfältigeren Bewegungsarten. Die Konstrukteure der Achterbahnen nutzten die Gesetze der Schwer- und Fliehkraft weidlich aus – bis hin zu den ersten Loopings. Die traditionellen Russischen Schaukeln wurden von den um vieles größeren Riesenrädern abgelöst.

Stationäre Vergnügungsparks lagen an der Peripherie der Großstädte und waren bequem mit öffentlichen Verkehrsmitteln zu erreichen. Zum Vergnügungszentrum für die New Yorker wurde im 19. Jahrhundert Coney Island. Dampfschiffe steuerten die 15 Kilometer von Manhattan entfernte und von Badestränden gesäumte Insel seit den 1830er Jahren an. Nach Einrichtung einer Eisenbahnverbindung 1875 und dem Bau einer U-Bahn 1920 kamen jährlich Millionen Besucher. 1947 wurden mit 2,5 Millionen Gästen an nur einem Tag alle Besucherrekorde gebrochen. Seit 1897 öffneten große Vergnügungsparks ihre Tore, wie Steeplechase und Luna. Für einen Pauschalpreis konnten sämtliche Unterhaltungsangebote genutzt werden. Nach ähnlichem Muster entstanden in Berlin die Neue Welt in der Hasenheide und der nach amerikanischem Vorbild benannte Luna-Park am Halensee. Der Berliner Luna-Park lockte mit einer Liliputstadt, einem 3000 Besucher fassenden Bayerischen Dorf und einem »Negerdorf« mit 120 Bewohnern aus Somalia. Ein Hippodrom, ein Schwimmbad im Freien, eine Schwimmhalle mit Wellenbad, eine Gebirgs- und Schwebebahn und eine Wasserrutschbahn versprachen ein buntes Freizeitvergnügen.

Die nationalen und regionalen Gewerbeausstellungen und die seit 1851 aufkommenden Weltausstellungen dienten vielen Besuchern ebenfalls zur Unterhaltung. Die immer gigantischeren Weltausstellungen sollten mehrere Funktionen zugleich erfüllen. Sie waren technische Messen, nationale Leistungsschauen der Technik und Industrie, sie präsentierten innovative Produkte und Verfahren und wollten eine breite Bevölkerungsschicht anlocken. Seit Eröffnung der ersten Weltausstellung in London 1851 wurden in jedem Jahrzehnt zwei bis vier weitere ausgerichtet, meist in Paris, aber auch außerhalb Europas, in amerikanischen und australischen Städten. Sie zogen jedes Mal Millionen Menschen an. Die ersten Weltausstellungen meldeten circa 6 Millionen Besucher, in den 1870er Jahren waren es schon über 10 Millionen und die Pariser Ausstellung von 1900 sahen dann – ein Rekord – fast 50 Millionen.

Die Weltausstellungen integrierten in ihr Programm Angebote der Alltagskultur, Jahrmärkte und Rummelplätze, Cafés und Restaurants, aber auch ethnographische Präsentationen fremder Völkerschaften, die unter dem Mantel der Wissenschaftlichkeit den euroamerikanischen Rassismus, Imperialismus und Kolonialismus zu legitimieren suchten. Ebenso wie die Vergnügungsparks dienten auch die Gewerbe- und Weltausstellungen den Unternehmern und Innovatoren als »Versuchsstände der Moderne«. Auf ihnen testeten sie die Funktionsfähigkeit und Marktchancen innovativer Technik. So führte Richard Trevithick die von ihm entwickelte Dampflokomotive 1808 in London als öffentliches Spektakel vor. Franz Anton Ritter von Gerstner ließ seine Pferdebahn 1823 im Wiener Prater, Werner Siemens die erste elektrische Lokomotive 1879 auf der Berliner Gewerbeausstellung fahren. Auf den Weltausstellungen in Chicago 1893, in Paris 1900 sowie auf Coney Island 1896 kamen Laufbänder als Vorstufe der Rolltreppe zum Einsatz, die den Besuchern die langen Wege erleichterten. Seilbahnen waren in den 1890er Jahren Attraktionen in Vergnügungsparks, noch bevor sie nach der Jahrhundertwende dazu dienten, Touristen zu Gasthäusern und Aussichtspunkten im Gebirge zu bringen. Sowohl auf der Berliner Gewerbeausstellung 1896 als auch auf Coney Island warben die Aussteller von Brutkästen für eine verbesserte Säuglingsversorgung.

Außer den buntgefächerten Attraktionen gab es auf den Weltausstellungen spektakuläre einzelne Objekte, die allein schon die Reise lohnten. Dazu gehörten sowohl funktionale als auch eher symbolische Bauwerke, die den Stand der Bautechnik dokumentieren oder neue Maßstäbe setzen sollten. So präsentierte der Kristallpalast auf der Londoner Ausstellung 1851 die Möglichkeiten der Glas-Eisen-Architektur und der industriellen Vorfertigung von Bauteilen. Neue Dimensionen des Eisenbaus zeigte die Pariser Ausstellung von 1889 auf spektakuläre Weise in Gestalt des Eiffelturms und der großen Maschinenhalle. Das 1900 in Paris errichtete Wasserschloss verdankte seine floralen Jugendstilformen der Verwendung von Stahlbeton. Auf der Weltausstellung in Chicago von 1893 wurde das Ferris Wheel zum Hauptanziehungspunkt, ein Riesenrad mit einem nie zuvor erreichten Durchmesser von 76 Metern und 36 wagenartigen Gondeln, die insgesamt 2160 Personen Platz boten.

In der Zwischenkriegszeit erreichten die Jahrmärkte, Vergnügungsparks und Ausstellungen Besucherzahlen wie vor dem Krieg nicht mehr. Die ökonomischen Wechsellagen und Krisenzeiten zwangen viele Familien zur Sparsamkeit. Unabhängig davon zeigen sich darin erste Anzeichen einer Verlagerung der Freizeitaktivitäten aus dem öffentlichen Raum in die eigenen vier Wände. Mit Kino und Radio traten außerdem weitere Konkurrenten um die Freizeitbudgets auf den Plan. Erst nach dem Zweiten Weltkrieg nutzte wieder ein größeres Publikum die neuartigen Vergnügungsstätten.

Kino: Vom kurzen Stummfilm zum langen Tonfilm

Technische Innovationen haben neue Unterhaltungsmedien hervorgebracht, die aber meist an ältere Formen der Unterhaltung anknüpfen. Technische Voraussetzungen des Kinos waren der Zelluloidfilm, die Kamera und die Projektionsapparate. Die filmische Unterhaltung aber orientierte sich an hergebrachten Formen der kommerziellen Bildvorführung, die sich bereits Bewegungsillusionen zunutze gemacht hatten, an Schaustellerei, Varieté und Vaudeville und am Theater. Aus solchen technischen und kulturellen Bausteinen entwickelten zahlreiche Innovatoren – darunter so bedeutende wie Thomas Alva Edison in den USA und Charles Pathé in Frankreich – in den 1890er Jahren das Kino.

Die ersten Filme waren mit nur wenigen Minuten Spieldauer sehr kurz; 1910 betrug die durchschnittliche Länge dann etwa 20 Minuten. Für ein attraktives Programm reichte ein Film allein nicht aus; also reihte man mehrere Filme aneinander oder zeigte sie im Wechsel mit Live-Darbietungen von Schauspielern, Sängern, Musikern oder Artisten. Auf diese Weise entstand ein buntes, an traditionelle Unterhaltungsformen anknüpfendes Programm. Die Filme behandelten unterschiedlichste Themen, in der nur kurzen Spieldauer konnte sich allerdings keine komplexe Handlung entwickeln. Sie vermittelten flüchtige Seherlebnisse und appellierten eher an Instinkt und Gefühl als an den Verstand. Immer aufs Neue wurde die Stärke des Mediums, die bewegten Bilder, in einander ähnelnden Szenen ausgespielt, so mit Verfolgungsjagden.

In seinen Kinderschuhen war das Kino Teil des Schaustellergewerbes. In dieser Zeit des »Jahrmarktkinos« und der »Wanderkinematographie« zogen Schausteller mit ihren Projektionsapparaten und Filmen durch Stadt und Land. Seit der Jahrhundertwende wurden sie von ortsansässigen Kinos mehr und mehr verdrängt. Sowohl bei den stationären deutschen Ladenkinos als auch bei den amerikanischen Nickelodeons handelte es sich um Vorführräume, die nur mit dem Nötigsten ausgestattet waren. Später wurden Kinos gebaut, die vom spartanisch mit Stühlen ausgestatteten Arbeiterkino bis hin zum plüschig-bürgerlichen Filmpalast reichten.

Noch vor dem Ersten Weltkrieg löste der etwa eine Stunde dauernde Langfilm den Kurzfilm ab. Die Kinos fassten zwei bis drei Filme zu einem Programm von etwa zweistündiger Dauer zusammen. Die längeren Spielfilme zeigten eine komplexere Handlung als der Kurzfilm. Stars wie Asta Nielsen traten an die Stelle unbekannter Darsteller, Handlung und Stars verliehen dem Film einen individuellen Charakter. Die Kinos warben nicht mehr allgemein für das Medium der bewegten Bilder, sondern für einen speziellen Film. Am Vorabend des Ersten Weltkrieges waren Kino und Filmgeschäft im Prinzip schon so strukturiert wie heute. Das Zentrum der amerikanischen Filmindustrie verlagerte sich bereits vor dem Krieg von der Ostküste nach Hollywood. Der amerikanische Film trat in der Zwischenkriegszeit seinen weltweiten Siegeszug an, ohne allerdings in Deutschland wirklich Fuß zu fassen. Hier entwickelte sich im Krieg und in den darauf folgenden Krisenjahren eine leistungsfähige nationale Filmwirtschaft, die von den Nationalsozialisten später als Propagandainstrument genutzt und ausgebaut wurde.

In allen Industrieländern entwickelte sich das Kino in kurzer Zeit zum Massenmedium und wurde schichtenübergreifend von großen Teilen der Bevölkerung genutzt. In der Zwischenkriegszeit gingen mehr Arbeiter als Angehörige des Bürgertums, mehr Frauen als Männer und mehr Kinder und Jugendliche als Erwachsene ins Kino. Die Mehrheit der US-Amerikaner und etwa die Hälfte der Deutschen waren Kinogänger. Mit den höheren amerikanischen Einkommen allein lässt sich diese Differenz nicht hinreichend erklären. Offensichtlich traf der Spielfilm in den USA auf ein aufnahmebereiteres Publikum, das gegenüber dem neuen Medium keine Vorbehalte kannte. Hollywood setzte kulturspezifische wie kulturübergreifende Mythen in eine Vielzahl attraktiver filmischer Erzählungen um, so die Erschließung des Westens, den Sieg der Guten über die Bösen, den Weg vom Tellerwäscher zum Millionär, den Triumph der Liebe über die Fährnisse des Lebens. Nicht zuletzt boten Kino und Stummfilm Millionen von Einwanderern eine Art der Unterhaltung, die keine großen kulturellen und sprachlichen Kenntnisse voraussetzte. »Democracy's theater« vermittelte ihnen die Grundzüge des »American way of life«. Die Spielfilme führten ihnen die Welt der Reichen und Mächtigen und damit auch die Attribute der sich entwickelnden Konsumgesellschaft vor Augen. Die

Stars der Ausstattungsfilme verkörperten die Ideale des Konsumismus nicht nur im Film; sie lebten sie auch in ihrem Privatleben vor, wie es in den Filmmagazinen dargestellt wurde.

Die Aneinanderreihung von Kurzfilmen mit ihren schnell wechselnden Bildern, wie sie in der Anfangszeit des Kinos üblich waren, löste neuartige, aufregende Sinnesreize aus. Üblicherweise wurden die stummen Bilder von einem Conferencier kommentiert, der die Spannung durch sexuelle oder soziale Anspielungen noch zu erhöhen vermochte. Auf jeden Fall stellte das frühe Kino ein kommunikatives Ereignis dar. Auch später noch, als die Bilder mit einkopierten Texten unterlegt wurden, begleiteten die Besucher das Geschehen auf der Leinwand mit Beifall, Missfallen, Heiterkeit oder Zorn. Stummfilme wurden anfangs von Klavierspielern live musikalisch untermalt. In Filmpalästen setzten später ganze Orchester die auf der Leinwand gezeigten großen Gefühle in Musik um.

Schon in der Frühzeit des Films bemühten sich einzelne Innovatoren um ein Zusammengehen von Bild und Ton. Sie kombinierten unter anderem Projektor und Grammophon, bekamen aber dennoch nicht die besonders bei längeren Filmen auftretenden Probleme der Synchronisation in den Griff. Ein Durchbruch gelang erst mit dem in den USA entwickelten und 1927 ausgereiften Tonspurverfahren, bei dem Bild und Ton auf demselben Filmstreifen aufgezeichnet sind. Obwohl dafür hohe Investitionen nötig waren, stellten die meisten amerikanischen Studios und Kinos bis 1932 ihre Technik vom Stumm- auf den Tonfilm um; in den deutschen Kinos war der Wechsel bis 1935 vollzogen. Der Rückgang der Zuschauerzahlen, der nach der Weltwirtschaftskrise eingesetzt hatte, konnte durch die Beliebtheit des Tonfilms aufgehalten werden.

Bilder überwinden nationale und kulturelle Grenzen leichter als Worte. Wer sich durch die Entwicklung des Tonfilms eine Renationalisierung der Filmindustrie erhofft hatte, wurde jedoch enttäuscht. Synchronisationsstudios lösten die technischen und sprachlichen Probleme und bewahrten so den internationalen Charakter der Filmindustrie. Mittelfristig führte der Tonfilm zu einem veränderten Rezeptionsverhalten. Um die Dialoge verfolgen zu können, verhielt sich das Publikum nun sehr viel stiller.

Musik zu Hause: Vom Phonographen über das Radio zum CD-Player

In der Zwischenkriegszeit gab es bereits erste Anzeichen einer zunehmenden Verlagerung der Freizeitgestaltung in den häuslichen Bereich – ohne dass deswegen wesentlich weniger ins Kino gegangen worden wäre. Zwar verfügten die Haushalte nicht über technische Apparaturen zur Erzeugung bewegter Bilder, wohl aber über Grammophon und Radio. Es hatte einiger Zeit bedurft, bis Erfinder und Unternehmer den kommerziellen Wert gespeicherter Musik erkannten. Thomas Alva Edison sah in der zweiten Hälfte der 1870er Jahre den von ihm entwickelten Walzenphonographen vornehmlich für den Einsatz in Anrufbeantwortern und Diktiergeräten vor. Doch seit den frühen 1890er Jahren zeigte sich, dass dieser als Mittel der Musikerzeugung ein weitaus größeres Marktpotenzial erschloss. Damit wurde der Phonograph wegweisend für Grammophon und Schallplatte, die ihn bis zum Ausbruch des Ersten Weltkrieges ablösten. Bis zur Jahrhundertwende waren die meisten Phonographen und Grammophone in öffentlich zugänglichen Räumen zu finden. Sie erhöhten die Attraktivität der amerikanischen Verkaufsstraßen, der »Penny Arcades«, von Jahrmärkten, Spielhallen, Gaststätten und Kinos. Die dort aufgestellten Musikabspielgeräte kann man als eine Vorform der Music-Box ansehen, die ihrerseits seit den späten 1920er Jahren aufgrund verbesserter elektroakustischer Technik eine weite Verbreitung erfuhr. Musikenthusiasten hatten zudem die Möglichkeit, in Fachgeschäften aus einem breit gefächerten Angebot zu wählen und die von ihnen bevorzugte Musik dort anzuhören.

Seit der Jahrhundertwende schafften sich immer mehr Haushalte Phonographen und Grammophone an. Dennoch dürfte sich ihre Verbreitung auch in der Zwischenkriegszeit auf die Wohlhabenden und die bürgerlichen Mittelschichten beschränkt haben. Das neue technische Medium leistete einen nicht unerheblichen Beitrag zur Entwicklung des Musikgeschmacks. Die begrenzte Wiedergabequalität und eine höchstens vierminütige Spieldauer verlangten nach kurzen Gesangs- und Instrumentalstücken mit großem Volumen, aber geringer Dynamik. Der Plattenverkauf stieg in der Zwischenkriegszeit zunächst rasant an, brach in der Weltwirtschaftskrise dra-

In den 1920er Jahren ist Amerika das Weltzentrum der Filmindustrie

matisch ein und erreichte das Niveau der 20er Jahre danach nicht mehr.

Dass der Plattenspieler- und Schallplattenverkauf in den 1930er Jahren in die Krise geriet, hängt wahrscheinlich auch mit dem Siegeslauf des Radios zusammen. Es hatte seinen Ursprung im Funk, der drahtlosen Telegraphie, die besonders im Ersten Weltkrieg zum militärisch genutzten Sprechfunk weiterentwickelt wurde. Basierend auf dieser Technik entwickelte sich nach dem Krieg – 1920 in den USA und 1923 in Deutschland – der öffentliche Rundfunk.

Die Rundfunksysteme in den USA und in Deutschland wiesen von Beginn an gravierende Unterschiede auf. In den USA wurden in kurzer Zeit Hunderte großer und kleiner kommerzieller Sender ins Leben gerufen. Zu Beginn konnten sich die Sender noch durch Zuschüsse der Rundfunkindustrie finanzieren, die dadurch den eigenen Umsatz erhöhte. Später sicherten sie ihre finanzielle Basis nahezu ausschließlich durch Werbung, wobei die werbenden Unternehmen ganze Sendungen sponserten oder gleich selbst produzierten. Von Anfang an dominierten Unterhaltungssendungen die Programme.

Im Gegensatz zum privaten amerikanischen Rundfunk handelte es sich beim deutschen Rundfunk um ein staatsdirigistisches System. Eine entsprechend begrenzte Zahl regionaler und deutschlandweiter Sender wurde etabliert, die sich vorwiegend über Gebühren finanzierten. Bildungsprogramme besaßen einen höheren Stellenwert, wenngleich die Unterhaltungssendungen allmählich einen immer größeren Platz einnahmen und schließlich das Programm bestimmten. Das galt auch für den nationalsozialistischen Rundfunk, dessen Unterhaltungsprogramm in geschickter Weise völkisches, rassistisches und militaristisches Gedankengut transportierte.

Das Medium Rundfunk setzte sich in den USA rascher durch als in Deutschland. Nicht die unterschiedliche Organisationsstruktur, sondern die höhere Kaufkraft in den USA war der Grund dafür. 1930 verfügte etwa die Hälfte aller amerikanischen Haushalte über ein Radio, kurz vor dem Zweiten Weltkrieg erreichte man – statistisch gesehen – eine annähernde Vollversorgung. In Deutschland war in der Zwischenkriegszeit das Radio erst halb so weit verbreitet wie in den USA; 1942 besaßen 65 Prozent der Haushalte ein Rundfunkgerät. Zu dieser verhältnismäßig großen Verbreitung trugen der Volksempfänger und der Deutsche Kleinempfänger bei, Radiogeräte, denen die Nationalsozialisten eine staatliche Förderung angedeihen ließen. Einkommensschwächere konnten sich aber selbst diese preiswerten, einfachen Apparate nicht leisten.

Die Qualität der Radiogeräte verbesserte sich zunehmend, und die Preise sanken. Mit den anfänglich dominierenden Detektorgeräten ließen sich nur wenige Sender per Kopfhörer empfangen. Die später entwickelten Röhrengeräte ermöglichten dagegen Lautsprecherempfang zahlreicher in- und ausländischer Programme. Im Radio live übertragene Musik war von höherer Tonqualität als die auf Schallplatte eingespielten Stücke. In den 1930er Jahren wurde Radiohören zur wichtigsten häuslichen Unterhaltung. Tagsüber hörte die Hausfrau Radio; abends versammelte sich die Familie vor dem Apparat. In vielen amerikanischen Haushalten, so wird berichtet, lief das Radiogerät ständig.

Nach dem Zweiten Weltkrieg gaben die Alliierten dem Rundfunk in Westdeutschland eine neue Struktur. Sie riefen öffentlich-rechtliche Rundfunkanstalten ins Leben, die den Staatsrundfunk ersetzten. In deren Satzungen wurden Prinzipien wie Staatsferne, Unabhängigkeit und Überparteilichkeit verankert. Bei der nach dem Krieg vorgenommenen internationalen Verteilung der Mittelwelle war Deutschland ausgespart worden. Die deutschen Sender wichen deswegen auf Ultrakurzwelle (UKW) aus. Die außerdem verwendete Frequenzmodulation ermöglichte über UKW eine höhere Tonqualität, was vor allem den Musiksendungen zugute kam. Die USA stiegen erst später auf UKW um; die geringere Reichweite hatte sie angesichts der Weite des Landes zögern lassen. Im Lauf der 1960er Jahre verbesserte die Einführung von Stereo die Qualität der Übertragungen zusätzlich. Die genannten neuen Technologien waren der wichtigste Grund für Radiobesitzer, ihre alten Geräte durch neue zu ersetzen.

In der Bundesrepublik waren die öffentlich-rechtlichen Anstalten aus politischen Gründen entstanden. Sie entwickelten jeweils mehrere Programme. Den Hörern bot sich damit eine beträchtliche Programmvielfalt, die sich mit jener in den USA allerdings nicht messen konnte. Die Begrenzungen ergaben sich unter anderem aus der Kapazität des zur Verfügung stehenden Frequenzbandes. Als sich seit etwa 1980 mit den Satelliten und Breitbandkabeln neue Übertragungssysteme am Markt etablierten, entfielen die technischen Gründe für die restriktive Behandlung des Programmangebots. 1987 schrieb ein neuer Rundfunkstaatsvertrag ein aus öffentlich-rechtlichen und aus privaten Anbietern bestehendes »duales

Rundfunksystem« fest. Die Zulassung der privaten Sender erfolgte zwar in erster Linie mit Blick auf das Fernsehen, ließ aber auch eine Vielzahl privater Radioprogramme entstehen, welche die öffentlich-rechtlichen Programme ergänzten.

Um 1960, etwa anderthalb Jahrzehnte später als in den USA, hatte auch Deutschland die Vollversorgung der Haushalte mit Radios erreicht. Im Laufe der Zeit wurde der Besitz mehrerer Apparate zur Normalität. Zweit- und Drittradios fanden ihren Platz auch außerhalb des Wohnzimmers; für Küche und Bad entwickelte die Industrie spezielle Geräte. Die einzelnen Familienmitglieder, besonders die Jugendlichen und Kinder, erhielten ihr eigenes Radio. Apparate mit spezifischen Verwendungszwecken kamen auf: der Radiowecker, das Autoradio, das Koffer- oder Taschenradio. Heute kann man davon ausgehen, dass ein Haushalt über gut ein halbes Dutzend Radios verfügt.

Die Ausstattung der Haushalte mit Radios nahm zu, obgleich der Rundfunk aus seiner Stellung als wichtigstes Unterhaltungsmedium in den 1960er Jahren durch das Fernsehen verdrängt wurde. Bislang waren im Radio nur selten zielgruppenspezifische Programme gesendet worden. Musikbegeisterte Jugendliche wichen deshalb auf amerikanische Soldatensender oder Radio Luxemburg aus. Die übermächtige Konkurrenz des Fernsehens und später die Zulassung privater Sender blieben nicht ohne Auswirkungen auf die Programmgestaltung. Der Hörfunk baute seine größte Stärke gegenüber dem Fernsehen aus und nahm immer mehr Musiksendungen ins Programm. Sie wurden nur noch durch kurze Magazinbeiträge, durch Werbung, Nachrichten und Verkehrsinformationen unterbrochen. Von Kulturkritikern wurden die Rundfunkprogramme nun abschätzig als »Berieselung« bezeichnet, denn man hörte Radio nebenher bei der Bürotätigkeit, der Hausarbeit, den Schulaufgaben oder unterwegs. In öffentlichen Räumen, in Kneipen und Gaststätten, Arztpraxen und in den Warteschleifen der Telefonanlagen »rieselte« Radiomusik im Hintergrund. Das Fernsehen verdrängte das abendliche Radiohören. Am frühen Vormittag wird am meisten Radio gehört, am wenigsten in den Abendstunden.

Durch die Stereotechnik, das räumliche Hören über zwei oder mehr getrennte Lautsprecher, wuchs die Qualität der Musikwiedergabe weiter. Voraussetzungen dafür waren entsprechende Schallplatten, Tonbänder und Rundfunkausstrahlungen sowie geeignete Abspielgeräte. Eine größere Verbreitung erfuhr die Stereotechnik seit der zweiten Hälfte der 1950er und den 1960er Jahren – in den USA rascher als in der Bundesrepublik. Dank Stereo erreichte die technisch gespeicherte Musik eine mit den besten Live-Aufführungen vergleichbare Qualität. Normen wie High Fidelity (HiFi) schrieben hohe Wiedergabestandards für die musikalischen Baukastensysteme vor. Die Lautsprecherleistung in Watt stand für das mit einer Musikanlage verbundene Prestige. Sie garantierte große Lautstärke, Dynamik und Vibrations durch die auf den Körper wirkenden Bässe. Mit der Zeit gewann die gespeicherte Musik gegenüber den Live-Darbietungen zusätzlich an Bedeutung. In den technisch hochgerüsteten Aufnahmestudios entstanden Stücke, die von den Interpreten nur noch Playback und nicht mehr Live aufgeführt wurden. In den 1980er Jahren besaßen wohl fast alle Musikliebhaber eine HiFi-Stereoanlage.

Eine weitere Nachkriegsinnovation war die Langspielplatte mit einer Spieldauer von mehr als 20 Minuten. In den 1960er Jahren wurden mehr LPs als Singles verkauft. Mit den größeren Scheiben konnte man endlich auch Klassik hören, ohne die Platten andauernd wechseln zu müssen. Dessen ungeachtet spielte der Verkauf von klassischer Musik auf dem Plattenmarkt nur eine untergeordnete Rolle. Der Schallplattenverkauf übertraf insgesamt bereits in den 1950er Jahren die besten Vorkriegsjahre und stieg bis etwa 1980 steil an. Danach bekamen die analogen Schallplatten zunächst durch die Musikkassette Konkurrenz und wurden schließlich durch die Compact Disc in eine kleine Marktnische verdrängt.

Magnetische Aufzeichnungsgeräte mit Stahlband oder Stahldraht als Speichermedium gab es bereits im späten 19. Jahrhundert. Der kommerzielle Durchbruch in den Privathaushalten erfolgte aber erst nach dem Zweiten Weltkrieg mit Kunststoffbändern als Träger der magnetischen Partikel. Auch hier gingen professionelle Anwendungen als Diktiergeräte, Anrufbeantworter und Aufzeichnungsgeräte in den Rundfunkanstalten den privaten Nutzungen voraus. Die ersten privaten Käufer präsentierten das Tonbandgerät ihren Familien und Freunden als technische Sensation, mit dem sich zum Beispiel die eigene Stimme aufnehmen und abspielen ließ. In den 1950er Jahren kamen auch qualitativ verbesserte und preisgünstigere Musikgeräte mit größerer Laufdauer auf den Markt. Das Problem der sperrigen Geräte lag in der umständlichen Handhabung. Der notwendige Aufwand beschränkte den Kundenkreis zum Beispiel auf engagierte Jugendliche mit dem Wunsch nach einer eigenen musikalischen Bibliothek oder auf ambitionierte Amateure, die eigene Musik aufnehmen wollten. Einen Massenmarkt erreichte die Tonbandtechnik erst in der zweiten Hälfte der 1960er Jahre mit dem Kassettenrekorder und der Kompaktkassette. Zunächst dominierten die selbst bespielten Kassetten. Um 1980 lagen die Verkaufszahlen der bespielten Kassetten sogar über denen der Schallplatten.

Als führender Musikträger wurde die Kompaktkassette in der zweiten Hälfte der 1980er Jahre durch die Compact Disc (CD) abgelöst. Die CD und die dazugehörigen Player markierten für die breite Öffentlichkeit den Übergang von der analogen zur digitalen Technik. Die Digitalisierung versprach den Musikhörern eine höhere, nebengeräuschfreie Qualität zu erschwinglichen Preisen. Die selbst Optimisten verblüffende Geschwindigkeit, mit der die Konsumenten auf die digitale Technik umstiegen, bewies deren ungebrochene Kaufbereitschaft, vorausgesetzt, Angebot und Preis stimmten.

Seit 1998 sinken die Gesamtumsätze der deutschen Musikindustrie. Als Grund dafür wird in erster Linie das illegale Kopieren angeführt. An sich handelt es sich dabei um kein neues Phänomen. Bereits früher gab es illegale Aufnahmen von Tonbändern und Kassetten und Raubpressungen von Schallplatten. Das gestiegene Ausmaß ist darauf zurückzuführen, dass Internet, Rechner und preiswerte Speichermedien hoher Kapazität das illegale Kopieren wesentlich erleichtern. Die technischen Weiterentwicklungen werden neue Märkte entstehen lassen und den Musikmarkt weiterhin verändern.

In den Nachkriegsjahrzehnten wurde Musikhören zu einem zentralen Element der Jugendkultur. Mit immer neuen Stilrichtungen grenzten die Jugendlichen ihre Musikwelt gegen die der Erwachsenen ab. Nach und nach – abhängig von ihrer Kaufkraft – stiegen sie zur wichtigsten Kundengruppe der Phonoindustrie auf. Zunächst zeigte sich das an der Anzahl der verkauften Kofferradios, Schallplatten und einfachen Plattenspieler, dann folgten Stereoanlagen und alles, was dazu gehörte. Vielen Jugendlichen war die Stereoanlage der wichtigste Einrichtungsgegenstand in ihrem Zimmer. Die seit 1980 erfolgte Implementierung von mobilen Musikgeräten, Walkman, Discman und MP3-Playern ging ohnehin von den Jugendlichen aus. Gleichzeitig sank die Altersgrenze, die einen gesellschaftlich akzeptierten Anspruch auf ein eigenes Musikgerät markierte. Für diese jüngere Zielgruppe schuf die Industrie spezielle Kinderradios und Kinderrekorder.

Musik unterwegs: Vom Koffer- und Autoradio zum MP3-Player

Die ersten Musikabspielgeräte bedurften noch eines Stromanschlusses. Für eine Nutzung im Freien waren sie überdies zu schwer. Die erste Mobilisierung gelang durch das Autoradio. Strom und Gewicht stellten hier kein Problem dar, problematisch war der Empfang und dessen Entstörung. Das machte Autoradios zunächst zu Hochpreisgeräten. Trotz der Kosten waren bereits in der Vorkriegszeit einige Millionen amerikanischer Autos mit Radios ausgerüstet. In Deutschland dagegen war der Absatz geringer, da weniger Privatleute ein Auto besaßen, das Radio insgesamt weniger weit verbreitet war, die Nachfrage geringer und die Kaufkraft niedriger ausfielen. Lediglich etwa 25 000 Autoradios wurden im selben Zeitraum in Deutschland verkauft. Auch nach dem Krieg waren die Verkaufserfolge in den USA größer, der Abstand verringerte sich aber. Seit den 1960er Jahren war dann nahezu jedes amerikanische Auto mit einem Radio ausgestattet. In der Bundesrepublik kurbelten die ab 1970 verstärkt gesendeten Verkehrsinformationen den Absatz an, aber auch heute noch kommen nicht einmal wenige Autofahrer ohne Radio aus. Die amerikanische Automobilindustrie hatte sich schon früh bemüht, ihren Kunden mittels Spezialplattenspielern und Tonbandgeräten die Möglichkeit zu geben, auch im Auto die Musik ihrer Wahl zu hören. Aber erst der in den 1960er Jahren aufgekommene Kassettenrekorder und der seit Mitte 1980 erhältliche CD-Player setzten sich als Musikgeräte im Auto durch.

Jedes Batteriegerät konnte vom Prinzip her als tragbares Radio verwendet werden, nur die Unterbringung der Antenne bereitete noch technische Probleme. In den 1920er Jahren tauchten die ersten

Kofferradios auf, deren Größe und Gewicht ihrem Namen alle Ehre machten. Bis zum Krieg gelang es den Herstellern, das Gewicht auf wenige Kilo zu reduzieren. In den USA wurden einige Hunderttausend Kofferradios abgesetzt, in Deutschland bei weitem weniger. Die nach dem Krieg entwickelten Miniröhren und später die Transistoren erlaubten den Bau wesentlich kompakterer und leichterer Radios. Ein solches Radio verhalf dem japanischen Unternehmen Sony Mitte der 1950er Jahre zu seinem ersten großen Exporterfolg. In der ersten Hälfte der 1960er Jahre wurden in den USA und kurz darauf auch in Deutschland mehr tragbare als stationäre Radios verkauft. Die Einsatzmöglichkeiten dieser Verkaufschlager waren vielfältig. Sie wurden als mobile Zweitgeräte zu Hause, als Musikbox bei Ausflügen ins Grüne, als Urlaubsbegleiter und als Substitut für das noch nicht existente Autoradio benutzt. Als Käufergruppe wurden die Jugendlichen immer wichtiger. Das Kofferradio und später der Radiorekorder machten es ihnen leichter, ihre Musik auch außerhalb des Elternhauses zu hören. In amerikanischen Großstädten indizierten leistungsstarke Ghettoblaster und neue Musikstile das kulturelle Selbstbewusstsein schwarzer Jugendlicher.

Das Bemühen, immer kleinere Musikabspielgeräte zu entwickeln, führte schon bald zu spektakulären Ergebnissen und ist bis heute nicht abgeschlossen. Einer der erzielten Erfolge war das Taschenradio, ein anderer der 1979/80 von Sony auf den Markt gebrachte Walkman. Nur einige hundert Gramm schwer und nur mit Kopfhörer zu benutzen, wurde das Kassettengerät zum Synonym für eine eigene, heute »pocket stereos« genannte Gattung. Die Werbung sprach mit ihrer Botschaft gezielt die Jugendlichen an. Sie könnten von nun an die eigene Lieblingsmusik jederzeit und überall hören und würden dabei nicht mehr störend auffallen. Die amerikanische Öffentlichkeit reagierte auf den Walkman anders als die deutsche. In den USA wurde betont, dass die Kopfhörer den Musiklärm eindämmten, in Deutschland dagegen vor der Abkapselung des Einzelnen von seiner sozialen Umgebung gewarnt. Es dauerte einige Zeit, ehe sich auch Erwachsene mit Kopfhörern in der Öffentlichkeit zeigten. Sie blieben aber in der Minderheit. Die neuen mobilen Musikgeräte wurden – im Unterschied zu Radio und Fernsehen – nur von Teilen der Bevölkerung angenommen.

Das galt auch für den seit 1985 produzierten Discman, einen tragbaren CD-Player. Schwerer und teurer als der Walkman, versprach er bessere Tonqualität. Ein spezielles Kompressionsverfahren für Musikdaten ermöglichte die Entwicklung der MP3-Player. Den größten Markterfolg erzielte dabei Apple mit seinem iPod. Bei weiter reduziertem Gewicht lassen sich auf MP3-Playern heute tausende Songs speichern. Eine Musiksammlung, wie sie früher nur von große Institutionen besaßen, passt heute in jede Hosentasche.

Das Fernsehen als Leitmedium

In der Nachkriegszeit lief das Fernsehen dem Radio den Rang ab und wurde zum bis heute wichtigsten Medium in den Haushalten. Die ersten – noch wenig erfolgreichen – Versuche, mit dem Fernsehen ein breiteres Publikum zu erreichen, wurden in den 1930er Jahren unternommen. Die Nationalsozialisten zeigten 1935 in Berlin Fernsehprogramme in öffentlichen Vorführräumen. Die Sendungen mögen als technische Innovationen gegolten haben, die Seherlebnisse hielten sich vor den winzigen Mattscheiben aber in Grenzen. Den Nationalsozialisten ging es in erster Linie um den propagandistischen Effekt und das mit der Novität verbundene Prestige. Mit der raschen Einführung des Fernsehens wollte man Großbritannien und den USA, wo die technische Entwicklung bereits weiter fortgeschritten war, zuvorkommen. Wenige Jahre später ließen amerikanische Networks in einigen amerikanischen Großstädten Fernsehprogramme anlaufen. Am Vorabend des Zweiten Weltkriegs versorgten sie einige tausend stolze Fernsehbesitzer, die mit der Anschaffung des Gerätes Pioniergeist bewiesen hatten.

Die Erfolgsgeschichte des Fernsehens begann in der Nachkriegszeit. Ende der 1950er Jahre nannten die meisten amerikanischen Haushalte einen Fernseher ihr Eigen. In deutschen Familien war damals ein Fernsehapparat noch eine Seltenheit. Lief im Schaufenster eines Rundfunkhändlers ein Fernsehgerät, bildeten sich Trauben von Menschen. Gaststätten, in denen ein Fernseher lief, waren gut besucht. Anlässlich der Fußballweltmeisterschaft 1954 wurden Zuschauer mit Bussen zu den Gaststätten mit Fernsehern gebracht. Erst in den 1960er Jahren, ein ganzes Jahrzehnt später als in den

USA, eroberte sich der Fernseher auf breiter Front seinen festen Platz auch im deutschen Privathaushalt.

Die ersten Fernsehapparate waren Schwarz-Weiß-Geräte, aber gleich nach Kriegsende wurde zuerst in den USA, dann auch in Frankreich und Deutschland in großem Umfang begonnen, an der Entwicklung des Farbfernsehens zu arbeiten. Es dauerte etwas mehr als ein Jahrzehnt, ehe eine befriedigende Farbqualität und vor allem Farbstabilität erreicht war. Bis Mitte der 1970er Jahre hatten die Amerikaner ihre Schwarz-Weiß-Geräte gegen einen Farbfernseher getauscht, die Deutschen etwa ein Jahrzehnt später. Viele der alten Apparate wanderten aus dem Wohnzimmer in einen anderen Raum oder gingen in den persönlichen Besitz von Familienmitgliedern über. Ähnliches spielte sich bei der Anschaffung von Fernsehapparaten mit größerem Bildschirm oder Stereoton ab. Immer mehr Haushalte verfügten fortan über zwei und mehr Geräte. Aus dem Familienmedium wurde ein individuelles. Selbst Jugendliche und Kinder wurden nun zu stolzen Fernsehbesitzern.

In den USA entstanden Hunderte privater Fernsehanstalten. Allerdings konnte der einzelne Zuschauer lange Zeit über Antenne im Durchschnitt nur drei Programme empfangen. In der Bundesrepublik strahlte die Arbeitsgemeinschaft der deutschen Rundfunkanstalten (ARD) seit der ersten Hälfte der 1950er Jahre ein einziges Programm aus. Um die Mitte der 1960er Jahre kamen zwei weitere Programme hinzu: das des 1963 gegründeten Zweiten Deutschen Fernsehens (ZDF) und die Dritten Programme der Regionalgesellschaften.

Erst Kommunikationssatelliten und Breitbandkabel schufen die technischen Voraussetzungen für mehr Programme. In den USA nutzte man diese Möglichkeiten seit der zweiten Hälfte der 1970er Jahre. In der Folge konnten immer mehr Haushalte zwischen Dutzenden von Programmen wählen. Dagegen wurde in der Bundesrepublik eine längere kultur- und gesellschaftspolitische Diskussion über die Zulassung privater Rundfunk- und Fernsehanstalten ausgetragen. Das Ergebnis war das 1987 ins Leben gerufene »duale Rundfunksystem«, das aus privaten und öffentlich-rechtlichen Anstalten besteht. Nach einigen Jahren gelang es den Privaten, mit Sendern wie RTL und SAT 1 an der Spitze, vergleichbare Marktanteile zu erreichen wie die Öffentlich-Rechtlichen. Inzwischen empfängt ein deutscher Fernsehbürger üblicherweise zwei bis drei Dutzend Programme.

Erst das wachsende Programmangebot ließ die schon lange zuvor entwickelte Fernbedienung zum Zuge kommen. Sie erleichterte die Bedienung des Gerätes, ermöglichte die Ausblendung der Werbeblöcke und erlaubte den schnellen Durchlauf durch die Programme, das sogenannte Zapping, eine neue Form des Fernsehkonsums. Zunächst sendeten die Anstalten nur wenige Stunden am Tag. Im Laufe der Jahre gingen die meisten zu einem 24-Stunden-Betrieb über. Angesichts dieser Verlängerung des Fernsehtags und der Programmflut ist es nicht verwunderlich, dass der Zuschauer mehr Zeit vor der »Mattscheibe« verbringt. Die intensivere Nutzung des Mediums Fernsehen ist jedoch auch noch auf andere Faktoren zurückzuführen, so begünstigt etwa die gestiegene Arbeitslosigkeit oder das Altern der Gesellschaft den höheren Fernsehkonsum. Der amerikanische Fernsehtag ist länger als der deutsche. Das hängt unter anderem damit zusammen, dass in vielen amerikanischen Haushalten der Fernsehapparat ununterbrochen läuft. Ferngesehen wird, wie früher Radio gehört wurde: nebenbei.

In der Anfangszeit des Fernsehens wurde – aus technischen Gründen – sehr viel live gesendet. Was fehlte, war ein kostengünstiges und problemlos zu handhabendes Speichermedium. Seit 1956 machte ein Magnetaufzeichnungsverfahren (MAZ) diesem Zustand ein Ende. Für die amerikanischen Networks lag ihre Bedeutung vor allem darin, dass sie von nun an in den einzelnen Zeitzonen Nordamerikas jeweils zur besten Sendezeit ihr Programm ausstrahlen konnten. Fernsehprogramme gerieten zu einer für den Zuschauer nicht unbedingt durchschaubaren Mischung aus Livesendungen und Konserven. Außerdem ermöglichte die MAZ neue Methoden der Bildbearbeitung. Einen noch größeren Entwicklungssprung stellte der Übergang von der analogen zur digitalen Technik dar. Sie wird von den Fernsehmachern vor allem für schnelle Bildwechsel, Einblendungen und Bildmontagen genutzt. Es entstehen aufregend-attraktive, aber auch flüchtig-oberflächliche Seherlebnisse, wie sie vielleicht am meisten ausgeprägt bei musikalischen Videoclips und Werbeeinblendungen zu sehen sind.

Das frühe Fernsehen sendete nicht nur live, die aktuelle Berichterstattung war auch regional und national begrenzt. Live aufgenommene Bilder ließen sich aufwendig über Koaxialkabel oder per Richtfunk von Sendeanlage zu Sendeanlage übertragen. So wurden beispielsweise für die Krönung von Queen Elizabeth II. 1953 oder für die Olympischen Spiele 1960 in Rom gesonderte Richtfunkstrecken aufgebaut. Berichte aus fernen Ländern wurden dort gedreht und dann als Filme per Flugzeug ins Sendeland gebracht. Seit Mitte der 1960er Jahre ermöglichte das entstehende Netz von Nachrichtensatelliten globale Live-Übertragungen und Aufzeichnungen. Die Olympischen Spiele in Tokio 1964 wurden erstmals per Satellit übertragen. Satellitenübertragungen, magnetische Aufzeichnung und ein von den großen Anstalten errichtetes weltweites Netz von Korrespondenten und Studios trugen das Weltgeschehen – in einer von den jeweiligen Fernsehsendern interpretierten Form – täglich und zeitgleich in die Wohnzimmer. Das Fernsehen eröffnete die Möglichkeit, die Welt als Ganzes – wenn auch zuweilen aus allzu bequemer Distanz – wahrzunehmen.

In der Medienlandschaft bekam das Fernsehen eine übermächtige Präsenz. Als es noch nicht die enorme Vielzahl von Programmen gab, lieferte das Abendprogramm den Gesprächsstoff für den nächsten Tag. Die öffentliche Meinung bildete sich vorwiegend über das Fernsehen. Immer mehr Menschen bezogen ihre politischen Informationen ausschließlich aus den Abendsendungen. Die nicht zuletzt aufgrund ihres Sensationscharakters und ihres Unterhaltungswertes geschaffenen und ausgewählten Programminhalte beeinflussten politische Einstellungen und Weltbilder. Die Politik kalkulierte und instrumentalisierte die Macht der nach Hause gelieferten Bilder. »Fernsehdemokratie« wurde zum geflügelten Wort. Das Erscheinungsbild von Politikern und Parteien auf dem Bildschirm erzeugt Stimmungen und entscheidet Wahlen. Fernsehen ist heute das populäre Medium schlechthin. Einerseits prägt es den Massengeschmack, andererseits passt es sich ihm auch an. Je tiefer die soziale Stellung des Einzelnen in der Gesellschaft ist und je geringer sein Bildungsstand, desto höher der Fernsehkonsum.

Das Fernsehen ist nicht nur ein Element der Konsumgesellschaft, es wirkt auch als ihr Verstärker. Besonders die privaten Anstalten gingen eine enge Bindung mit der Konsumgüterwerbung ein, die Öffentlich-Rechtlichen in Deutschland zogen später nach. Dank der gemessenen Einschaltquoten konnte mit immer größerer Präzision der Nutzen der einzelnen Sendungen für die werbetreibende Wirtschaft taxiert werden. Die gewonnenen Daten ermöglichten eine nach Tageszeiten und Programmsparten differenzierte Zielgruppenansprache. Die Werbeagenturen lernten, dass Frauen am besten tagsüber, Männer abends und Kinder an den schulfreien Samstagvormittagen erreichbar waren. Für die Zielgruppe der Frauen wurde Werbung in die Nähe von Spielfilmen und Ratgebersendungen gerückt, für Männer im Kontext der Sportberichterstattung gezeigt, für Jugendliche und Kinder bei den zielgruppengerechten Serien platziert. Wie schon beim Rundfunk sponserten die Agenturen zunächst ganze Sendungen, verlegten sich dann aber auch hier auf kurze Werbespots. Der Übergang zum Spot ergab sich aus der wachsenden Nachfrage der Werbewirtschaft und den steigenden Kosten der Werbezeit Außerdem erkannte man die Werbewirksamkeit häufiger Wiederholungen. Bei der werbetreibenden Wirtschaft erfreuen sich vor allem diejenigen Sendungen großer Beliebtheit, bei denen Pausen die Einblendung von Werbespots ermöglichen. Hierzu gehören die Übertragungen von Tennismatches, Boxkämpfen, Baseball- und Footballspielen oder auch die Spielshows. Im deutschen öffentlich-rechtlichen Fernsehen wird das Sponsoring seit einiger Zeit wieder aufgenommen. Die Sender umgehen damit das für bestimmte Sendezeiten geltende Werbeverbot.

Das Prinzip, Programme und Werbung zu trennen, wird zusätzlich durch Product-Placement und Schleichwerbung unterwandert. Beim Product-Placement zahlen Unternehmen dafür, dass zum Beispiel Filmemacher in ihren Streifen über die Welt der Schönen und Reichen Firmenprodukte wie elegante Kleidung oder schnelle und repräsentative Wagen möglichst vorteilhaft ins Bild setzen. Schleichwerbung zeigt Konsumgüter, die durch Markennamen oder Logos identifizierbar sind, manchmal auch gegen den Willen der Sendeverantwortlichen. Die Grenzen sind fließend. Konsum und Werbung durchdringen unsere Gesellschaft in einer Weise, dass ihre Ausblendung vielfach kaum mehr möglich ist.

Filme im Kino – Filme zu Hause

Der Aufstieg des Fernsehens bedeutete den Niedergang des Kinos. Die höchsten Besucherzahlen verzeichnete das amerikanische Kino im Jahr 1948, das bundesdeutsche 1956. Danach wechselten Phasen des Rückgangs mit Phasen der Stagnation. Schließlich war die Zahl der Kinogänger auf gut 10 Prozent jener der besten Nachkriegsjahre geschrumpft. Der Erfolg des Fernsehens allein reicht zur Erklärung dieses dramatischen Niedergangs nicht aus. Dahinter stehen tiefgreifende soziokulturelle Veränderungen, die sich in der Bundesrepublik später als in den USA bemerkbar machten. Die Tendenz, sich vermehrt in die familiäre Häuslichkeit zurückzuziehen, dürfte eine entscheidende Rolle gespielt haben. Der Babyboom der Nachkriegsjahre band die Eltern an Haus und Wohnung. Die steigenden Einkommen ermöglichten größere und besser ausgestattete Wohnverhältnisse. Unterhaltung außer Haus zu suchen, wozu früher die beengten Wohnverhältnisse Anlass gaben verlor an Attraktivität. Für die große Zahl von Familien, die in die Vorstädte umgezogen waren, ließen sich die innerstädtischen Kinos außerdem weniger leicht erreichen.

Technische und kommerzielle Innovationen erhöhten zwar die Anziehungskraft des Kinos, vermochten aber den negativen Trend nicht zu stoppen. Die Anfänge des Farbfilms reichen in die Zwischenkriegszeit zurück. Damals wurden Filme, die verschiedene Farbauszüge enthielten, überlagert. Nach dem Krieg entwickelte man ein Verfahren, die Farben eines Films in einem Trägermaterial zu vereinigen. In den 1950er und den 1960er Jahren verdrängte der Farbfilm den Schwarz-Weiß-Film in künstlerische Nischen. Die Filmgesellschaften hatten dabei schon den durch das Farbfernsehen entstehenden neuen Markt im Auge. In der Folge wurde die Technik des Farbfilms gekoppelt mit der des Stereotons, mit dem Breitwandfilm, gewölbten Projektionsflächen, Rundum-Kinos und Computeranimation. Es mag sein, dass diese Neuerungen den Rückgang der Besucherzahlen verlangsamten, aufhalten konnten sie ihn nicht. Der Kinomarkt reagierte auf die zunehmenden wirtschaftlichen Schwierigkeiten durch Konzentration des Gewerbes und durch betriebliche Rationalisierung. Ketten errichteten Multiplex-Kinos mit einer Vielzahl kleinerer Vorführräume. Damit senkten sie die Kosten und vergrößerten zugleich ihr Programmangebot.

Es waren die Kinos, die in der zweiten Hälfte des 20. Jahrhunderts einen Einbruch erlebten, nicht jedoch die Filmwirtschaft insgesamt. Nach einer bestimmten Frist wurden Spielfilme auch im Fernsehen gezeigt und brachten zusätzliche Einnahmen. Eine weitere Verbindung zwischen Film und Fernsehen entstand durch das Video. Video lässt sich als Individualisierung von Film und Fernsehen interpretieren. Die Konsumgüter Videokassette und Videorekorder bauten auf den Entwicklungsarbeiten auf, die zur magnetischen Tonaufzeichnung, dem Kassettenrekorder und zu den MAZ-Geräten der Fernsehanstalten geführt hatten. Die Aufgabe lautete, die MAZ-Geräte handlicher und preiswerter zu machen.

Seit Mitte der 1970er Jahre versuchte eine Reihe von Videofirmen den Massenmarkt zu erobern. In dem heftig geführten Konkurrenzkampf konnte sich VHS (Video Home System) durchsetzen. Die Entscheidung für VHS fiel nicht etwa, weil dieses System technisch besser war, sondern erfolgreicher vermarktet wurde. Den VHS-Firmen war es gelungen, mehr und wichtigere Lizenznehmer für sich zu gewinnen, nicht zuletzt die amerikanische Pornoindustrie. Die Videotechnik fand unterschiedliche Anwendungen, der größte Abnehmer waren Privatleute. Die mit einem Preiszerfall für Kassetten und Rekorder einhergehende Verbreitung der Videos erfolgte in den USA etwas schneller als in Deutschland, ohne dass bis heute in beiden Ländern eine Vollversorgung der Haushalte erreicht wäre.

Die Konsumenten machten sich mit der Videotechnik vom Fernseh- und Kinoprogramm unabhängig. Das subjektive Empfinden, nur wenig Zeit zu haben, nahm in den 1970er und 1980er Jahren und damit genau damals zu, als das Programmangebot des Fernsehens immer umfangreicher wurde. Die Möglichkeit, Sendungen aufzuzeichnen, kam da sehr gelegen, außerdem ließen sich mit Hilfe des Videorekorders die lästigen Werbeunterbrechungen ausblenden. Dominierte anfangs noch die Aufzeichnung von Fernsehsendungen, wurde später die Betrachtung geliehener und gekaufter Videos populärer. Videotheken schossen wie Pilze aus dem Boden; die meisten gab es um 1990. In der Zeit danach wurden immer weniger Videos ausgeliehen, dafür mehr gekauft. Die besten Verleih- und

Verkaufsergebnisse erzielten – wen wundert's – die großen Kinohits; Pornographie erreichte einen relevanten Marktanteil.

Um die Jahrtausendwende begannen DVD-Player und wenig später DVD-Rekorder die Videotechnik abzulösen. Die digitalen Speichermedien haben eine größere Kapazität als ihre analogen Vorgänger. Der DVD-Rekorder ermöglicht zudem den Zugriff auf das Internet, wodurch die bereits erwähnten Probleme illegalen Kopierens entstehen. Es dürfte eine Frage der Zeit und der Preisentwicklung sein, bis die Videotechnik nur noch in Museen zu bewundern sein wird.

Im Vergleich zu professionell produzierten Filmen besitzt der Amateurfilm nur einen sehr kleinen Marktanteil. Seit den 1960er Jahren erleichterten zahlreiche technische Entwicklungen die Aufnahme bewegter Bilder, so der erstmals einigermaßen handhabbare Super-8-Film und der Mitte der 1980er Jahre auf den Markt gebrachte Camcorder, der zunächst mit Magnetbändern, später auch mit DVDs arbeitete. Unabhängig von den technischen Erleichterungen bleiben die Anforderungen an Kameraführung und gegebenenfalls szenische Arrangements und Bearbeitung beim Filmen hoch. In welchem Maße das bewegte Bild dem stehenden in Zukunft Konkurrenz machen wird, bleibt abzuwarten. Eine zukunftsträchtige Verbindung sind Photos und Filme im Handy eingegangen.

Der Photoapparat wurde nach dem Zweiten Weltkrieg zum Massenmedium. Den langen Weg zur Amateurphotographie ebnete George Eastman in den 1880er Jahren mit dem Rollfilm und seinen preiswerten und leicht zu bedienenden Kodak-Kameras. In den folgenden Jahrzehnten konnten Kameras und Filme wesentlich verbessert werden. Es waren weniger die Kamerapreise als die der Filme und Abzüge, die verhinderten, dass sich die Photographie als Hobby weit verbreitete. Nur die Mittel- und Oberschicht konnte sich häufigeres Photographieren leisten. Nach dem Zweiten Weltkrieg ließen automatische Entwicklungsgeräte die Preise sinken. Die steigenden Einkommen und mehr Freizeit machten das Photographieren populärer. In den 1970er Jahren löste der Farb- den Schwarz-Weiß-Film ab und automatische elektronische Kameras kamen auf den Markt. Um die Jahrtausendwende begann die Digital- die Analogtechnik zu verdrängen. Die technische Weiterentwicklung änderte jedoch wenig an der Thematik der Bilder. Die meisten Photos werden auf Reisen geschossen, gefolgt von Familienphotos, die vor allem auf den Festen und Feiern aufgenommen werden.

Walt Disney und der Vergnügungspark

In der Zwischenkriegszeit stagnierten die Besucherzahlen in den Vergnügungs- und Freizeitparks, nach dem Zweiten Weltkrieg erlebten diese Freizeitstätten eine Renaissance. Eine zukunftsweisende Variante der Unterhaltung schuf Walt Disney, der in den 20er Jahren mit Zeichentrickfilmen bekannt und wohlhabend geworden war. 1955 öffnete sein Erlebnispark »Disneyland« in Anaheim im Großraum Los Angeles seine Pforten. Disneyland inszenierte Geschichten. Sie entführten die Besucher in exotische Weiten, in die amerikanische Geschichte oder in die Zukunft wie bei imaginierten Reisen zum Mond oder auf den Mars. Es handelte sich nicht um Fahrgeschäfte, wie sie die Besucher von Jahrmärkten oder Freizeitparks kannten. Dennoch verlangten die Inszenierungen einen hohen Technikeinsatz mit Musik, Bildern und Automaten.

Das erfolgreiche Konzept Walt Disneys fand Fortsetzungen und Nachahmer. Die immer größeren und aufwendigeren Parks erforderten zunächst Investitionen von einigen Dutzend Millionen Dollar, in späterer Zeit hunderte Millionen. Diese Summen amortisierten sich durch die Millionen Besucher, die alljährlich in die Parks strömten. In den deutschen Freizeitparks zählte man 22 Millionen Besucher im Jahr 2001, bei den amerikanischen Amusement Parks im selben Zeitraum mehrere hundert Millionen. Die amerikanischen Parks lagen nicht allzu weit von den Ballungsgebieten entfernt, die meisten und größten in den sonnenreichen Feriengebieten Südkaliforniens und Floridas. Sie waren gut mit dem Auto zu erreichen und lockten mit ihren Pauschalangeboten vor allem Familien an. Entweder waren die Erlebnisparks einem bestimmten Motto – wie Afrika oder Marineland – gewidmet, oder sie boten verschiedene Themen an. Das Exotische und Außergewöhnliche wurde zelebriert, aber auch Stereotype des amerikanischen Alltags aufgegriffen. Sie präsentierten Landschaften mit Pflanzen und Tieren, mit Lavaströmen, Eisfeldern und Wasserfällen, stellten aber auch bekannte

Fernsehserien als Shows nach und ließen Cartoon- und Filmfiguren auftreten.

Seit den 1980er Jahren exportierte der Disney-Konzern das Konzept. 1983 wurde Tokyo Disneyland eröffnet, 1992 Euro Disneyland bei Paris. Anfängliche Rückschläge lehrten die Macher, dass sie thematische Bezüge zu dem jeweiligen Land herstellen mussten. Das amerikanische Verständnis von Unterhaltung erfolgreich in Asien oder Europa zu etablieren, funktionierte nicht ohne ein Mindestmaß an kultureller Anpassung. Der Erfolg der amerikanischen Vergnügungsparks veranlasste zahlreiche Unternehmer in anderen Ländern, eigene Freizeitparks zu errichten. Deren breites Spektrum reicht vom großen Rummelplatz bis zu Themenlandschaften.

Von einarmigen Banditen und Computerspielen

Ähnliche Inszenierungen wie in den Vergnügungsparks finden sich in den großen Spielcasinos und in den amerikanischen Spielstädten wie Las Vegas oder Atlantic City. Dort allerdings dreht sich alles um das Glücksspiel und seine – für die Casinos, nicht für die Spieler garantierten – Gewinne. Das Glücksspiel hat eine mehrtausendjährige Geschichte. In den USA gehörte es zum Zeitvertreib der Pioniere und Abenteurer, die den Westen des Kontinents erschlossen auf der Suche nach Land und Arbeit oder nach Gold. Je nachdem, welche Politik die einzelnen Bundesstaaten verfolgten, expandierte das Glücksspiel oder wurde eingedämmt. In der Zeit der Verbote ging der durch eine Wirtschaftskrise gebeutelte Staat Nevada, um Touristen anzulocken, einen Sonderweg. 1931 wurde das Scheidungsrecht liberalisiert und das Glücksspiel wieder zugelassen. Zumindest mittelfristig ging die Rechnung auf. An den Grenzen zwischen Nevada und den Nachbarstaaten entstanden Spielstädte, die auch für diejenigen leicht erreichbar waren, deren Regierung das Glücksspiel verboten hatte. Spiel und Vergnügen und die dazu gehörende Infrastruktur machten nach dem Zweiten Weltkrieg einen erheblichen Teil der Wirtschaft des Wüstenstaates aus. Nevada und Las Vegas wurden zu Synonymen für Glücksspiel.

Seit dem späten 19. Jahrhundert wurden Münzautomaten zu einem wichtigen Faktor im Geschäft mit dem Spiel. Sie boten Spiel und Spannung und weckten den sportlichen Ehrgeiz der Benutzer. In ihrer juristischen Beurteilung wurde sehr genau darauf geachtet, ob der Spielverlauf der Geschicklichkeit des Spielers oder dem glücklichen Zufall zuzuschreiben war. Zahlreiche Automaten imitierten bekannte Glücksspiele wie Roulette und Poker, aber immer blieb der Einsatz klein und überschaubar. Die Schwellenangst wurde den Spielern genommen, da die Spielsituation in den Automatenhallen mit ihren Einzelplätzen anonymer war als in den Spielcasinos. Das Automatenspiel entwickelte sich nach den Gesetzen industrieller Massenproduktion und -konsumtion. Münzspeicher und Vorwahlmöglichkeiten erlauben einen fast ununterbrochenen Spielbetrieb. Die Spielintervalle sind kurz, die Spielgeschwindigkeiten hoch. Die kleinen Einzeleinsätze summieren sich bei längerer Spieldauer, und die massenhaft aufgestellten Automaten erbringen erhebliche Gesamtumsätze.

Automatenspieler gibt es in allen Gesellschaftsschichten und -gruppen. Überwiegend sind es aber Angehörige der Unterschicht, Männer, Jugendliche und Ledige, die sich diesem Zeitvertreib hingeben. Die Automatenindustrie wirbt damit, dass das Spielen eine aktivere Beschäftigung sei als zum Beispiel das passive Fernsehen. Der Automat wird als Spielpartner stilisiert oder als ideale Möglichkeit gepriesen, Aggressionen abzubauen. Solche Hypostasierungen wirken apodiktisch. Zweifel kommen auf, wenn die sozialen Kontexte des Spielens bedacht werden. Verglichen mit den traditionellen Gesellschaftsspielen und ihren sozialen und kommunikativen Herausforderungen verlaufen Automatenspiele in der Regel individuell-selbstbezüglich und anonym. Der Automatenspieler ist häufig in der Masse isoliert.

Die Spielautomaten – und ebenso die ersten Computerspiele – waren in öffentlichen Räumen aufgestellt, der Zugang war reglementiert. Mit der Verbreitung der Spielkonsolen, des PCs und der Notebooks gehörten sie seit den 1970er Jahren auch zur Ausstattung vieler Privathaushalte. Zur selben Zeit kamen mobile Computerspiele auf den Markt. Den größten Erfolg errang Nintendo mit dem 1987 eingeführten Game Boy. Heute gibt es auf dem Markt abertausende Spiele unterschiedlicher Ausrichtung. Da sind die Strategiespiele wie Schach und Skat, die einem traditionellen Spielmuster folgen.

Virtuelle Realität: Autorennen am Computer zu Beginn der 1980er Jahre

Auch jene Spiele, die verschiedenen Sportarten nachgebildet sind, wie das erste Computerspiel »Pong« dem Tischtennis oder andere dem Volleyball, Fußball oder Squash, entsprechen althergebrachten Vorstellungen vom Spielen. Sportspiele wie Olympic Games lassen sich auch den Geschicklichkeitsspielen zurechnen, bei denen es auf eine gute Koordination von Auge und Hand ankommt. In diese Gruppe gehören auch die Simulationsspiele, die den Spieler ein imaginäres Flugzeug, einen Rennwagen oder ein U-Boot steuern lassen, und die »Ballerspiele«, bei denen Heerscharen von Bildschirmgegnern zu erledigen sind. Größter Beliebtheit erfreuen sich Abenteuer- und Fantasy-Spiele mit ihrer Inszenierung fiktiver Welten. Im Allgemeinen handelt es sich bei den Computerspielen um klassische Spielinhalte, die von Designern mit Hilfe hochentwickelter Technik in komplexe Handlungen, attraktive Bilder und dynamische Action umgesetzt werden. Über das Internet lassen sich größere – selbst globale – Spielgemeinschaften bilden. Am weitesten verbreitet sind Computerspiele unter Kindern und Jugendlichen, wobei Jungen sehr viel lieber und häufiger dieser Freizeitbeschäftigung frönen als Mädchen. Der Markt wächst in rasantem Tempo; er hat die Filmwirtschaft und die Musikindustrie bereits hinter sich gelassen.

Die Unterhaltungselektronik entwickelt sich mit großer Dynamik. Die einzelnen Geräte leisten immer mehr – zu immer günstigeren Preisen. Vielfach haben die Konsumenten bereits jetzt die Wahl zwischen spezialisierten Apparaten, die Weniges hervorragend leisten, und Multifunktionsgeräten, deren Einzelleistungen noch mit Mängeln behaftet sind. Als wichtigste Kandidaten für Konvergenz, also das Zusammenführen zahlreicher Dienstleistungen in einem Gerät, gelten der PC, das Notebook und das Mobiltelefon. Sie können im Prinzip sowohl auf die Mobilfunknetze als auch das Internet zugreifen.

Mobilfunk und Internet wurden zunächst für professionelle Bedürfnisse entwickelt und erst später auch selbstverständlicher Teil des Privatlebens. Noch überwiegt die Nutzung zu Informationszwecken die zur Unterhaltung. Doch gerade bei jugendlichen Besitzern beginnt sich das Verhältnis umzukehren. Das Handy als Beispiel: Man kann sich auf ihm mit einfachen Spielen die Zeit vertreiben, kann damit photographieren und filmen und das Aufgenommene problemlos versenden. Auf das Handy lässt sich eigene Musik laden, und es ist möglich, damit Radio zu hören oder auf den kleinen Displays fernzusehen. Diese Optionen werden zwar genutzt, doch die wichtigsten Funktionen sind nach wie vor Telefonieren und SMS (Short Message Service). Vielleicht wird sich das aber eines Tages ändern.

Von der kollektiven zur individuellen Unterhaltung

Im 20. Jahrhundert eroberten sich zahlreiche neue Unterhaltungsmedien einen Platz in der Gesellschaft: Kino, Plattenspieler, Radio, Fernseher, Stereoanlage, Kassettenrekorder, CD- und MP3-Player, Photoapparat, Camcorder, Spielkonsole, Computer und Handy. Die meisten lösten nicht ältere Formen der Unterhaltung ab, sondern erweiterten das bestehende Angebot. Dabei kam es aber zu Bedeutungsverschiebungen zwischen den einzelnen Medien.

Unterhaltung und Vergnügen veränderten sich, wie sich auch die Gesellschaft veränderte. Das Privatleben insgesamt spielte sich immer mehr in den eigenen vier Wänden ab, und entsprechend fand ein immer größerer Teil der Freizeitgestaltung zu Hause statt.

Der gestiegene Wohlstand erlaubte, früher in der Öffentlichkeit präsentierte Unterhaltungsformen nun in der Familie zu genießen und schließlich zu individualisieren. Zu Anfang boten Schausteller auf Walzen und Platten mechanisch gespeicherte Musik an öffentlichen Orten feil. Später kauften diejenigen, die es sich leisten konnten, Phonographen, Grammophone und Radios für den häuslichen Musikgenuss. Heute gehört die Stereoanlage zur Grundausstattung eines jeden Musikliebhabers. Neue technische Übertragungs- und Speichermedien ermöglichen den Aufbau persönlicher Musikbibliotheken. Der Spielfilm fand anfangs seine Zuschauer in kleinen Vorführräumen, später in hunderte und tausende Besucher fassenden Kinos. Beim Fernsehen wurden früher Filme in Gaststätten gezeigt oder es saßen ganze Familien vor dem Bildschirm. Heute verfügen immer mehr Menschen über einen eigenen Fernsehapparat. Der Videorekorder sichert ihnen darüber hinaus thematische und zeitliche Unabhängigkeit vom Fernsehprogramm. Die Zahl der in Spielhallen und anderen öffentlichen Orten stehenden Automaten nahm immer mehr ab. Stattdessen wird in viel größerem Umfang als früher zu Hause auf privaten Spielkonsolen oder PCs gespielt. Doch dessen ungeachtet: Die Orte kollektiver Unterhaltung, die Kinos, Jahrmärkte, Freizeitparks, Spielhallen und Diskos, bestehen fort, wenn auch manchmal in modifizierter Form und mit etwas weniger Zulauf.

Die häusliche Unterhaltungstechnik wurde zusätzlich mobilisiert. Bislang medienlose Zeiten wie der Weg zur Arbeit oder das Joggen können nun von Handy oder MP3-Player begleitet sein. Die technische Entwicklung sicherte die Möglichkeit der Mediennutzung an jedem Ort und zu jeder Zeit. Das Auto-, Koffer- und Taschenradio, der Kassetten- und Radiorekorder, der Walkman, Discman und MP3-Player sorgten für die Musikbegleitung, Notebook oder Handy dienten der Kommunikation und Bildbetrachtung unterwegs, der Game Boy und seine Nachfolger garantierten, dass auf die elektronischen Spiele außer Haus nicht verzichtet werden musste.

Viele, besonders Jugendliche, empfinden die neuen Unterhaltungsmedien als Bereicherung und machen sie sich rasch zu eigen. Mancher Kulturkritiker sieht den Einbruch der neuen Medien in die traditionellen Welten von Kunst und Kommerz aber mit Skepsis und deutet die Entwicklung als Zerfallsprozess. In den Augen dieser Kritiker stellt das Kino eine Degeneration des Theaters dar, das Fernsehen einen Niedergang des Kinos. Der hektische musikalische Videoclip habe die kommunikative Hausmusik verdrängt, das laute autistische Videospiel das sozial wertvolle Gesellschaftsspiel. Häufig allerdings werden bei dieser Bewertung Äpfel mit Birnen verglichen. Das Publikum des Kinos und des Fernsehens ist ein anderes als das Theaterpublikum. Der Kinobesuch eines Arbeiters konkurrierte nicht etwa mit dem Theaterbesuch, sondern mit der Kneipe. Der Lehrling an der Music-Box dürfte sich schwerlich von der Hausmusik losgesagt haben. Das Ballerspiel am Computer ersetzte nicht zwangsläufig das kommunikative Gesellschaftsspiel, sondern vielleicht das Herumlungern auf der Straße. Vielfach knüpften neue Vergnügungen an alte an, wie das Kino an Varieté und Vaudeville oder die Spielautomaten an klassische Würfel- und Kartenspiele; sie steigerten aber deren Effekte mit den Möglichkeiten der Technik.

Schon aufgrund der anfänglich hohen Preise konnten sich mediale Innovationen zunächst nur die Wohlhabenden und eher die Älteren als die Jüngeren leisten. Doch im Lauf der Nachkriegszeit kehrte sich diese Reihenfolge teilweise um. Radio, Fernseher und Videorekorder waren nach einigen Jahren in niedrigeren Einkommensschichten weiter verbreitet als in höheren. Kofferradio, Walkman, MP3-Player und Game Boy gehörten von Anfang an zur Jugendkultur und setzten sich in der Welt der Erwachsenen nur teilweise und langsam durch.

Mediale Unterhaltung wird als Wirtschaftszweig mit Zukunft angesehen. Medienkonzerne vereinen die Hard- und Softwareproduktion in einer Hand. Sie stellen Fernseher und Spielkonsolen her, drehen Filme, entwickeln Spiele, haben eigene Verlage und betreiben Freizeitparks. Filme, Fernsehserien, Spiele, Comics, Musikstücke und Musikvideos werden als Medienverbund geplant und vermarktet.

Konsumverstärker fördern den Verkauf

In der Konsumgesellschaft herrscht weder die totale Manipulation der Kunden durch die Wirtschaft, noch besteht absolute Konsumentenfreiheit. Konsumhandlungen vollziehen sich vielmehr in einem durch Bedürfnisse und Wünsche sowie durch Kaufanreize gebildeten soziokulturellen Raum. Natürlich unternehmen die Produzenten erhebliche Anstrengungen, um ihren Absatz zu steigern und damit den Konsum anzukurbeln. Die Instrumente, die sie hierfür benutzen, schaffen nicht den Konsum, wirken aber als Konsumverstärker. Die Wirtschaftsunternehmen drängen den Kunden nicht gegen ihren Willen Produkte auf, sondern suchen aus den Wünschen und Bedürfnissen der Konsumenten Gewinne zu machen.

Zu den Konsumverstärkern gehören Werbung, Verpackungen und Gebrauchshilfen, Substitute, Surrogate und Imitate, Wegwerfprodukte sowie die Mode. Die Werbung will neue Produkte bekannt machen und Kaufwünsche wecken. Verpackungen sprechen die Kunden unmittelbar beim Einkaufen an. Sie besitzen jedoch nicht nur affektive und expressive Funktionen, sondern dienen auch dem bequemen Umgang mit der Ware. Substitute, Surrogate und Imitate stellen eine preiswerte Alternative dar, wenn der Kunde sich das eigentlich Gewünschte nicht leisten kann. Wegwerfprodukte und die zeitgemäße Mode regen die Konsumenten zum Kauf an. All dies trägt zur Steigerung des Konsums bei.

Werbung in allen Medien

Die Wirtschaftswerbung setzt die Existenz eines Marktes mit seinen Tauschbeziehungen voraus. Solange Produzenten und Konsumenten noch persönlich auf Märkten zusammentrafen, entfaltete sich Werbung unmittelbar in Begegnungen, im Anpreisen und Begutachten der Ware sowie in Verkaufsgesprächen. Mit dem Auseinanderrücken der Hersteller und der Kunden sowie der Entpersonalisierung und Anonymisierung der Wirtschaftsbeziehungen übernahmen der Handel und die Werbung eine Vermittlungsfunktion. Die Werbung machte die Konsumenten mit immer mehr Produkten vertraut; die sich sättigenden Märkte erforderten immer größere Werbeanstrengungen. Wenn sich der Gebrauchsnutzen vieler Waren kaum noch verbessern ließ, konnte man ihnen doch mit Werbung zusätzliche Qualitäten verleihen. Dabei kam es bereits früh zu Auswüchsen. Die Waren entsprachen nicht den Werbeversprechen; die Nichtbenutzer oder die Konkurrenz wurden mit diskriminierenden Bemerkungen bedacht. In den USA und in Deutschland dauerte es bis um 1970, dass die Werbewirtschaft als Reaktion auf Kritik eine einigermaßen funktionierende Selbstkontrolle einrichtete.

Historisch verlief der Aufschwung der Werbung parallel mit der Entwicklung der Markt- und Konsumgesellschaft – also etwas schneller in den USA und etwas langsamer in Deutschland. Seit der Mitte des 19. Jahrhunderts vermittelten Agenturen Anzeigenraum in Zeitungen und Zeitschriften. Damals standen an der Spitze der Werbung der Handel und Unterhaltungsangebote, medizinische Präparate – deren Heilwirkung meist zweifelhaft war –, Lebens- und Genussmittel sowie Bücher. Seit Ende des 19. Jahrhunderts expandierte die Werbung in markanter Weise und professionalisierte sich. Die Werbeagenturen erweiterten ihr Dienstleistungsangebot über die bloße Vermittlung von Anzeigenraum hinaus. Sie entwarfen Insertionspläne, wobei sie das gesamte Spektrum der Printmedien berücksichtigten, oder darüber hinausreichende Werbestrategien.

Sie gestalteten mit ihren Graphikern und Zeichnern Anzeigen und Plakate und platzierten sie in geeigneter Weise. Mit Hilfe von Adressdateien schickten sie potenziellen Interessenten die Werbebotschaften direkt ins Haus. Später führten sie auch Marktuntersuchungen durch. Die Werbung der Agenturen stellte nicht mehr in erster Linie die Leistungen der Produzenten heraus, sondern den Produktnutzen für die Verbraucher. Die Einrichtung von Werbeabteilungen bei den Herstellern, Zusammenschlüsse der Werbeagenturen zu Verbänden, die Gründung von Fachzeitschriften und die allmähliche Schaffung von Berufsbildern weisen auf die Formierung der Werbewirtschaft hin.

Der Herausbildung der Werbewirtschaft seit Ende des 19. Jahrhunderts lagen Veränderungen im Handel zugrunde. Früher warben gelegentliche Anzeigen in Lokalblättern für Geschäfte oder ein gerade vorhandenes Warenkontingent. Der jetzt national und international in den Vordergrund tretende Markenartikel verlangte dagegen Einführungskampagnen und dauernde Werbeanstrengungen, um seinen Bekanntheitsgrad aufrechtzuerhalten. Durch den Namen und seine äußere Gestalt unterschied sich der Markenartikel von der Konkurrenz und von der namenlosen Ware. Die Werbung suggerierte, dass sich die qualitäts- und imagebewussten Käufer der Markenartikel aus der grauen Masse der Konsumenten vorteilhaft abhöben.

Die Werbung nutzte jedes Medium, um Kaufanreize auszulösen. Umgekehrt erhöhte sich der wirtschaftliche Stellenwert der Werbung für die Medien. Bis zur Gegenwart ist der Anteil der Printmedien, insbesondere von Zeitungen und Zeitschriften, an den Werbeausgaben am größten. In den USA erfuhren um die Jahrhundertwende zielgruppenspezifische Zeitschriften eine weite Verbreitung. Das »Ladies' Home Journal« oder der »Cosmopolitan« sprachen mehr die Frauen an, die »Saturday Evening Post« mehr die Männer, der »American Boy« die männlichen Jugendlichen, der »American Farmer« oder der »Country Gentleman« die Farmbesitzer. Schwarz-weiße oder farbige Abbildungen werteten die Werbetexte auf. Außerdem plakatierten die Werbetreibenden bereits vor der Jahrhundertwende im öffentlichen Raum, installierten aufwendige Lichtwerbungen, malten ihre Werbebotschaften auf Straßenbahnen

Die amerikanische Elektrizitätswirtschaft in der Energiekrise der 1970er Jahre

und Automobile, ließen mit Werbeschildern bekleidete »Sandwichmänner« patrouillieren, die Handzettel verteilten.

In der Zwischenkriegszeit stagnierte der Werbeumsatz. Als Werbemedien kamen Kino und Hörfunk hinzu. Im Kino arbeiteten die Firmen und Agenturen mit einem breiten Spektrum an Werbemitteln – vom eingeblendeten Dia über den Kurzfilm bis zum abendfüllenden Film, in dem bekannte Schauspieler auftraten. Im amerikanischen privatwirtschaftlichen Rundfunksystem besaß die Werbung von vornherein eine größere Bedeutung als in dem deutschen staatsdirigistischen. Die Entwicklung ging – ebenso wie nach dem Krieg beim Fernsehen – von der gesponserten Sendung zum Werbespot und von der Live-Ausstrahlung zur Aufzeichnung. An die Spitze der Werbeausgaben setzten sich jetzt in den USA die langlebigen Konsumgüter, die Insignien der sich herausbildenden Konsumgesellschaft, wie das Automobil. In der Bundesrepublik fand diese Verschiebung erst in der Nachkriegszeit statt.

Die Herausbildung bzw. Expansion der Konsumgesellschaft in den 1950er Jahren ließ die Werbeausgaben explodieren. Die Werbung differenzierte sich aus. Sie sprach unterschiedliche soziale Schichten an; sie wusste, wann Männer, Frauen und Kinder am besten zu erreichen waren; sie orientierte sich an den Freizeitgewohnheiten der Konsumenten. Die Botschaften der Werbung entwickelten sich bereits in der Zwischenkriegszeit von funktionalen Produktinformationen zu mehr symbolischen Inhalten. Sie zielten darauf, das Lebensgefühl der Zielgruppen anzusprechen und das Produkt darin zu verankern. Dabei war die Zahl der von der Werbung benutzten Images begrenzt – und ist es bis heute. Zu ihnen gehören: Fortschritt, Mode, Tradition, Natur und Umwelt, Freizeit, Vitalität, Sex, Familie und Häuslichkeit sowie Luxus, Prestige und Erfolg. Über die Produktwerbung hinaus bemühen sich die Unternehmen mit ihren Public Relations-Abteilungen, in der Öffentlichkeit ein einheitliches und positives Bild von sich selbst aufzubauen: Name, Symbole, Logos, Farben und Umgangsformen des Unternehmens sowie spezielle Aktivitäten, wie Kultur- und Sportsponsoring, sollen zu einer Corporate Identity verschmelzen.

In der Nachkriegszeit trat das Fernsehen als zweites großes Werbemedium neben die Printprodukte. Werbung ist im Fernsehen heute allgegenwärtig. Kulturelle, politische, sportliche oder gesellige Veranstaltungen werden durch Werbung infiltriert oder lassen sich ohne werbende Sponsoren gar nicht mehr durchführen. Besonders Sport, Werbung und Fernsehen gehen symbiotische Beziehungen ein. Ideale »Fernsehsportarten«, wie Tennis, Boxen oder Baseball, zeichnen sich durch zahlreiche und regelmäßige Unterbrechungen für Werbeeinblendungen aus. Manche Sendung über die Welt der

Schönen und Reichen wirkt wie eine – produktunspezifische – Werbung für die Konsumgesellschaft.

Alles verpackt

Die Warenverpackung ist heutzutage nicht zuletzt Werbefläche. Sie sucht die Aufmerksamkeit des Kunden zu wecken und hilft beim Wiederauffinden der Ware. Verpackungen machen als »stumme Verkäufer« die Selbstbedienung erst möglich. Darüber hinaus besitzt die Warenverpackung mehrere Funktionen: Sie unterstützt den Transport und die Lagerung; sie schützt die Ware vor Beschädigung und Verunreinigung; sie erleichtert mit ihrem normierten Inhalt, ihren herausklappbaren Schüttbahnen, ihren integrierten Messbechern und ihren Spritzdüsen die Benutzung.

Über viele Jahrhunderte wurden Waren offen angeboten und beim Kauf auf dem Markt oder im Laden verpackt. Die Verkäufer schlugen Kleidung in Packpapier ein, füllten Zucker in selbst gerollte Tüten, Tee in Blechdosen und legten Kuchen in vorher gefaltete Schachteln. Dies erforderte Zeit und wurde den hygienischen Ansprüchen der Kunden nicht immer gerecht. Die steigende Nachfrage des Einzelhandels nach Tüten, Beuteln, Taschen, Schachteln und Kartons befriedigten seit der Mitte des 19. Jahrhunderts spezialisierte Betriebe, die Verpackungen maschinell fertigten. Im Laufe von hundert Jahren erweiterten sie das Spektrum der Verpackungen und entwickelten Maschinen, welche auch das Füllen und Verschließen übernahmen. Die maschinell verpackte Ware verbreitete sich zunächst nur langsam. Erst die Selbstbedienung brachte in und nach dem Zweiten Weltkrieg den Durchbruch.

Bis zur Gegenwart stellen Papier und Pappe die wichtigsten Verpackungsmaterialien dar. Den größten Zuwachs erzielten in der Nachkriegszeit die Kunststoffe. Aufgrund ihrer freien Form- und Färbbarkeit betrachtete man sie als ideale Verpackungsmaterialien. Seit den 1970er Jahren dämpften jedoch der steigende Ölpreis und das zunehmende Umweltbewusstsein die Kunststoffverpackung. Weitere relevante Anteile besitzen Metall, Glas und Holz.

Die konsumverstärkende Funktion der Warenverpackung lässt sich durch eine Reihe von Beispielen verdeutlichen. Tragetaschen aus Papier finden sich schon im frühen 20. Jahrhundert. Aber erst die Selbstbedienungsläden gaben sie umsonst aus. Die Tragetasche ermöglichte auch ungeplante Käufe, beschleunigte die Abfertigung an der Kasse und bildete eine Art Schutz vor Diebstahl. Im Laufe der 1960er Jahre überholte der Plastikbeutel aus Polyethylen die Tasche aus Papier. In erster Linie hing dies mit den sinkenden Kunststoffpreisen zusammen. Zudem war die Kunststofftasche reißfester und bot Vorteile beim Transport von Feuchtprodukten. Viele Kunden nutzten die kostenlose Plastiktüte als Müllbeutel.

Glas und Kunststofffolien erlauben es dem Kunden, verpackte Ware in Augenschein zu nehmen. Durch die maschinelle Herstellung von Flaschen und Gläsern entstand seit der Jahrhundertwende eine erschwingliche und attraktive Verpackung für konserviertes Obst und Gemüse. Als erste – halbsynthetische – Kunststofffolie wurde Cellophan in den USA seit den 1920er Jahren großtechnisch produziert. In der Nachkriegszeit übernahmen preiswertere vollsynthetische Folien die Rolle des Cellophans. Der Lebensmittelhandel packte Brote, Fleisch, Wurst, Käse, Gemüse und Obst auf Pappen unter durchsichtige Folien und legte sie in die Selbstbedienungstheke. Der Bedienaufwand wurde damit erheblich reduziert.

Andere Waren wie Bier wurden durch neue Verpackungen erst transportabel. Fassbier ließ sich nur in Gaststätten oder in größeren Gesellschaften ausschenken. Bier in durch Bügelverschlüsse gesicherten maschinell geblasenen Flaschen setzte sich seit der Jahrhundertwende in Deutschland durch. In der Mitte der 1930er Jahre brachte eine kleine amerikanische Brauerei Dosenbier auf den Markt. Sie warb damit, dass das Bier so leichter zu transportieren, zu kühlen und zu lagern sei, zudem, da nicht dem Licht ausgesetzt, einen besseren Geschmack besitze. Die Konsumenten nahmen das Angebot an. Anfangs musste der Durstige zwei Löcher in den Deckel stanzen. In den 1960er Jahren machte der in den Deckel integrierte Ringöffner das Mitführen eines Spezialöffners überflüssig. Für die Dosenbiertrinker war dies bequem, doch die weggeworfenen Ringöffner bildeten ein öffentliches Ärgernis. Abhilfe schuf um 1980 der Drucköffner, der mit dem Deckel verbunden bleibt. Die Verbreitung des fast gleichzeitig in den USA und Deutschland eingeführten Büchsenbiers weist auf kulturelle Unterschiede hin. 1990 fand in den USA etwa 70 Prozent des Biers seine Abnehmer in Dosen, in Deutschland mit seiner traditionsreichen Bierkultur waren es um die 10 Prozent.

Ein markantes Beispiel dafür, dass eine neuartige Verpackung ein neues Produkt kreiert, stellt die Zigarette dar. Die Amerikaner und Europäer übernahmen den Tabakkonsum von den Indianern. Wie diese rauchten sie Tabak in der Pfeife, in Form gerollter Zigarren, oder sie kauten ihn. Mit der Zeit drängte die einfacher handhabbare Zigarre das Pfeiferauchen in den Hintergrund. Die Zigarre wiederum wurde bereits vor dem Ersten Weltkrieg durch die Zigarette überholt. Der Siegeszug der Zigarette war mehr als eine Mode: Er resultierte aus der kostengünstigeren maschinellen Herstellung. Die Maschinen hüllten den Tabak in von Rollen laufendes Papier, schnitten die einzelnen Zigaretten zu und verpackten sie in ebenfalls maschinenproduzierte Faltschachteln.

Heute umgibt uns im Alltag eine Fülle von Verpackungen: Lebens- und Waschmittel, Kosmetika, Körperpflege- und Büroartikel – alles verpackt: in Tüten, Schachteln und Kartons, Papier und Folien, Gläsern und Flaschen, Becher, Büchsen, Dosen und Tuben, Kartuschen und Patronen; zum Nehmen, Schütten, Gießen, Tropfen, Löffeln, Streichen, Pinseln, Drücken, Sprühen, Füllen. Eine kaum zu erfassende Vielzahl an Produkten der Verpackungsindustrie erleichtert den Konsum.

Substitute, Surrogate, Imitate

Substitute, Surrogate und Imitate bereiteten dem Massenkonsum den Weg. Meist dienten sie den Mittel- und Unterschichten als Ersatz für teure Waren. Substitut ist ein eher neutraler Begriff, die beiden anderen, Surrogat und Imitat, sind negativ konnotiert. In zahlreichen Fällen ahmen Surrogate – als Imitate – das Aussehen, aber auch den Geruch und den Geschmack der Bezugsprodukte nach. Margarine gab sich das Aussehen von Butter, Viskose das von Seide, Zelluloid das von Elfenbein. Häufig handelte es sich bei Surrogaten und Imitaten um billige Fabrikware, die an die Stelle teurer handwerklicher Erzeugnisse trat.

Kein Material eignete sich für preiswerte Massenprodukte so gut wie Kunststoff. Kunststoffprodukte konkurrierten zunächst über den günstigen Preis und traten in die von den imitierten Stoffen konstituierten Konsummuster ein. Heute dagegen besitzen zahlreiche Kunststoffe vorteilhafte Eigenschaften, die kein Naturstoff erreicht. Der Weg vom Imitat zum hochwertigen Substitut soll mit zwei Beispielen illustriert werden: dem Stoff Zelluloid und dem Produkt Damenstrumpf.

Der erste – wenn auch aus Naturstoffen synthetisierte – Kunststoff, das um 1870 eingeführte Zelluloid, profitierte vor allem von seiner freien farblichen Gestaltbarkeit. Zelluloid imitierte mehr oder weniger kostbare Naturstoffe, wie Elfenbein, Horn, Koralle, Bernstein, Schildpatt, Malachit, Lapislazuli oder Türkis. Die genannten Materialien vortäuschend, entstanden Kästchen, Kämme, Griffe für Handspiegel, Bürsten und Messer, Spielzeug und anderes mehr. Aus weißem Zelluloid wurden Gebisse und Kleidungsstücke gefertigt. Hemdbrüsten, Kragen und Manschetten wurde eine Leinenstruktur aufgeprägt. Die Kleidungsteile waren abwaschbar und nahezu unbegrenzt haltbar. Kleine Angestellte und Beamte, denen ein täglicher Hemdenwechsel zu teuer kam, versetzte das Zelluloid in die Lage, gesellschaftlichen Erwartungen hinsichtlich ihres Aussehens gerecht zu werden. Diente Zelluloid derart als preiswertes Imitat, so besaß es als Filmmaterial bislang unerreichte Eigenschaften. Der um 1890 eingeführte Zelluloidfilm machte die Photographie zum Massenmedium. Als Kinofilm schuf er eine neuartige Form der Unterhaltung.

Seit den 1880er Jahren diente eine Reihe von Verfahren der Herstellung von Kunstfasern aus Cellulose; am meisten verbreitet war zuerst die Viskose. Die Kunstfasern eroberten sich nach und nach Anteile am Kleidungsmarkt. Die für das Material gewählte Handelsbezeichnung Kunstseide dokumentiert die Vermarktung als Seidenimitat. Den wichtigsten Markt bildeten Damenstrümpfe, welche das naturseidene Vorbild preislich unterboten und es auch weniger bemittelten Frauen erlaubten, Bein zu zeigen.

Mit dem in den 1930er Jahren entwickelten Nylon zielte der amerikanische Chemieriese Du Pont von vornherein auf den Damenstrumpfmarkt. Nylonstrümpfe waren reißfester und saßen besser am Bein. Deshalb verkauften die Geschäfte sie auch knapp über dem Preis der echten Seidenstrümpfe. Der Zweite Weltkrieg verschaffte der Konkurrenz aus Seide und Kunstseide eine Atempause; danach hing der Siegeszug der Nylons nur noch von der Preisentwicklung ab.

Rhythmen der Mode

Formal ist die Wirkung von Mode als Konsumverstärker einfach zu fassen: Wenn die Rhythmen der Mode kürzer sind als die Rhythmen des Verschleißes, dann kurbelt dies den Konsum an. Anders ausgedrückt: Konsum durch Mode findet statt, wenn der psychisch-soziale Verschleiß mit höherer Geschwindigkeit abläuft als der physische. Mode stellt heute ein Phänomen von gesellschaftlicher Totalität dar. Alle möglichen gesellschaftlichen Erscheinungen unterliegen modischem Wandel: im Kulturleben Literatur, Theater, Musik; in der Wissenschaft Autoritäten, Begriffe, Theorien; im Alltag Wohnungseinrichtungen, Freizeitverhalten, Urlaubsziele. Am offensichtlichsten tritt die Mode in der Kleidung auf. Vielfach konzentriert und reduziert die Alltagssprache den Begriff Mode auf das Kleid. Heutzutage ist Kleidung fast immer gleichzeitig Mode; das Grundbedürfnis der Bekleidung wird als Kulturbedürfnis Mode ausgelebt.

Man kann kontroverse Auffassungen vertreten, ob Kleidung bereits in der frühen Menschheitsgeschichte ästhetische und soziale Funktionen besaß und man dies, unabhängig von der Geschwindigkeit des Wechsels, als Mode bezeichnen möchte. Unzweifelhaft aber gewann im Laufe der Geschichte das Schmücken und Repräsentieren durch Kleidung an Bedeutung gegenüber der Grundfunktion der Kleidung, dem Wärmen. Diese Verlagerung erfolgte phasenverschoben: zuerst in den oberen Ständen, Klassen und Schichten, dann in den niederen; zuerst in der Stadt, dann auf dem Land; zuerst in sinnenfreudigen, dann in asketischen Gemeinschaften.

In der Frühindustrialisierung zeigten jedenfalls die Unterschichten bereits ein ausgeprägtes modisches Verhalten. Die modischen Variationen konzentrierten sich auf Accessoires wie Tücher und Bänder; einen häufigen modischen Wechsel der Anzüge und Kleider ließen die Einkommensverhältnisse nicht zu. Kleidung wurde stattdessen immer wieder geflickt und umgearbeitet. In der Folgezeit verliefen die Erhöhung der Kaufkraft, die Reduzierung des Flickens, Stopfens und Ausbesserns, die soziale Verbreitung modischer Kleidung und die Beschleunigung der Rhythmen der Mode parallel. Die Mode erfasste im Rhythmus der Jahreszeiten die gesamte Gesellschaft der Wohlstandsländer. Heute sind die jahreszeitlichen Rhythmen der Mode vielfach gebrochen und werden teilweise durch einen ständigen modischen Wandel ersetzt.

Theoretiker der Mode gehen davon aus, dass die Mode in der Natur des Menschen wurzelt und ihre spezifische Ausformung durch die jeweiligen kulturellen, sozialen und ökonomischen Verhältnisse erfährt. Dabei wirken Produzenten und Konsumenten, deren jeweilige Interessen und Bedürfnisse auf komplexe Weise zusammen. Mit Moden steigern die Hersteller den Warenumsatz. Den Kunden dient die Mode sowohl der Inklusion wie der Exklusion: Mit Mode schließen sie sich soziokulturellen Gruppierungen an, mit Mode suchen sie sich abzugrenzen und herauszuheben.

Nicht nur bei der Kleidung, sondern allgemein in der Güter- und Warenwelt bezieht sich der modische Wandel auf Form, Farbe und Funktion. Wenn Neubauten von Wohnhäusern eine Zeitlang vorwiegend Flachdächer erhielten, die Bauherren dann wieder ziegelgedeckte Satteldächer präferierten; wenn Küchenmaschinen eine Zeitlang unbedingt die Farbe Orange oder Braun besitzen mussten, ehe sie wieder zu Weiß oder Grau zurückkehrten; wenn elektrische Fruchtentsafter chromglänzenden Handpressen Platz machten – dann ist das in erster Linie ein Ausdruck der Mode.

Wegwerfprodukte: Von Tampons, Pampers und Papiertaschentüchern

In der Konsumgesellschaft bildet der modische Wandel ein wichtiges Motiv für das Ausmustern von Kleidung. In Mangelgesellschaften scheute man vor dem Wegwerfen zurück. Wenn Flicken und Umarbeiten nicht mehr in Frage kam, wurden aus Kleidungsstücken Lappen und Tücher gemacht. Nach vielfachem Gebrauch landeten sie beim Lumpensammler, welcher sie an Papierfabriken verkaufte. Die entwickelte Konsumgesellschaft dagegen stellt gleichzeitig auch eine

Wegwerfgesellschaft dar. Wegwerfen ist in erster Linie ein Wohlstandsphänomen. Während in armen Ländern Produkte wie Flaschen, Getränkedosen und Kronkorken auf den Märkten feilgeboten werden, landen sie in den reichen auf dem Müll. Aller Flohmärkte, Secondhand-Shops und Anzeigenblätter für Schnäppchen aus zweiter Hand ungeachtet, nimmt der Gebrauchtwarenmarkt nur einen Bruchteil der ausgemusterten Konsumgüter auf. Das gleiche gilt für karitative Sammlungen, welche überdies an abgelegte Sachen hohe Qualitätsanforderungen richten. Vieles landet auf den Märkten der Zweiten und Dritten Welt, wo es dazu beiträgt, das Wohlstandsgefälle auszugleichen, aber gleichzeitig neue Begehrlichkeiten schafft und die heimische Produktion schädigt.

Eine Zeitlang wurde Wegwerfen regelrecht propagiert. Gegen Ende der 1960er Jahre suchte eine deutsche Werbeagentur mit dem Slogan »Ex und hopp« Aufmerksamkeit für Einwegflaschen zu schaffen. Das Möbelhaus Ikea vermarktete sein Angebot in den frühen 1970ern mit »Benutze es und wirf es weg«. Heute käme bei zahlreichen Produkten die Reparatur teurer als der Neukauf. Die Laufmasche beendet den Gebrauch des Damenstrumpfs, das Loch den der Socke, das Versagen des Elektromotors die Nutzung des Rasierapparats. Zahlreiche Produkte sind von vornherein nicht mehr oder nur noch schwer zu reparieren, wie Schuhe mit angegossenen Sohlen. Bei anderen wie Handys oder Computern lohnt die Reparatur nicht wegen der Geschwindigkeit der technischen Entwicklung. Jede Gerätegeneration verfügt über schnellere Prozessoren, größere Speicher und mehr Funktionen.

Heutzutage sind wir von Wegwerfprodukten umgeben, ihre Geschichte reicht mindestens ein Jahrhundert zurück. Um 1900 kamen in den USA Wegwerfartikel auf den Markt, deren Basis billiger Zellstoff war, wie Pappbecher, Papierservietten und Papierhandtücher. Verwendung fanden sie aus hygienischen Gründen vor allem im öffentlichen Raum, wo viele Menschen verkehrten, in Restaurants, auf Bahnhöfen, in Ämtern und Dienstleistungsunternehmen. Automaten gaben z. B. mit Wasser gefüllte Pappbecher aus, wo man sich vorher mit an Ketten hängenden Blechbechern aus Wasserspendern bedient hatte.

Nach dem Ersten Weltkrieg leitete eine aus Zellstoff gefertigte

Monatsbinde die Konjunktur zum Wegwerfen bestimmter Hygieneartikel für Frauen ein. Nicht wenige innovative Ideen stammten dabei von den weiblichen Konsumenten selbst und nicht von den Produzenten. Zuvor bestanden Monatsbinden aus saugfähiger Baumwolle. Die gekauften oder selbst zurecht geschnittenen Binden wurden nach Gebrauch gewaschen und wiederverwendet. Der Hersteller Kimberly-Clark warb für die neue Einwegbinde Kotex mit dem Argument, dass sie so preiswert sei, dass man sie über die Toilette entsorgen könne. Schwierigkeiten traten bei der Vermarktung auf, weil das Produkt für einen Zweck bestimmt war, über den man im puritanischen Amerika nicht öffentlich sprach. Die Werbeanzeigen mussten auf die Vorteile von Kotex hinweisen, ohne die Menstruation zu erwähnen. Drugstores und andere Verkaufsstellen ermöglichten es den Frauen, Kotex per Selbstbedienung zu erstehen. Abgelöst wurden die Monatsbinden seit den 1960er Jahren durch die bereits eine Generation vorher angebotenen Tampons.

In der Zwischenkriegszeit gingen mehr und mehr Frauen dazu über, sich zu schminken. Zum Entfernen der Schminke entwickelten mehrere Hersteller Wegwerftücher auf Zellstoffbasis. Marktführer wurde Kimberly-Clark mit den Kleenex-Tüchern. Die Intentionen der Hersteller ignorierend, entdeckten die Konsumenten in den USA, dass man sich mit den praktischen Tüchern auch die Nase putzen konnte. Um 1930, zur gleichen Zeit als eine Nürnberger Papierfabrik mit der Marke Tempo die deutsche Variante des Papiertaschentuchs erfand, griff Kimberly-Clark diesen Trend auf und vermarktete seine Kleenex als Taschentücher. In den USA verdrängte das Papiertaschentuch das Stofftaschentuch früher als in Deutschland. »Kleenex« und »Tempo« wurden zu Synonymen für das Papiertaschentuch, obwohl sich später zahlreiche Hersteller auf dem ergiebigen Markt tummelten.

Eine weitere Erfolgsgeschichte schrieben amerikanische Firmen mit Wegwerfwindeln aus Zellstoff. Die größten Verkaufszahlen erzielte einige Jahrzehnte Procter & Gamble mit den 1957 entwickelten Pampers, ehe ihnen Kimberly-Clark mit den 1977 auf den Markt gebrachten Huggies den Rang ablief. Dabei spielte sich der Konkurrenzkampf zwischen den Windelherstellern durchaus über die Produktqualität ab. Es warf beträchtliche Schwierigkeiten auf, eine

Windel zu schaffen, die saugfähig, dicht, kompakt und handhabbar war.

Die bislang angeführten Wegwerfartikel besaßen eine preiswerte Rohstoffbasis; sie sparten Wascharbeit und erfüllten Hygienebedürfnisse. Produkte aus teuren metallischen Materialien hatten es dagegen schwerer, zu Wegwerfartikeln zu mutieren. Eines der seltenen frühen Beispiele hierfür ist die Rasierklinge. Die Rasierklinge trat an die Stelle des Rasiermessers, welches nicht einfach zu handhaben war und einer sorgfältigen Pflege bedurfte. Das Messer wurde vor der Rasur über Leder gezogen und mehrmals im Jahr von einem Fachmann nachgeschliffen. Viele Männer entzogen sich diesem Aufwand und ließen sich von einem Barbier rasieren. Auf den Gedanken mit der Wegwerfklinge kam kurz nach der Jahrhundertwende der Handelsvertreter King C. Gillette. Obwohl die Klingen nicht gerade billig waren, gingen die Verkaufszahlen bald in die Millionen. Mit der Übernahme eines heimischen Unternehmens fasste Gillette 1926 auch in Deutschland Fuß. Mit der Rasierklinge holten sich die Männer einen Teil der vorher ausgelagerten Körperpflege wieder in den Privatbereich zurück. Nach dem Zweiten Weltkrieg förderte die Konkurrenz zwischen Nassrasur und elektrischer Trockenrasur weitere Entwicklungsanstrengungen. Ein Ergebnis stellte um die Mitte der 1950er Jahre der Rasierschaum aus der Sprühdose dar. Um 1970 kamen sowohl in Kunststoff eingegossene Klingen wie Einwegrasierer auf den Markt, die manche Männer auf Reisen verwendeten.

Mit den Kunststoffen schien nach dem Zweiten Weltkrieg ein neues Zeitalter des umgehemmten Wegwerfens anzubrechen. Bereits 1940 träumte ein Wissenschaftsredakteur der New York Times von einer heraufdämmernden Zeit, in welcher man verschmutzte Kleidung aus Synthetics einfach wegwerfe, weil dies billiger komme als Waschen und Bügeln. Ein 1968 in einer Kunststoffzeitschrift veröffentlichter Artikel empfahl zur Ersparnis des Abwaschs kleine Spritzgießmaschinen, mit denen sich jeder Haushalt seine Teller selbst produziere. »Just eat … throw away … and make some more as needed«. Solche Visionen sind nicht ganz in Erfüllung gegangen. In manchen Verwendungen konnten die Kunststoffe das Image der Billigware nicht ablegen. Mindestens seit den 1970er Jahren wurde die Flut des Kunststoffmülls als Problem empfunden. Und schließlich erhöhten sich durch die Ölkrisen die Kunststoffpreise.

Aller Relativierungen ungeachtet, machten sich Wegwerfprodukte aus Kunststoff im Alltag breit und verdrängten traditionelle Artikel. Ein Beispiel hierfür ist der Kugelschreiber aus Kunststoff. Der Kugelschreiber entstand in einem mühsamen Entwicklungsprozess zwischen der Jahrhundertwende und dem Zweiten Weltkrieg. Das Wegwerfprodukt Kugelschreibermine versprach Erlösung vom Hantieren mit Feder und Füller, von blauen Fingern und Tintenklecksen. Einen Schritt darüber hinaus ging die französische Firma BIC, die um die Mitte der 1950er Jahre die Wegwerfmine in eine Kunststoffhülle steckte und damit den Wegwerfschreiber generierte. Kugelschreiber mit aufgedrucktem Firmenzeichen entwickelten sich zum idealen Werbegeschenk, mit dem sich die Unternehmen in der Erinnerung ihrer Kunden zu verankern suchten. Angeblich weist die Statistik jeden Deutschen heute im Besitz von 13 Kugelschreibern aus, von denen die wenigsten bezahlt wurden.

Individualisierung und Globalisierung als säkulare Prozesse

Individualisierung und Globalisierung des Konsums bedingten sich wechselseitig. Im Laufe der Neuzeit erschlossen Transport- und Kommunikationssysteme dem Konsum die ganze Welt. Konsumformen näherten sich einander global an – bei weiter bestehenden nationalen, regionalen und lokalen Unterschieden. Umgekehrt erlaubten im 20. Jahrhundert steigende Einkommen und preiswerte Güter immer mehr Menschen die Teilhabe an dem partiell globalisierten Konsum. Die Individuen richteten sich ihre persönliche, gut ausgestattete Konsumwelt ein.

Das Individuum in der Warenwelt

Erst im 20. Jahrhundert fanden Individualisierung und Konsumismus zu einer gesellschaftlich mächtigen Bewegung zusammen. Über viele Jahrhunderte war das Individuum in mehr oder weniger rigide gesellschaftliche Ordnungen eingebunden. Seit der Renaissance, durch die Aufklärung und durch die bürgerlich-demokratischen Bewegungen des 19. und 20. Jahrhunderts wurden die Rechte des Einzelnen gegenüber Staat und Gesellschaft gestärkt. Das Individuum erfuhr eine Aufwertung als Keimzelle des sozialen Zusammenlebens und als Ursprung von Kreativität und Innovation.

Traditionelle Zugehörigkeiten zu Klasse oder Schicht sowie zu kleineren gesellschaftlichen Kollektiven, wie der Haus- oder Dorfgemeinschaft, der Nachbarschaft, dem Verein, der Gewerkschaft oder der Partei, bestanden fort, unterlagen jedoch einem schleichenden Erosionsprozess. Die Menschen orientierten sich weniger an Gesellschaften und Gemeinschaften, sondern suchten ihre eigenen familiären und individuellen Wünsche und Interessen zur Geltung zu bringen. In diesem Prozess der Familiarisierung und Individualisierung gewann der Konsum mehr und mehr an Bedeutung.

Die aus zwei Generationen, Eltern und Kindern, bestehende Kleinfamilie entwickelte sich im Laufe der Industrialisierung zum dominierenden Typ. Sie verdrängte die Großfamilie, die sich nur noch auf dem Land eine gewisse Zeit hielt. Die Großfamilie stellte nicht zuletzt eine sozioökonomische Zweckgemeinschaft dar. Das Zusammenleben vieler Personen auf meist zu engem Raum führte zu Konflikten, die räumliche Nähe oder gar Identität von Wohn- und Arbeitsräumen zu hygienisch bedenklichen Verhältnissen. Dies galt auch für die städtischen Kleinfamilien der Arbeiter sowie der kleinen Angestellten und Beamten, welche die knappe Haushaltskasse zwang, Fremde als Schlafgänger oder Untermieter aufzunehmen.

Steigende Einkommen erlaubten es im Laufe des 20. Jahrhunderts, die Wohnung als Reich der Familie zu begreifen und zu nutzen. Aller anders lautender Forderungen und rhetorischer Bekundungen zum Trotz blieb in der Kleinfamilie die Hausarbeit die Last der Frau. Wenn die Frauen Geld hinzuverdienten, dann weniger – wie früher – zur Sicherung der familiären Lebensgrundlage, sondern um zusätzliche familiale oder individuelle Konsumwünsche zu erfüllen. Gegen Ende des 20. Jahrhunderts veränderten sich die Formen des Zusammenlebens. Familie und Ehe verloren ihre allgemeine Verbindlichkeit, wenn sie auch weiterhin dominierten. Neben ihnen etablierten sich zahlreiche andere Wohn- und Beziehungsformen: größere Wohngemeinschaften, Ehen ohne Trauschein, Zusammengehörende mit zwei Wohnungen, Alleinerziehende, Singles, gleich- und gemischtgeschlechtliche Paare und Gruppen.

In den Haushalten lassen sich im 19. und 20. Jahrhundert sowohl Tendenzen der Externalisierung wie der Internalisierung finden. Schwere und größere Kompetenz erfordernde Arbeiten verlagerten die Haushalte bzw. die Frauen nach außen. Sie stellten keine Kleidung mehr her, sondern kauften sie in Konfektionsgeschäften. Sie erzeugten keine Lebensmittel mehr, sondern erwarben sie beim Einzelhandel. Sie kurierten kleine Krankheiten nicht mehr mit Hausmitteln, sondern suchten den Arzt auf, der ihnen Präparate der pharmazeutischen Industrie verschrieb.

Durch Internalisierung stärkten die Haushalte ihre Autonomie. Der Anschluss an die zentrale Wasserversorgung sparte den Weg zum Brunnen und eröffnete die Möglichkeit, die Wohnungen mit Bad und WC auszustatten. Waschmaschine und Waschautomat beendeten die Abhängigkeit von dem durch die Hausgemeinschaft vergebenen Waschkeller bzw. den gewerblichen Wäschereien. Die technische Aufrüstung der Haushalte machte viele Gemeinschaftsräume und Gemeinschaftsanlagen überflüssig. Die Waschküche verlor ihre Funktion, der Speicher diente nicht mehr als Trockenraum, die Rasenfläche nicht mehr zum Teppichklopfen. Die Kinder spielten nicht mehr auf dem Hinterhof, sondern in den Kinderzimmern oder auf öffentlichen Spielplätzen. Zwar entstanden mit der Zentralheizung und der Tiefgarage neue Gemeinschaftsräume. Begegnungen finden dort aber eher selten und zufällig statt.

In der Überflussgesellschaft empfanden die Individuen Einschränkungen weniger als durch die materiellen Bedingungen auferlegt denn durch die Mitmenschen. Als Konsequenz wurden die sozialen Institutionen, welche in Zeiten des Mangels als Notgemeinschaft fungierten, wie die Klasse, Familie oder Nachbarschaft, aufgegeben oder eingeschränkt. An deren Stelle traten mehr informelle und temporäre soziale Beziehungen. Für die Individualisierung und Informalisierung der Existenz boten technische Konsumgüter eine Hilfe: das Telefon und die Verkehrsmittel für die Pflege sozialer Kontakte, die Haushaltstechnik für das autonome Wohnen und die Unterhaltungstechnik für die Zeiten des Alleinseins. Technik stellte dabei nicht etwa einen Ersatz für verlorene Formen des Zusammenlebens dar, sondern sie unterstützte neue Sozialbeziehungen.

Die traditionellen Klassen und Schichten fächerten sich in vielfältige Lebensstile auf, die sich nicht zuletzt in unterschiedlichen Formen des Konsums entfalteten. Die »feinen Unterschiede« der Lebensstile und des Konsums markierten neue disparate Grenzen, die kreuz und quer verliefen, sich überlagerten und aus Einkommen, Bildung, Weltanschauungen, Herkunft und varianten Lebensentwürfen resultierten. Konsumformen und Konsumgüter gewannen symbolische Qualität, mit denen sich Elemente von Lebensstilen demonstrieren ließen: mit Rechnern Modernität, mit der Luxuskarosse Wohlstand, mit dem Sportwagen Dynamik und mit dem Fahrrad eine antikonsumistische Haltung.

In der Zeit vor der entwickelten Konsumgesellschaft wurde allein schon aus ökonomischen Gründen in großem Umfang kollektiv konsumiert. Die meisten der audiovisuellen Medien standen anfangs im öffentlichen Raum. Phonograph und Kinetoskop, die von Edison entwickelten Hör- und Sehapparate, warteten in Unterhaltungsstätten auf Kunden. Pioniere des Radios und Fernsehens organisierten Vorführungen in gemieteten Sälen. Gasthäuser und Kneipen platzierten die neuen Geräte als Kundenfang. Auf diese Weise wurde ein breites Publikum an technische Hör- und Seherlebnisse herangeführt. Als die neuen Medien erschwinglich wurden, verbreiteten sie sich in den Privathaushalten mit hoher Geschwindigkeit. Sie erhielten in den Wohnungen eine herausgehobene Position. Um sie herum versammelte sich abends die Familie. An Bekannte und Verwandte ergingen Einladungen zum gemeinsamen Hören und Sehen. Besonders das Fernsehen trug viel zur Verhäuslichung bei. Das Automobil dagegen grenzte sich von vornherein als individuelle Alternative von den kollektiven Verkehrmitteln ab. Seine Verfechter identifizierten das Auto mit Selbstbestimmung, ja sogar mit Freiheit.

In der Konsum- und Wohlstandsgesellschaft änderten sich die Lebensverhältnisse in markanter Weise. Die Wohnfläche wuchs, die Belegung der Wohnungen sank. Dies erlaubte es, Räume den einzelnen Familienmitgliedern zuzuordnen. Der Vater erhielt ein Arbeits- oder ein Hobbyzimmer, die Kinder je ein Kinderzimmer, nur das »Reich der Frau« dehnte sich nicht über die Küche hinaus. Gleichzeitig differenzierten sich die alten Mehrfunktionsräume aus, wie die Wohnküche und das Bad mit WC: in Kochküche, Wohnzimmer, Esszimmer, Bad, WC, Sauna und anderes mehr. Die Bessergestellten leisteten sich Wohnungen mit mehreren Bädern und Toiletten, die weiteste Verbreitung fand noch das zusätzliche Gäste-WC.

Die Geräte der Unterhaltungselektronik und das Automobil wurden weiter individualisiert. Sie gingen vom Familienbesitz in den Besitz einzelner Familienangehöriger über. In vielen Haushalten standen mehrere Radios, Zweitfernseher und Zweitwagen wurden angeschafft. Die ausdifferenzierten und individualisierten Räume der größeren Wohnungen benötigten spezifische Ausstattungen, wie das Bad ein Radio, die Küche einen Fernseher oder das Kinderzimmer eine HiFi-Anlage. Die individualisierte mediale Verfügungsgewalt ließ zahlreiche familiäre Konflikte, wie über die Programmwahl oder die Lautstärke, gar nicht erst entstehen oder reduziert sie zumindest.

Das Automobil dient der individuellen Mobilität und wird von den Besitzern als Teil der Privatsphäre begriffen. Die individuelle Wahl und Gestaltung des Autos greift – je nach Geldbeutel – auf bestimmte Marken und Typen zurück, auf Sonderlackierungen und Ausstattungen, das reichhaltige Angebot der Zubehörindustrie oder mehr oder weniger originelle Aufkleber. Weitere Möglichkeiten der Individualisierung bieten die Innenräume. Machten sich anfangs vor allem Plüschtiere und Häkeldeckchen breit, so dominieren heute technische Konsumgüter: Autotelefon, Radio, Lautsprecher sowie auf Kassetten und CDs gespeicherte Musik. Der Automobilist bewegt sich zwar in der Öffentlichkeit und in der Landschaft, schafft sich aber gleichzeitig einen Schutzraum. Vor Außeneinflüssen schirmt er sich durch getönte Scheiben, Sichtblenden, Klimaanlagen und Frischluftfilter ab.

Die Welt als Markt und Ressource

Zur Kennzeichnung des Zusammenwachsens der Welt hat sich der Begriff der »Globalisierung« eingebürgert. Das Wort Globalisierung erlebte im Laufe von weniger als zwei Jahrzehnten eine rasante Konjunktur. Zuerst bezog es sich nur auf die internationalen Finanzmärkte. Später wurde es auf die Güterproduktion und den Güteraustausch ausgedehnt. Die Rede ist von »Global Players«, internationalen Konzernen, die weltweit agieren, »Global Sourcing« betreiben, die Welt als Zulieferer nutzen, und in Form des »Global Marketing« die Welt als Absatzmarkt in den Blick nehmen. Die Globalisierung überformt mehr und mehr auch die Konsumgesellschaft. Immer mehr Konsumgüter suchen und finden weltweit Käufer: amerikanische Fernsehserien, deutsche Autos, japanische Unterhaltungselektronik, chinesisches Spielzeug und vieles andere mehr.

Mit der Globalisierung tauchten auch Visionen einer einheitlichen globalen Konsumwelt auf. Kritiker warnten vor der Gefahr, dass die als Reichtum empfundene Vielfalt der Kulturen verschwinden werde. Sie verwiesen auf bereits existierende globale Einheitsorte wie Flughäfen, Sportstadien, Luxushotels, Einkaufszentren oder Kettengeschäfte. Sie zählten Waren auf, die man überall auf der Welt erstehen könne: Automarken, Uhren, Modeschmuck, Markenkleidung und Unterhaltungselektronik. Nicht wenige der prominenten globalen Konsumangebote sind amerikanischen Ursprungs und repräsentieren amerikanische Lebensart: Coca-Cola, Blue Jeans, Fernsehserien wie Dallas oder Miami Vice, Hotelketten wie Sheraton oder Holiday Inn, Fast-Food-Restaurants wie Mc Donalds' oder Burger King. Die Globalisierung wird von manchen Kritikern aufgrund der Marktmacht amerikanischer Unternehmen als Amerikanisierung empfunden.

Allerdings wird bei der These einer Globalisierung des Konsums häufig übersehen oder verschwiegen, dass nur eine Minderheit auf diese Weise konsumiert, denn der Mehrheit der Weltbevölkerung fehlt hierzu das Geld. Zwischen der global konsumierenden Minderheit der Wohlhabenden und der lokal eingeschränkten Mehrheit der Besitzlosen klafft eine riesige Lücke. Je weiter man sich von der Welt der polyglotten »Nomaden«, der Manager und Medienstars, entfernt, desto bunter erscheint die Welt des Konsums. Der wirtschaftliche Aufstieg früherer Entwicklungs- und Schwellenländer macht die Konsumwelt polyzentrisch. Und selbst die global agierenden Konzerne haben mittlerweile erkannt, dass sie mit Einheitskampagnen und weltweit standardisierten Angeboten die angepeilten heterogenen Märkte nicht erreichen. Neuerdings entwerfen sie regional differenzierte Werbestrategien und variieren ihre Waren. Die globale Konsumgesellschaft der Zukunft wird sich wohl aus zahlreichen Hybriden zusammensetzen, in welche wiederum lokale, regionale, nationale und »globale« Elemente eingehen.

Der weltweite Handel und die globale Verbreitung von Konsumgütern besitzen eine über Jahrhunderte zurückreichende Vorgeschichte. Anfänge kann man um 1500 im »Zeitalter der Entdeckungen« sehen, als die Portugiesen den Seeweg nach Indien eröffneten und die Spanier Amerika zu kolonisieren begannen. In den folgenden Jahrzehnten und Jahrhunderten dehnten die europäischen Seemächte den Handel über große Teile der Welt aus und errichteten Kolonien. Den Umfang des frühen Welthandels sollte man jedoch nicht überschätzen. Im Überseehandel verkehrten jährlich nur ein paar Dutzend Segelschiffe mit begrenztem Fassungsvermögen. Die meisten Handelsgüter waren Luxuswaren, die wenig Platz beanspruchten. Dennoch veränderten die Importe langfristig die Konsumgewohnheiten. »Kolonialwaren« wie Kakao, Tabak, Zucker, Kaffee und Tee tauchten nach und nach auf den europäischen Tischen auf – zunächst bei den Wohlhabenden als Luxusprodukte, im 19. Jahrhundert verbreiteten sie sich bis in die sozialen Unterschichten.

Auf den durch die Weltmeere getrennten Kontinenten sind unterschiedliche Nutzpflanzen gezüchtet worden. Nach der Überquerung der Ozeane wurden sie überall hingebracht und kultiviert, wo es die klimatischen Verhältnisse zuließen und durch den Anbau Gewinne in Aussicht standen. Auf diese Weise wanderten Zuckerrohr, Banane und Orange aus Asien über Europa nach Amerika, die Kartoffel und der Tabak aus der Neuen in die Alte Welt. Auch heute ist die Globalisierung der Nutzpflanzen noch im Gang. Die chinesische Stachelbeere mutierte in Neuseeland zur Kiwi und wurde später von zahlreichen weiteren Anbauländern übernommen. Die Konsumgesellschaft nutzt die Welt in ihrer Gesamtheit als Garten.

Im Laufe des 19. Jahrhunderts löste das Motorschiff das Segelschiff als Transportmittel ab. Um 1870 entstand innerhalb kurzer Zeit ein weltweites Kommunikationsnetz aus in den Ozeanen verlegten Telegraphiekabeln. Das Netz diente ganz überwiegend dem Kommerz. An internationalen Warenbörsen wurde der Handel nach dem System von Bestellung und Lieferung abgewickelt. Motorschiff und Telegraphie senkten die Transportkosten in beträchtlichem Umfang. Auf den Weltmeeren wurden mehr und mehr auch Massengüter transportiert. Rohstoffe wie Kohle, Koks, Öl, Erze, Getreide, Wolle und Baumwolle beförderten die industrielle Entwicklung und mittelbar auch den Konsum.

Die Kolonien dienen der Lebensmittelversorgung der Industriestaaten

Zu den Nutzern der globalen Telegraphenverbindungen gehörten die großen Nachrichtenagenturen. Sie verbreiteten und verkauften Wirtschaftsnachrichten zum Beispiel an Interessenten an der Börse. Außerdem belieferten sie die Presse mit Informationen. Die Zeitungen präsentierten ihren Lesern Bilder aus der Welt, die sich mit der Zeit zu »Weltbildern« verfestigten. Die »öffentliche Meinung« entwickelte sich in den sich demokratisierenden Gesellschaften zur »vierten Gewalt«. Die Politik lernte die öffentliche Meinung und deren Weltbilder in das Kalkül einzubeziehen. Noch die geringste Bedeutung dürfte – bei den damaligen hohen Preisen – die private Nutzung interkontinentaler Nachrichtenverbindungen besessen haben. Dies galt auch für die in der Zwischenkriegszeit eingerichtete Radiotelefonie und die seit 1956 in den Ozeanen verlegten Telefonkabel.

Nach dem Zweiten Weltkrieg wuchs der Welthandel in neue Größenordnungen. Er profitierte von der – zumindest aus der Perspektive der europäischen Staaten – langen Friedenszeit. Immer mehr Unternehmen agierten weltweit. Riesenschiffe und der Containerverkehr senkten die Frachtkosten. Selbst das Flugzeug wurde in die globalen Transportnetze einbezogen. Es befördert vor allem verderbliche Waren, wie Früchte, Gemüse und Schnittblumen, für die gehobene und nach Repräsentation strebende Tischkultur der Wohlstandsgesellschaften. Außerdem befinden sich in den Frachträumen hochwertige Güter, wie optische und elektronische Geräte, bei denen die Transportkosten nur in geringem Umfang zu Buche schlagen.

Die Transport- und Kommunikationssysteme, welche die Globalisierung ermöglichten, dienten – schon wegen der Kosten – zuerst geschäftlichen und erst später privaten Zwecken. Dies galt auch für die Luftfahrt. Vor dem Krieg entstanden zwar globale Fernverbindungen, doch beschränkte sich die Zahl der Fluggäste, bei denen es sich ganz überwiegend um Geschäftsleute und Diplomaten handelte, auf einige Hunderttausend im Jahr. Nach dem Krieg stiegen die Passagierzahlen steil an. Zunächst dominierte noch der Geschäftsverkehr. Der Umstieg von Propeller- auf Düsenmaschinen und der Bau von Großraumflugzeugen sowie die Klassendifferenzierung und der Charterverkehr machten das Fliegen billiger. Als Folge überholte der Freizeitverkehr die Geschäftsreisen.

Ebenso wie die Geschäftsreisenden leisteten die Ferienflieger einen Beitrag zur Globalisierung des Konsums. Sie erwarteten bei Unterkunft, Verpflegung und Unterhaltung Standards, die sie von zuhause gewöhnt waren. Die Ferienländer importierten für die Touristen Waren und Dienstleistungen, welche den Einheimischen als Leitbilder des Wohlstands und Konsums dienten. Fernreisen verbilligten sich beträchtlich. Flüge nach Florida oder in die Karibik kosteten nicht unbedingt mehr als nach Griechenland oder Italien. Eine Globalisierung besonderer Art stellt der Sextourismus dar. Jährlich suchen Hunderttausende Männer billige und scheinbar exotische sexuelle Erlebnisse in Ländern wie Thailand, den Philippinen oder der Dominikanischen Republik. Der preiswerte Lufttransport hat den gesamten Globus zur Spielwiese menschlicher Begierden und Wünsche gemacht. Bei der überwiegenden Zahl der Wohlstandsbürger beschränken sich internationale und interkontinentale Ausflüge auf gelegentliche Urlaubsreisen. Eine Minderheit, bezeichnenderweise nach dem Verkehrsmittel »Jet set« genannt, frönt einem internationalen gesellschaftlich-kulturellen Lebensstil. Per Flugzeug lassen sich Konzerte, Konferenzen, Tagungen, Ausstellungen, Sportveranstaltungen oder Parties in kurzen Rhythmen ansteuern. Einzig die menschliche Physis legt dem globalen Konsumenten noch Hindernisse in den Weg, wie den »Jet lag«, doch werden auch Strategien zu dessen Überwindung angeboten.

Von den Unterhaltungsmedien entwickelte der Rundfunk bereits in der Zwischenkriegszeit globale Dimensionen. Dahinter standen sowohl kommerzielle wie (kultur-)politische Motive. Die Rundfunkanstalten reicherten ihr Programm mit Reportagen über spektakuläre Ereignisse aus der Welt des Sports, der Kultur und der Politik an. Und sie versorgten in der Ferne weilende Landsleute oder interessierte Ausländer mit Informationen – oder auch Propaganda – zu Kultur, Politik und Wirtschaft. Auch heute noch existieren entsprechende Kurzwellenprogramme. Doch machte die Konkurrenz und Dominanz des Fernsehens aus dem allgemeinen Unterhaltungsrundfunk tendenziell ein mehr lokales und regionales Medium.

Erst das über Satellit verbreitete Fernsehen globalisierte den häuslichen Medienkonsum. Zunächst erfolgten Programmaustausch und Direktübertragung mit Richtfunkstrecken oder mit Koaxialkabeln. Zudem ließen sich mit dem Flugzeug Aufzeichnungen auf Kinofilm oder später auf Magnetband liefern. Den Aufzeichnungen ging jedoch die Authentizität von Live-Übertragungen ab. Seit Mitte der 1960er Jahre boten kommerzielle Satelliten Übertragungskapazitäten an. Innerhalb weniger Jahre überbrückten sie die großen Ozeane und eröffneten die Möglichkeit, weltweit Bilder zu übermitteln.

Bei den Fernsehzuschauern genießen die Fußballweltmeisterschaften und die Olympischen Spiele die größte Beliebtheit. Wie kaum ein anderes Ereignis dokumentieren die Olympischen Spiele Wechselwirkungen zwischen Medienentwicklung und öffentlicher Rezeption. Die internationale Fernsehberichterstattung begann mit den Olympischen Spielen 1952 in Oslo und Helsinki durch Filmtransport per Flugzeug. 1960 in Rom beschränkte sich die Fernseh-Live-Übertragung per Richtfunk auf Europa. Die Spiele 1964 in Tokio ließen sich erstmals per Satellit weltweit verfolgen. Die Olympischen Spiele waren auf dem besten Weg zum »telekratischen Sport«, so der Philosoph und Olympiasieger Hans Lenk, bei dem das Fernsehen – direkt oder indirekt – ein wichtiges Wort bei der Vergabe der Spiele, der Zulassung von Sportarten, der Planung der Wettkampfstätten und dem zeitlichen Ablauf mitredet.

Die Fernsehberichterstattung verschafft sich die Aura von Authentizität, indem sie Live-Übertragungen oder als Live ausgegebene Konserven von den globalen Schauplätzen einblendet. Eine neue Qualität erreichte der globale Fernsehjournalismus in den 1980er Jahren. Tragbare Kameras und leicht transportable Sendeeinrichtungen ermöglichten jetzt unmittelbare Bilder von den Brennpunkten des Geschehens. Die technischen Möglichkeiten nutzte als Pionier der amerikanische Sender Cable News Network (CNN) in Form von 24-Stunden-Nachrichtenprogrammen. CNN bietet dabei mehrere auf die wichtigsten Weltregionen zugeschnittene Formate an. Das Fernsehen hat als erstes Medium ein – in den Worten des kanadischen Kommunikationswissenschaftlers Marshall McLuhan – »global village« geschaffen, ein globales Dorf, welches Geschehnisse in Echtzeit erfährt und verarbeitet.

Die seit Mitte der 1960er Jahre arbeitenden Kommunikationssatelliten und die seit 1988 verlegten transozeanischen Glasfaserkabel vergrößerten die Kapazität der globalen Nachrichtenverbindungen exponentiell. Der damit einhergehende Preiszerfall eröffnete auch den privaten Konsumenten den Zugang zum weltweiten Kommunikationsnetz. Dazu kamen weitere technische Innovationen, wie das Mobiltelefon, der PC, das Notebook und das Internet. Heute bereitet es den Konsumenten keinerlei Schwierigkeiten, Kontakte mit auf der Welt verstreuten Freunden und Verwandten zu pflegen. Der Reisende kann die ihm Nahestehenden über sein Befinden und seine Erlebnisse auf dem Laufenden halten. Mit Hilfe des Internet lassen sich bequem weltweite Recherchen durchführen, globale Chats und Spielgemeinschaften organisieren und Streifzüge durch die virtuelle Welt unternehmen, welche von zahlreichen, auf der Erde verteilten Computern gespeist wird.

Kritik und Grenzen der Konsumgesellschaft

Die Konsumgesellschaft bildete sich in einem langwierigen Prozess heraus. Mindestens seit der Industriellen Revolution gingen immer mehr Menschen zu neuen Konsumformen über. Sie aßen reichhaltiger und abwechslungsreicher, kleideten sich modischer, statteten ihre Wohnungen mit Gebrauchsgegenständen aus und gaben sich in der Freizeit Vergnügungen hin. Seit dem späten 19. Jahrhundert nahm der Konsum Formen an, welche strukturell den heutigen entsprechen. Nahrungsmittel entstammten der Fabrik, Massenkonfektion ermöglichte häufigen Kleiderwechsel, langlebige technische Konsumgüter zogen in die Wohnungen ein, die Unterhaltungsindustrie lockte mit neuen Medien, Verkehrsmittel erleichterten Ausflüge und Reisen. Aber nur eine Minderheit der Bevölkerung besaß genügend Zeit und Geld, um die neuen Konsummöglichkeiten in großem Umfang zu nutzen. Im 20. Jahrhundert erweiterten steigende Einkommen, sinkende Realpreise und mehr Freizeit die Mitgliedschaft in der sich formierenden Konsumgesellschaft. Von einer entwickelten Konsumgesellschaft, welche die Mehrheit der Bevölkerung umfasste, lässt sich für die Vereinigten Staaten seit der Zwischenkriegszeit, für Deutschland seit den 1960er Jahren sprechen.

Dimensionen der Konsumkritik: Kultur, Herrschaft, Natur

Kritische Stimmen begleiteten von Anfang an das neue Konsumverhalten. Sie thematisierten drei mit Konsum in Zusammenhang stehende Komplexe: Kultur, Herrschaft und Natur. Konsumkritik als Kulturkritik anerkannte zwar in der Regel die im Konsum zum Ausdruck kommenden materiellen Fortschritte. Sie bestritt aber nachdrücklich, dass dies auch eine kulturelle Höherentwicklung bedeute. Die kulturkritische Position unterschied häufig zwischen materieller Zivilisation und geistiger Kultur. Manche Theorien konstatierten ein Zurückbleiben der Kultur hinter der zivilisatorischen Entwicklung, in anderen erschien die Menschheitsgeschichte in ihrer Gesamtheit als kultureller Niedergang. Die gesellschaftliche Verbreitung der Konsummöglichkeiten führe zu einer von Kulturzerfall begleiteten Vermassung. Eine gemäßigtere Form der Kulturkritik sah ein Auseinanderklaffen zwischen der zivilisatorischen Entwicklung und deren ethischer und moralischer Bewältigung. Die Steuerungskompetenz der Menschen habe mit dem Zuwachs an Handlungskompetenz nicht Schritt gehalten. Und schließlich betonten Kulturkritiker, dass das Mehr an materiellem Konsum die Menschen nicht unbedingt zufriedener und glücklicher mache. Die einen verwiesen auf die Natur des Menschen, auf sein nie zu stillendes Verlangen nach zusätzlichen Gütern und Dienstleistungen. Die anderen meinten, dass Glück und Zufriedenheit ohnehin mit materiellen Gütern nicht zu erreichen sei; Wohlstand stelle bestenfalls eine notwendige, aber keine hinreichende Bedingung für ein gutes Leben dar.

Die zweite – vor allem auf der Linken angesiedelte – Ausprägung der Konsumkritik interpretierte Konsum als Mittel zur Stabilisierung von Herrschaft. Der Konsum lenke die Menschen von den dahinter stehenden industriekapitalistischen Verwertungsinteressen und politischen Herrschaftsverhältnissen ab. Bei der Erweiterung der Konsummöglichkeiten handele es sich um eine Art Herrschaftstechnologie, mit welcher sich politisches, soziales und ökonomisches Wohlverhalten erkaufen lasse. In extremen Varianten der Konsumkritik als Herrschaftskritik erschien der Konsument als bewusstloses Objekt der totalen Manipulation der Herrschenden, als Marionette an den Fäden des Kapitals.

Die dritte Ausprägung der Konsumkritik interpretierte den Wohlstandskonsum als eine problematische Art und Weise des Umgangs mit der Natur. Jegliche Konsumsteigerung erfolge letzten Endes zu Lasten der Natur. Die enorme Erweiterung der Konsummöglichkeiten im 19. und 20. Jahrhundert beruhe vor allem auf der Externalisierung anfallender Kosten in Form von Naturverbrauch und Naturzerstörung. Die im 20. Jahrhundert globale Ausmaße annehmende Umweltgefährdung sei eine direkte Folge von Konsum, Wohlstand und Überfluss.

Die drei wichtigsten Ausprägungen der Konsumkritik, formuliert als Kulturkritik, als Herrschaftskritik und als Umweltkritik, lassen sich analytisch voneinander trennen; in historischen Diskursen gingen sie zahlreiche Verbindungen ein und wiesen Überschneidungen auf. Sie waren im gesamten 19. und 20. Jahrhunderts vertreten; allerdings veränderte sich ihr Stellenwert, und die Begründungen wurden modifiziert. Im Laufe der Zeit verlagerte sich der Schwerpunkt der Konsumkritik von kulturkritischen über herrschaftskritische zu umweltkritischen Positionen. Die einzelnen Ausprägungen der Konsumkritik überspannten ein breites politisches Spektrum von ganz links bis ganz rechts, wenn auch das Schwergewicht der kulturkritischen Position mehr im konservativen Spektrum, das der herrschafts- und umweltkritischen Position mehr im linken lag. Tendenziell relativierten und durchmischten sich in der Konsumkritik die traditionellen politischen Muster von links und rechts.

Im Allgemeinen wurde im 19. Jahrhundert Konsum in der amerikanischen Gesellschaft positiver aufgenommen als in der deutschen. In den USA war die Auffassung weit verbreitet, dass die Erfüllung konsumtiver Bedürfnisse Voraussetzung sei für gesellschaftliches Engagement. Der amerikanische Puritanismus hatte nichts gegen Konsum einzuwenden, solange Grenzen gottgefälligen Verhaltens gewahrt blieben. Missstände wie Trunksucht und andere lasterhafte Vergnügungen interpretierte man als Verfehlungen, die durch erzieherische Einwirkung zu bekämpfen und zu beheben seien. In der Zwischenkriegszeit erhöhte sich das Konsumniveau in markanter Weise; die Vereinigten Staaten lassen sich spätestens seit den 1930er Jahren als entwickelte Konsumgesellschaft begreifen. Die Konsumkritik beschränkte sich dagegen bis in die 1970er Jahre weitgehend auf Zirkel von Intellektuellen und blieb in der breiten Bevölkerung und bei den Regierenden ohne Resonanz.

Reflexionen zum Konsum und Diskussionen zur Konsumgesellschaft setzten in Deutschland im Vergleich zu den USA mit zeitlicher Verzögerung ein – parallel zur späteren Entfaltung der konsumtiven Möglichkeiten. In der Zwischenkriegszeit nahmen Konsumkritiker denn auch vor allem die Vereinigten Staaten ins Visier. Die konsumkritischen Intellektuellen integrierten in ihre Skizzen des American Way of Life das gängige Repertoire antiamerikanischer Stereotypen, wie Materialismus, Oberflächlichkeit, Kulturlosigkeit. Die Nationalsozialisten suchten die Bevölkerung durch erweiterte Konsummöglichkeiten, durch Volksempfänger, Kinofilme und KdF-Reisen, für das Regime zu gewinnen. Weit darüber hinausgehenden Konsumversprechungen zur Wohnungsversorgung und Motorisierung ersparte der Krieg die Nagelprobe. Die Vereinigten Staaten standen Pate für nicht wenige Elemente der nationalsozialistischen Konsumpolitik, dies wurde jedoch wohlweislich verschwiegen.

Die Expansion des Konsums und die Entfaltung der Konsumgesellschaft in der Bundesrepublik fallen in die 1950er und 1960er Jahre. Begleitet wurde diese Entwicklung durch einen vielstimmigen Chor rechter und linker Konsumkritiker, den die breite Bevölkerung aber ignorierte. Teile der Studentenbewegung von 1968 gaben sich konsumkritisch, dessen ungeachtet integrierte die Konsumgesellschaft Elemente der linken Jugendkultur. Die Bundesbürger eigneten sich die Insignien der Konsumgesellschaft mit großer Geschwindigkeit und Begeisterung an – einzig gebremst von der anfänglichen Unsicherheit über die Beständigkeit der weltpolitischen Verhältnisse und des wirtschaftlichen Aufschwungs. Die Bundesregierung schrieb offiziell das Ziel Wohlstand auf ihre Fahnen – nicht ohne ab und zu vor den Gefahren des Materialismus zu warnen.

Die frühe Herausbildung der amerikanischen Konsumgesellschaft schloss die Entstehung einer Verbraucherbewegung ein. Dieser ging es jedoch nicht um Kritik am Konsum, sondern gewissermaßen um dessen Optimierung im Interesse der Verbraucher. Seit den 1930er Jahren entstanden Konsumentenorganisationen, Institute für die Durchführung von Warentests, Beratungsstellen und Verbraucherzeitschriften. In der Nachkriegszeit expandierten die

Mitgliedszahlen und die Zeitschriftenauflagen in den Millionenbereich. Die Konsumenten schufen sich eine in der Öffentlichkeit präsente, wirkmächtige Gegenmacht zu den Produzenten. Die amerikanische Regierung erließ im Laufe des 20. Jahrhunderts zahlreiche Gesetze mit dem Ziel des Verbraucherschutzes und reagierte damit auf den hohen Stellenwert des Konsums in der amerikanischen Gesellschaft.

Wie in den USA in den 1930er Jahren formierten sich in der Bundesrepublik in den 1950er und 1960er Jahren Verbraucherorganisationen. Im Unterschied zu den amerikanischen litten die deutschen aber von vornherein unter divergierenden politischen Interessen. In der Bundesrepublik besaß der Konsum offensichtlich nicht die integrative Kraft, um soziale und politische Gegensätze zu überwinden. Darüber hinaus bestimmte die deutsche etatistische Tradition auch die Verbraucherpolitik. Die Dachverbände der Verbraucherorganisationen und die Stiftung Warentest wurden mit ideeller, organisatorischer und finanzieller Unterstützung des Staates ins Leben gerufen.

Die Umweltkrise gab der Konsumkritik seit den 1970er Jahren – sowohl in den USA wie in der Bundesrepublik – erweiterte Argumente an die Hand. Eine Fülle von Publikationen prangerte einzelne Umweltschäden an oder stellte grundsätzlich die konsumintensive Lebensweise und deren Ressourcenverbrauch in Frage. Die umweltkritische Variante der Konsumkritik verbreitete sich in allen westlichen Wohlstandsnationen; aus ihr entwickelte sich eine staatliche und kulturelle Grenzen überschreitende globale Umweltdiskussion. In den Ländern der sogenannten Dritten und Vierten Welt wurde sie aufgegriffen und zum Argument gegen die Dominanz der westlichen Industriestaaten in der Weltwirtschaft umgemünzt. Die Globalisierung der Diskussion holte gewissermaßen die Globalisierung der Umweltprobleme ein. Eine zusätzliche Brisanz entstand, als immer mehr Emissionen der Industrie- und Konsumgesellschaft als klimaschädliche Gase identifiziert wurden. Klimaveränderungen durch Erwärmung der Erdatmosphäre gelten heute als das globale Makrorisiko schlechthin.

Wenigstens ein Tag soll 1999 konsumfrei bleiben

Konsumgesellschaft: Ein Modell am Scheideweg

Eine alte Frage ist die nach Sättigungserscheinungen. Gibt es Begrenzungen für die Ausstattung an materiellen Dingen und die Nutzung von Dienstleistungen? Die Behauptung der Existenz solcher Grenzen ist nicht neu. Gleichzeitig generiert die Konsumindustrie ständig neue Angebote, welche eine Abnahme finden. Jedoch scheint es schwerer zu werden, Neuerungen erfolgreich am Markt zu platzieren.

Konsum benötigt Geld und Zeit. Seit einigen Jahrzehnten wachsen in den alten Wohlstandsländern die Einkommen nicht mehr oder nur noch in geringem Umfang. Die Produktivitätssteigerungen der Wirtschaft kommen weniger als früher den Einkommen zugute. Teilweise fallen die Gewinne nicht mehr in den alten Industrieländern an, sondern in den Entwicklungs- und Schwellenländern, wo sich – bei fortbestehender Armut – konsumstarke Schichten als Minderheiten herausbilden. Teilweise dienen die Gewinne der Tilgung in der Vergangenheit eingegangener gesellschaftlicher Schulden, in den Staatshaushalten oder bei der Altersvorsorge; sie finden Verwendung für die Reparatur bereits eingetretener Umweltschäden oder die Vermeidung neuer. Jedenfalls stehen die Produktivitätsgewinne nicht mehr im gleichen Umfang wie früher für Konsumsteigerungen zur Verfügung.

Außer Geld benötigt Konsum Zeit, freie Zeit für das Ausleben der konsumtiven Bedürfnisse. Dabei stellt sich das gleiche Problem wie bei den Einkommen: Die Produktivitätsgewinne lassen sich nicht mehr wie früher in freie Zeit umwandeln. Viele Konsumgüter, wie Waschmaschinen oder Automobile, werden an sich gekauft, um Zeit zu sparen – es sei dahingestellt, ob das Sparziel immer erreicht wird. Andere Konsumgüter – das beste Beispiel: der Fernseher – sparen nicht, sondern verbrauchen Zeit, die dann für andere Konsumhandlungen nicht mehr zur Verfügung steht. Die Vernichtung von Zeit durch Konsumgüter heißt nicht, dass neue Produkte nicht mehr angeschafft werden. Vielfach gelangen sie nur seltener zum Einsatz. Die Konsumzeit lässt sich verdichten, indem mehrere Tätigkeiten nebeneinander durchgeführt werden. Beim Frühstück kann man den Nachrichten lauschen, beim Spazierengehen oder Wandern Telefonieren, beim Jogging über den Knopf im Ohr Musik hören. Jedoch ist weder die Anschaffung selten genutzter Güter noch die Verdichtung der Konsumzeit in Form des Multitasking unbegrenzt möglich. Für beides gibt es physische und psychische Grenzen.

Auf der Ebene des Individuums lassen sich also finanzielle und temporale Grenzen der Konsumgesellschaft identifizieren. Auf der Ebene der Weltgesellschaft liegen diese Grenzen in der Belastbarkeit der globalen Umwelt. Die Wohlstandsländer und Wohlstandsbürger exportieren einen Teil der durch den Konsum entstehenden Umweltprobleme. Sie nutzen die Ressourcen der Welt und belasten die Armen mit einem Teil der bei der Gewinnung und Verarbeitung anfallenden Umweltprobleme. Sie verklappen Abfall in die Weltmeere oder verfrachten ihn – darunter auch Giftmüll – in arme Regionen.

Sie verfeuern den Müll in Verbrennungsanlagen und entlassen die dabei entstehenden Schadstoffe in die Atmosphäre.

Heute verbraucht ein Viertel der Weltbevölkerung drei Viertel der Ressourcen und erzeugt drei Viertel des Abfalls und der Emissionen. Die Hälfte der konsumstarken Bevölkerung lebt in den entwickelten Konsumgesellschaften, die andere Hälfte stellen die wohlhabenden Minderheiten in den Schwellen- und Entwicklungsländern. Es besteht weitgehende Übereinstimmung, dass sich das Wohlstandsniveau der Konsumgesellschaften nicht universalisieren lässt. Die zusätzlichen Belastungen könnte die Erde nicht verkraften. Diese Einsicht wird besonders thematisiert, seit bevölkerungsreiche Länder wie China, Indien und Brasilien ihr Wohlstandsniveau mit teilweise großer Dynamik steigern.

Die Welt befindet sich in einer aporetischen Situation. Zwar ist an Vorschlägen für Maßnahmen der Effizienz und Suffizienz kein Mangel. Die Vorschläge zur Effizienzsteigerung beziehen sich auf die bessere Ausnutzung von Stoffen und Energien. Die zur Suffizienz zielen auf den Verzicht auf Güter und Dienstleistungen bei gleich bleibender Lebensqualität. Die Bereitschaft, das Konsumniveau zu reduzieren, ist jedoch wenig ausgeprägt; Lebensqualität wird weiter mit Güterbesitz und Konsumhandlungen gleich gesetzt. Bereits stagnative Tendenzen rufen Verteilungskämpfe, politische Proteste und soziale Verwerfungen hervor. Die vom Wohlstand weniger gesegneten Länder orientieren sich am Konsumniveau der wohlhabenden. Ihre Bereitschaft ist gering, durch Konsumverzicht die Lasten der globalen Umweltkrise mit zu schultern. Die Welt ist an den Grenzen der Konsumgesellschaft angelangt. Es ist noch nicht zu erkennen, was hinter diesen Grenzen liegt.

Ausgewählte Literatur

Konsum und Konsumgesellschaft

Andersen, Arne: Der Traum vom guten Leben. Alltags- und Konsumgeschichte vom Wirtschaftswunder bis heute. Frankfurt, New York 1997.

Cohen, Lizabeth: A Consumers' Republic: The Politics of Mass Consumption in Postwar America. New York 2003.

Cross, Gary: An All-Consuming Century: Why Commercialism Won in Modern America. New York 2000.

Grazia, Victoria de: Irresistible Empires: America's Advance through 20th-Century Europe. Cambridge, Mass., London 2005.

Jacobson, Lisa: Raising Consumers: Children and the American Mass Market in the Early Twentieth Century (Popular Cultures, Everyday Lives). New York u. a. 2004.

Jarausch, Konrad H. u. Geyer, Michael: Zerbrochener Spiegel. Deutsche Geschichten im 20. Jahrhundert. München 2005 (zuerst englisch 2003), S. 303–51.

Kline, Ronald R.: Consumers in the Country: Technology and Social Change in Rural America. Baltimore 2000.

König, Wolfgang: Geschichte der Konsumgesellschaft (Vierteljahrschrift für Sozial- und Wirtschaftsgeschichte. Beihefte 154). Stuttgart 2000, besonders S. 7–32, 132–35, 451–56.

König, Wolfgang: Volkswagen, Volksempfänger, Volksgemeinschaft. »Volksprodukte« im Dritten Reich. Vom Scheitern einer nationalsozialistischen Konsumgesellschaft. Paderborn u. a. 2004.

Lee, Martyn J. (Hrsg.): The Consumer Society Reader. Malden, Mass., Oxford 2000.

McKendrick; Neil; Brewer, John; Plump, J. H.: The Birth of the Consumer Society: The Commercialization of Eighteenth-Century England. London 1982.

Miller, Daniel (Hrsg.): Acknowledging Consumption: A Review of New Studies (Material Cultures. Interdisciplinary Studies in the Material Construction of Social Worlds). London, New York 1995.

Müller, Johann Baptist: Bedürfnis und Gesellschaft. Bedürfnis als Grundkategorie im Liberalismus, Konservatismus und Sozialismus (Stuttgarter Beiträge zur Geschichte und Politik 6). Stuttgart 1971.

Nolan, Mary: Visions of Modernity: American Business and the Modernization of Germany. New York, Oxford 1994.

Prinz, Michael (Hrsg.): Der lange Weg in den Überfluss. Anfänge und Entwicklung der Konsumgesellschaft seit der Vormoderne (Forschungen zur Regionalgeschichte 43). Paderborn 2003.

Rosenkranz, Doris u. Schneider, Norbert F. (Hrsg.): Konsum. Soziologische, ökonomische und psychologische Perspektiven. Opladen 2000.

Schildt, Axel: Moderne Zeiten. Freizeit, Massenmedien und »Zeitgeist« in der Bundesrepublik der 50er Jahre (Hamburger Beiträge zur Sozial- und Zeitgeschichte 31). Hamburg 1995.

Schildt, Axel: Die Sozialgeschichte der Bundesrepublik Deutschland bis 1989/90 (Enzyklopädie Deutsche Geschichte 80). München 2007.

Siegrist, Hannes; Kaelble, Hartmut; Kocka, Jürgen (Hrsg.): Europäische Konsumgeschichte. Zur Gesellschafts- und Kulturgeschichte des Konsums (18. bis 20. Jahrhundert). Frankfurt/Main, New York 1997.

Stearns, Peter: Stages of Consumerism: Recent Work on the Issues of Periodization. Journal of Modern History 69 (1997), S. 102–17.

Stihler, Ariane: Die Entstehung des modernen Konsums. Darstellung und Erklärungsansätze (Beiträge zur Verhaltensforschung 35). Berlin 1998.

Strasser, Susan; McGovern, Charles; Judt, Matthias (Hrsg.): Getting and Spending: European and American Consumer Societies in the Twentieth Century (Publications of the German Historical Institute, Washington, D.C.). Cambridge 1998.

Wildt, Michael: Am Beginn der ‚Konsumgesellschaft'. Mangelerfahrung, Lebenshaltung, Wohlstandshoffnung in Westdeutschland in den fünfziger Jahren (Forum Zeitgeschichte 3). Hamburg 1994.

Voraussetzungen der Konsumgesellschaft

Ohne Geld und Zeit kein Konsum

Brock, Ditmar: Der schwierige Weg in die Moderne. Umwälzungen in der Lebensführung der deutschen Arbeiter zwischen 1850 und 1980. Frankfurt, New York 1991.

Calder, Lendol: Financing the American Dream: A Cultural History of Consumer Credit. Princeton, Oxford 1999.
Gömmel, Rainer: Realeinkommen in Deutschland. Ein internationaler Vergleich (1810–1914) (Vorträge zur Wirtschaftsgeschichte 4). Nürnberg 1979.
Historical Statistics of the United States. Colonial Times to 1970. 2 Bde., Washington, D.C., 1975.
Knorring, Ekkehard v.: Strukturwandlungen des privaten Konsums im Wachstumsprozeß der deutschen Wirtschaft seit der Mitte des 19. Jahrhunderts (Universität Augsburg. Volkswirtschaftliche Schriftenreihe 2). Augsburg 1971.
König, Wolfgang: Geschichte der Konsumgesellschaft (Vierteljahrschrift für Sozial- und Wirtschaftsgeschichte. Beihefte 154). Stuttgart 2000. S. 123–31.
Lebergott, Stanley: The American Economy: Income, Wealth and Want. Princeton, N.J., 1976.
Mandell, Lewis: The Credit Card Industry: A History (Twayne's Evolution of American Business Series. Industries, Institutions, and Entrepreneurs). Boston 1990.
Olney, Martha L.: Buy Now, Pay Later: Advertising, Credit, and Consumer Durables in the 1920s. Chapel Hill, London 1991.
Pierenkemper, Toni: Haushalt und Verbrauch in historischer Perspektive. Zum Wandel des privaten Verbrauchs in Deutschland im 19. und 20. Jahrhundert. St. Katharinen 1987.
Reis, Claus: Konsum, Kredit und Überschuldung. Zur Ökonomie und Soziologie des Konsumentenkredits. Frankfurt am Main 1992.
Schröder, Wilhelm Heinz: Die Entwicklung der Arbeitszeit im sekundären Sektor in Deutschland 1871 bis 1913. Technikgeschichte 47 (1980), S. 252–302.
Statistisches Bundesamt: Von den zwanziger zu den achtziger Jahren. Ein Vergleich der Lebensverhältnisse der Menschen. Wiesbaden 1987.
Vester, Heinz-Günter: Zeitalter der Freizeit. Eine soziologische Bestandsaufnahme. Darmstadt 1988.

Rationalisierung und Massenproduktion im Industriebetrieb

Aitken, Hugh G. J.: Scientific Management in Action: Taylorism at Watertown Arsenal, 1908–1915. Princeton, New York 1985 (zuerst 1960).
Austrian, Geoffrey D.: Herman Hollerith: Forgotten Giant of Information Processing. New York 1982.
Benad-Wagenhoff, Volker: Industrieller Maschinenbau im 19. Jahrhundert. Werkstattpraxis und Entwicklung spanabhebender Werkzeugmaschinen im deutschen Maschinenbau 1870–1914 (Technik + Arbeit. Schriften des Landesmuseums für Technik und Arbeit in Mannheim 5). Stuttgart 1993.
Blaszczyk, Regina Lee: Imagining Consumers: Design and Innovation from Wedgwood to Corning. Baltimore 1999.
Brede, Christina: Das Instrument der Sauberkeit. Die Entwicklung der Massen-

produktion von Feinseifen in Deutschland 1850 bis 2000 (Cottbuser Studien zur Geschichte von Technik, Arbeit und Umwelt 26). Münster u. a. 2005.

Ceruzzi, Paul E.: A History of Modern Computing (History of Computing). Cambridge, Mass., London [2]1999.

Chandler, James Alfred D. Jr.: The Visible Hand: The Managerial Revolution in American Business. Cambridge, Mass., London 1977.

Cortada, W.: Before the Computer: IBM, NCR, Burroughs, and Remington Rand and the Industry They Created, 1865–1956 (Princeton Studies in Business and Technology). Princeton, N.J. 1993.

Fischer, Wolfram (Hrsg.): Die Geschichte der Stromversorgung. Frankfurt am Main 1992.

Fourastié, Jean u. Schneider, Jan: Warum die Preise sinken. Produktivität und Kaufkraft seit dem Mittelalter (Deutsch-französische Studien zur Industriegesellschaft 7). Frankfurt, New York 1989.

Haber, Samuel: Efficiency and Uplift. Scientific Management in the Progressive Era, 1890–1920. Chicago, London 1964.

Hounshell, David A.: From the American System to Mass Production, 1800–1932: The Development of Manufacturing Technology in the United States (Studies in Industry and Society). Baltimore, London [3]1987.

Hughes, Thomas P.: Networks of Power: Electrification in Western Society, 1880–1930. London 1983.

König, Wolfgang: Geschichte der Konsumgesellschaft (Vierteljahrschrift für Sozial- und Wirtschaftsgeschichte. Beihefte 154). Stuttgart 2000. S. 33–90.

Luxbacher, Günther: Massenproduktion im globalen Kartell. Glühlampen, Radioröhren und die Rationalisierung der Elektroindustrie bis 1945 (Aachener Beiträge zur Wissenschafts- und Technikgeschichte des 20. Jahrhunderts 4). Berlin, Diepholz 2003.

Piore, Michael J. u. Sabel, Charles F.: Das Ende der Massenproduktion. Studie über die Requalifizierung der Arbeit und die Rückkehr der Ökonomie in die Gesellschaft. Berlin 1985 (zuerst 1984).

Ruby, Jürgen: Maschinen für die Massenfertigung. Die Entwicklung der Drehautomaten bis zum Ende des Ersten Weltkrieges. Stuttgart 1995.

Scranton, Philip: Endless Novelty: Specialty Production and American Industrialization 1865–1925. Princeton, N.J., 1997.

Teich, Mikuláš: Bier, Wissenschaft und Wirtschaft in Deutschland 1800–1914. Ein Beitrag zur deutschen Industrialisierungsgeschichte. Wien u. a. 2000.

Wupper-Tewes, Hans: Rationalisierung als Normalisierung: Betriebswirtschaft und betriebliche Leistungspolitik in der Weimarer Republik. Münster 1995.

Handel und Vertrieb

Crossick, Geoffrey u. Jaumain, Serge (Hrsg.): Cathedrals of Consumption: The European Department Store, 1850–1939 (The History of Retailing and Consumption). Aldershot u. a. 1999.

Gries, Rainer: Produkte als Medien. Kulturgeschichte der Produktkommunikation in der Bundesrepublik und der DDR. Leipzig 2003.
Hampe, Edward C. Jr. u. Wittenberg, Merle: The Lifeline of America: Development of the Food Industry. New York u. a. 1964.
König, Wolfgang: Geschichte der Konsumgesellschaft (Vierteljahrschrift für Sozial- und Wirtschaftsgeschichte. Beihefte 154). Stuttgart 2000. S. 91–107.
Leach, William: Land of Desire: Merchants, Power, and the Rise of a New American Culture. New York 1993.
Lummel, Peter u. Deak, Alexandra (Hrsg.): Einkaufen! Eine Geschichte des täglichen Bedarfs. Berlin 2005.
Pasdermadjian, H.: Das Warenhaus. Entstehung, Entwicklung und wirtschaftliche Struktur. Köln, Opladen 1954.
Spiekermann, Uwe: Basis der Konsumgesellschaft. Entstehung und Entwicklung des modernen Kleinhandels in Deutschland 1850–1914 (Schriftenreihe zur Zeitschrift für Unternehmensgeschichte 3). München 1999.
Strasser, Susan: Satisfaction Guaranteed: The Making of the American Mass Market. New York 1989.
Tedlow, Richard S.: New and Improved: The Story of Mass Marketing in America. New York 1990.
Wildt, Michael: Am Beginn der ‚Konsumgesellschaft'. Mangelerfahrung, Lebenshaltung, Wohlstandshoffnung in Westdeutschland in den fünfziger Jahren (Forum Zeitgeschichte 3). Hamburg 1994.

Konsumfelder

Ernährung: Von der Mahlzeit zum Fast Food

Anderson, Oscar Edward Jr.: Refrigeration in America: A History of a New Technology and Its Impact. Princeton, N.J., 1953.
Cummings, Richard Osborne: The American and His Food: A History of Food Habits in the United States. Chicago [2]1941.
Davies, Peter N.: Fyffes and the Banana: Musa Sapientum. A Centenary History 1888–1988. London u. a. 1990.
Ellerbrock, Karl-Peter: Geschichte der deutschen Nahrungs- und Genußmittelindustrie 1750–1914 (Zeitschrift für Unternehmensgeschichte. Beiheft 76). Stuttgart 1993.
Flink, James J.: The Automobile Age. Cambridge, Mass., London 1988.
Hampe, Edward C., Jr. u. Wittenberg, Merle: The Lifeline of America: Development of the Food Industry. New York u. a. 1964.
Horowitz, Roger: Putting Meat on the American Table: Taste, Technology, Transformation. Baltimore 2006.
König, Wolfgang: Geschichte der Konsumgesellschaft (Vierteljahrschrift für Sozial- und Wirtschaftsgeschichte. Beihefte 154). Stuttgart 2000. S. 136–81.

Levenstein, Harvey A.: Revolution at the Table: The Transformation of the American Diet. New York, Oxford 1988.

Liniger, Max: L'Orange d'Espagne sur les Marchés Européens. Diss. Genf 1961. Genf 1962.

Lummel, Peter u. Deak, Alexandra (Hrsg.): Einkaufen! Eine Geschichte des täglichen Bedarfs. Berlin 2005.

Mintz, Sidney W.: Die süße Macht. Kulturgeschichte des Zuckers. Frankfurt, New York 1987.

Pelzer, Birgit u. Reith, Reinhold: Margarine. Die Karriere der Kunstbutter. Berlin 2001.

Stuyvenberg, J. H. van: Margarine. An Economic, Social and Scientific History, 1869–1969. Liverpool 1969.

Tannahill, Reay: Food in History. London u. a. [2]1988.

Teich, Mikuláš: Bier, Wissenschaft und Wirtschaft in Deutschland 1800–1914. Ein Beitrag zur deutschen Industrialisierungsgeschichte. Wien u. a. 2000.

Teuteberg, Hans Jürgen (Hrsg.): Durchbruch zum modernen Massenkonsum. Lebensmittelmärkte und Lebensmittelqualität im Städtewachstum des Industriezeitalters (Studien zur Geschichte des Alltags 8). Münster 1987.

Teuteberg, Hans Jürgen: Zur Kulturgeschichte der Kaffee-Surrogate. In: Ball, Daniela (Hrsg.): Kaffee im Spiegel europäischer Trinksitten (Veröffentlichungen des Johann Jacobs Museum zur Kulturgeschichte des Kaffees 2). Zürich 1991, S. 169–203.

Teuteberg, Hans J. u. Wiegelmann, Günter: Unsere tägliche Kost. Geschichte und regionale Prägung (Studien zur Geschichte des Alltags 6). Münster 1986.

Thévenot, Roger: A History of Refrigeration Throughout the World. Paris 1979.

Wagner, Christoph: Fast schon Food. Die Geschichte des schnellen Essens. Frankfurt, New York 1995.

Wirz, Albert: Die Moral auf dem Teller. Dargestellt an Leben und Werk von Max Bircher-Benner und John Harvey Kellogg, Zürich 1993.

Bekleidung und Mode

Coleman, D. C.: Courtaulds: An Economic and Social History. Bd. 2: Rayon. Oxford 1969.

Döring, Friedrich-Wilhelm: Vom Konfektionsgewerbe zur Bekleidungsindustrie. Zur Geschichte von Technisierung und Organisierung der Massenproduktion von Bekleidung (Europäische Hochschulschriften. Reihe III: Geschichte und ihre Hilfswissenschaften 530). Frankfurt am Main u. a. 1992.

Gamber, Wendy: The Female Economy: The Millenery and Dressmaking Trades, 1860–1930 (Women in American History) (The Working Class in American History). Urbana, Chicago 1997.

Hounshell, David A. u. Smith, John Kenly: Science and Corporate Strategy: Du Pont R & D, 1902–1980 (Studies in Economic History and Policy. The United States in the Twentieth Century). Cambridge u. a. 1988.

Kidwell, Claudia B. u. Christman, Margaret C: Suiting Everyone: The Democratization of Clothing in America. Washington, D.C., 1974.

König, René: Menschheit auf dem Laufsteg. Die Mode im Zivilisationsprozeß. München, Wien 1985.

König, Wolfgang: Geschichte der Konsumgesellschaft (Vierteljahrschrift für Sozial- und Wirtschaftsgeschichte. Beihefte 154). Stuttgart 2000, S. 182–207.

Kosche, Thomas: Was trugen jene Badener im Biedermeier, die sich die Biedermeiermode nicht leisten konnten? Ein Forschungs(zwischen)bericht zur Geschichte der Kleidung aus bedruckten Baumwollstoffen (LTA-Forschung. Reihe des Landesmuseums für Technik und Arbeit in Mannheim 11). Mannheim 1993.

Lindner, Stephan H.: Den Faden verloren. Die westdeutsche und die französische Textilindustrie auf dem Rückzug (1930/45–1990) (Schriftenreihe zur Zeitschrift für Unternehmensgeschichte 7). München 2001.

Meikle, Jeffrey L.: American Plastic: A Cultural History. New Brunswick, N.J., 1995.

Neuland, Dagmar: Kleidung und Kleidungsverhalten werktätiger Klassen und Schichten in der Großstadt Berlin zwischen 1918 und 1932/33. Eine empirische Studie. Diss. Humboldt-Universität Berlin 1988.

Schnierer, Thomas: Modewandel und Gesellschaft. Die Dynamik von »in« und »out«. Opladen 1995.

Wohnen: Die Entstehung der technisierten Komfortwohnung

Ackermann, Marsha E.: Cool Comfort: America's Romance with Air-Conditioning. Washington, D.C., London 2002.

Andritzky, Michael (Hrsg.): Oikos. Von der Feuerstelle zur Mikrowelle. Haushalt und Wohnen im Wandel. Katalogbuch zur Ausstellung. Gießen 1992.

Brewer, Priscilla J.: From Fireplace to Cookstove: Technology and the Domestic Ideal in America. Syracuse 2000.

Cowan, Ruth Schwartz: More Work for Mother: The Ironies of Household Technology from the Open Hearth to the Microwave. New York 1983.

50 Jahre Wohnen in Deutschland. Ergebnisse aus Gebäude- und Wohnungs-Zählungen, -stichproben, Mikrozensus-Ergänzungserhebungen und Bautätigkeitsstatistiken. Hrsg. v. Statistischen Bundesamt. Wiesbaden 2000.

Geschichte des Wohnens, Bde. 3–5, Stuttgart 1996–1999.

Gransche, Elisabeth u. Rothenbacher, Franz: Wohnbedingungen in der zweiten Hälfte des 19. Jahrhunderts 1861–1910. Geschichte und Gesellschaft 14 (1988), S. 64–95.

Heßler, Martina: »Mrs. Modern Woman«. Zur Sozial- und Kulturgeschichte der Haushaltstechnisierung. Frankfurt, New York 2001.

Jackson, Kenneth T.: Crabgrass Frontier: The Suburbanization of the United States. New York 1985.

König, Wolfgang: Geschichte der Konsumgesellschaft (Vierteljahrschrift für Sozial- und Wirtschaftsgeschichte. Beihefte 154). Stuttgart 2000, S. 208–47.

Melosi, Martin V.: Garbage in the Cities: Refuse, Reform, and the Environment, 1880–1980 (Environmental History Series 4). College Station, Texas 1981.

Melosi, Martin V.: The Sanitary City. Urban Infrastructure in America from Colonial Times to the Present (Creating the North American Landscape). Baltimore, London 2000.

Mohajeri, Shahrooz: 100 Jahre Berliner Wasserversorgung und Abwasserentsorgung 1840–1940 (Blickwechsel. Schriftenreihe des Zentrum Technik und Gesellschaft der TU Berlin 2). Stuttgart 2005.

Münch, Peter: Stadthygiene im 19. und 20. Jahrhundert. Die Wasserversorgung, Abwasser- und Abfallbeseitigung unter besonderer Berücksichtigung Münchens (Schriftenreihe der Historischen Kommission bei der Bayerischen Akademie der Wissenschaften 49). Göttingen 1993.

Orland, Barbara: Wäsche waschen. Technik- und Sozialgeschichte der häuslichen Wäschepflege (Kulturgeschichte der Naturwissenschaften und der Technik). Reinbek bei Hamburg 1991.

Platt, Harold L.: The Electric City: Energy and the Growth of the Chicago Area, 1880–1930. Chicago, London 1991.

Rose, Mark H.: Cities of Light and Heat: Domesticating Gas and Electricity in Urban America. University Park, PA, 1995.

Saldern, Adelheid v.: Häuserleben. Zur Geschichte städtischen Arbeiterwohnens vom Kaiserreich bis heute (Forschungsinstitut der Friedrich-Ebert-Stiftung. Reihe Politik und Gesellschaftsgeschichte 38). Bonn 1995.

Silberzahn-Jandt, Gudrun: Wasch-Maschine. Zum Wandel von Frauenarbeit im Haushalt. Marburg 1991.

Strasser, Susan: Never Done: A History of American Housework. New York 1982.

Teuteberg, Hans J. u. Wischermann, Clemens: Germany. In:. Pooley, Colin G. (Hrsg.): Housing Strategies in Europe, 1880–1930. Leicester u. a. 1992, S. 240–67.

Tobey, Ronald C.: Technology as Freedom: The New Deal and the Electrical Modernization of the American Home. Berkeley u. a. 1996.

Wright, Gwendolyn: Building the Dream: A Social History of Housing in America. Cambridge, Mass., London 1983.

Sexualität: Vom verdeckten zum offenen Konsum

Blum, Martina u. Wieland, Thomas: Technisierte Begierden. Technik und Sexualität im 20. Jahrhundert. Dresdener Beiträge zur Geschichte der Technikwissenschaften 29 (2004), S. 69–88.

Bullough, Vern L.: History and the Understanding of Human Sexuality. Annual Review of Sex Research 1 (1990), S. 75–92.

Clement, Ulrich: Sexualität im sozialen Wandel. Eine empirische Vergleichsstudie 1966 und 1981 (Beiträge zur Sexualforschung 61). Stuttgart 1986.

D'Emilio, John u. Freedman, Estelle B.: Intimate Matters: A History of Sexuality in America. New York u. a. 1988.

Gay, Peter: Die zarte Leidenschaft. Liebe im bürgerlichen Zeitalter. München 1987 (zuerst englisch 1986).

Gay, Peter: Erziehung der Sinne. Sexualität im bürgerlichen Zeitalter. München 1986 (zuerst englisch 1984).

Giddens, Anthony: The Transformation of Intimacy: Sexuality, Love and Eroticism in Modern Societies. Oxford 1992.

Haeberle, E(rwin) J.: Die Sexualität des Menschen. Handbuch und Atlas. Berlin, New York 1983.

Himes, Norman E.: Medical History of Contraception. New York 1970 (zuerst 1936).

Kendrick, Walter: The Secret Museum: Pornography in Modern Culture. New York 1987.

König, Wolfgang: Geschichte der Konsumgesellschaft (Vierteljahrschrift für Sozial- und Wirtschaftsgeschichte. Beihefte 154). Stuttgart 2000. S. 248–64.

Maines, Rachel P.: The Technology of Orgasm. »Hysteria«, the Vibrator, and Women's Sexual Satisfaction (Johns Hopkins Studies in the History of Technology). Baltimore, London 1999.

McLaren, Angus: A History of Contraception: From Antiquity to the Present Day (Family, Sexuality and Social Relations in Past Times). Oxford, Cambridge, Mass., 1990.

Schulte, Regina: Sperrbezirke. Tugendhaftigkeit und Prostitution in der bürgerlichen Welt. Frankfurt am Main 1984.

Tannahill, Reay: Sex in History. New York 1980.

Mobilität und Massentourismus

Aron, Cindy S.: Working at Play: A History of Vacations in the United States. New York, Oxford 1999.

Bilstein, Roger E.: Flight in America: From the Wrights to the Astronauts. Baltimore, London ^{3}2001 (zuerst 1984).

Coons, Lorraine u. Varias, Alexander: Tourist Third Cabin: Steamship Travel in the Interwar Years. New York, Houndsmills 2003.

Douglas, George H.: All Aboard: The Railroad in American Life. New York 1992.

Edelmann, Heidrun: Vom Luxusgut zum Gebrauchsgegenstand. Die Geschichte der Verbreitung von Personenkraftwagen in Deutschland (Schriftenreihe des Verbandes der Automobilindustrie e.V. (VDA) 60). Frankfurt am Main 1989.

Flink, James J.: The Automobile Age. Cambridge, Mass., London 1988.

Gordon, Sarah H.: Passage to Union: How the Railroads Transformed American Life, 1829–1929. Chicago 1997.

Hudson, Kenneth: Air Travel: A Social History. Bath 1972.

Hunter, Louis C.: Steamboats on Western Rivers: An Economic and Technological History (Studies in Economic History). Cambridge, Mass., 1949.

Jakle, John A.: The Tourist: Travel in Twentieth-Century North America. Lincoln, London 1985.

Keitz, Christine: Reisen als Leitbild. Die Entstehung des modernen Massentourismus in Deutschland. München 1997.

König, Wolfgang: Bahnen und Berge. Verkehrstechnik, Tourismus und Naturschutz in den Schweizer Alpen 1870–1939 (Deutsches Museum. Beiträge zur Historischen Verkehrsforschung 2). Frankfurt, New York 2000.

König, Wolfgang: Geschichte der Konsumgesellschaft (Vierteljahrschrift für Sozial- und Wirtschaftsgeschichte. Beihefte 154). Stuttgart 2000, S. 265–332.

König, Wolfgang: Volkswagen, Volksempfänger, Volksgemeinschaft. »Volksprodukte« im Dritten Reich. Vom Scheitern einer nationalsozialistischen Konsumgesellschaft. Paderborn u. a. 2004.

Pagenstecher, Cord: Der bundesdeutsche Tourismus. Ansätze zu einer Visual History: Urlaubsprodukte, Reiseführer, Fotoalben 1950–1990 (Studien zur Zeitgeschichte 34). Hamburg 2003.

Runte, Alfred: National Parks: The American Experience. Lincoln 1979.

Simmons, Jack: The Victorian Railway. New York 1991.

Smith, David Norman: The Railway and Its Passengers: A Social History. Newton Abbot u. a. 1988.

Spode, Hasso: Zur Geschichte des Tourismus. Eine Skizze der Entwicklung der touristischen Reisen in der Moderne. Starnberg 1987.

Walton, John K.: The English Seaside Resort: A Social History 1750–1914. Leicester, New York 1983.

Unterhaltung und Vergnügen: Die Expansion der medialen Welt

Adams, Judith A.: The American Amusement Park Industry: A History of Technology and Thrills (Twayne's Evolution of American Business Series. Industries, Institutions, and Entrepreneurs). Boston 1991.

Barnouw, Erik: Tube of Plenty: The Evolution of American Television. New York 1975.

Bogart, Leo: The Age of Television: A Study of Viewing Habits and the Impact of Television on American Life. New York ^{3}1972.

Butsch, Richard (Hrsg.): For Fun and Profit: The Transformation of Leisure into Consumption (Critical Perspectives on the Past). Philadelphia 1990.

Dering, Florian: Volksbelustigungen. Eine bildreiche Kulturgeschichte von den Fahr-, Belustigungs- und Geschicklichkeitsgeschäften der Schausteller vom 18. Jahrhundert bis zur Gegenwart. Nördlingen 1986.

Dulles, Foster Rhea: A History of Recreation: America Learns to Play. New York ²1965 (zuerst 1940).

Dussel, Konrad: Hörfunk in Deutschland. Politik – Programm – Publikum 1923–1960 (Veröffentlichungen des Deutschen Rundfunkarchivs 33). Potsdam 2002.

Fetthauer, Sophie: Deutsche Grammophon. Geschichte eines Schallplattenunternehmens im »Dritten Reich« (Musik im »Dritten Reich« und im Exil 9). Hamburg 2000.

Fey, Marshall: Slot Machines: An Illustrated History of America's Most Popular Coin-Operated Gaming Device. Las Vegas 1983.

Gauß, Stefan: Das Erlebnis des Hörens. Die Stereoanlage als kulturelle Erfahrung. In: Ruppert, Wolfgang (Hrsg.): Um 1968. Die Repräsentation der Dinge. Marburg 1998. S. 65–92.

Gomery, Douglas: Shared Pleasures: A History of Movie Presentation in the United States (Wisconsin Studies in Film). Madison, Wisc., 1992.

Haltern, Utz: Die Londoner Weltausstellung 1851 (Neue Münstersche Beiträge zur Geschichtsforschung 13). Münster 1971.

Hickethier, Knut: Geschichte des deutschen Fernsehens. Stuttgart u. a. 1998.

Inglis, Andrew F.: Behind the Tube: A History of Broadcasting Technology and Business. Boston, London 1990.

Kemp, Cornelia u. Gierlinger, Ulrike (Hrsg.): Wenn der Groschen fällt .... Münzautomaten – gestern und heute. München 1988.

König, Wolfgang: Geschichte der Konsumgesellschaft (Vierteljahrschrift für Sozial- und Wirtschaftsgeschichte. Beihefte 154). Stuttgart 2000. S. 333–86.

Maase, Kaspar: Grenzenloses Vergnügen. Der Aufstieg der Massenkultur 1850–1970 (Europäische Geschichte). Frankfurt am Main 1997.

Müller, Corinna: Frühe deutsche Kinematographie. Formale, wirtschaftliche und kulturelle Entwicklungen 1907–1912. Stuttgart, Weimar 1994.

Nasaw, David: Going Out: The Rise and Fall of Public Amusements. New York 1993.

Read, Oliver u. Welch, Walter L.: From Tin Foil to Stereo: Evolution of the Phonograph. Indianapolis ²1976.

Rydell, Robert W.: All the World's a Fair: Visions of Empire at American International Expositions, 1876–1916. Chicago, London 1984.

Schiffer, Michael Brian: The Portable Radio in American Life (Culture and Technology). Tucson, London 1991.

Wasser, Frederick: Veni, Vidi, Video. The Hollywood Empire and the VCR (Texas Film and Media Series). Austin 2001.

Weber, Heike: Das Versprechen mobiler Freizeit. Zur Kultur- und Technikgeschichte von Kofferradio, Walkman und Handy. Bielefeld 2008.

Wyver, John: The Moving Image. An International History of Film, Television and Video. Oxford 1989.

Zeppenfeld, Werner: Tonträger in der Bundesrepublik Deutschland. Anatomie eines medialen Massenmarktes (Bochumer Studien zur Publizistik- und Kommunikationswissenschaft 18). Bochum 1978.

Konsumverstärker fördern den Verkauf

Borscheid, Peter u. Wischermann, Clemens (Hrsg.): Bilderwelt des Alltags. Werbung in der Konsumgesellschaft des 19. und 20. Jahrhunderts. Festschrift für Hans Jürgen Teuteberg (Studien zur Geschichte des Alltags 13). Stuttgart 1995.

Heinrich, Thomas u. Batchelor, Bob: Kotex, Kleenex, Huggies: Kimberly-Clark and the Consumber Revolution in American Business (Historical Perspectives on Business Enterprise). Columbus 2004.

Hine, Thomas: The Total Package: The Evolution and Secret Meanings of Boxes, Bottles, Cans and Tubes. Boston u. a. 1995.

König, René: Menschheit auf dem Laufsteg. Die Mode im Zivilisationsprozeß. München, Wien 1985.

König, Wolfgang: Geschichte der Konsumgesellschaft (Vierteljahrschrift für Sozial- und Wirtschaftsgeschichte. Beihefte 154). Stuttgart 2000. S. 387–421.

Laird, Pamela Walker: Advertising Progress: American Business and the Rise of Consumer Marketing (Studies in Industry and Society). Baltimore, London 1998.

Marchand, Roland: Advertising the American Dream. Making Way for Modernity, 1920–1940. Berkeley u. a. 1985.

Meikle, Jeffrey L.: American Plastic: A Cultural History. New Brunswick, N.J., 1995.

Nast, Matthias: Die stummen Verkäufer. Lebensmittelverpackungen im Zeitalter der Konsumgesellschaft. Umwelthistorische Untersuchung über die Entwicklung der Warenpackung und den Wandel der Einkaufsgewohnheiten (1950er bis 1990er Jahre) (Europäische Hochschulschriften. Reihe 3, Geschichte und ihre Hilfswissenschaften 759). Bern 1997.

Panati, Charles: Universalgeschichte der ganz gewöhnlichen Dinge. Frankfurt am Main 1994.

Pope, Daniel: The Making of Modern Advertising. New York 1983.

Reinhardt, Dirk: Von der Reklame zum Marketing. Geschichte der Wirtschaftswerbung in Deutschland. Berlin 1993.

Schnierer, Thomas: Modewandel und Gesellschaft. Die Dynamik von »in« und »out«. Opladen 1995.

Strasser, Susan: Waste and Want: A Social History of Trash. New York 1999.

Teuteberg, Hans J.: Die Rationalisierung der Warenpackung durch das Eindringen der Kunststoffe und die Folgen. In: Sieglerschmidt, Jörn (Hrsg.): Der Aufbruch ins Schlaraffenland. Stellen die Fünfziger Jahre eine Epochenschwelle im Mensch-Umwelt-Verhältnis dar? (Environmental History Newsletter. Special Issue 2). Mannheim 1995, S. 112–48.

Individualisierung und Globalisierung als säkulare Prozesse

Beck, Ulrich: Risikogesellschaft. Auf dem Weg in eine andere Moderne. Frankfurt am Main 1996 (zuerst 1986).

Bourdieu, Pierre: Die feinen Unterschiede. Kritik der gesellschaftlichen Urteilskraft. Frankfurt am Main 1982 (zuerst französisch 1979).

Robertson, Roland: Globalization: Social Theory and Global Culture. London 1992.

Headrick, Daniel R.: The Invisible Weapon: Telecommunications and International Politics 1851–1945. New York, Oxford 1991.

König, Wolfgang: Geschichte der Konsumgesellschaft (Vierteljahrschrift für Sozial- und Wirtschaftsgeschichte. Beihefte 154). Stuttgart 2000, S. 422–38.

Morley, David u. Robins, Kevin: Spaces of Identity: Global Media, Electronic Landscapes and Cultural Boundaries. London, New York 1995.

Pohl, Hans: Aufbruch der Weltwirtschaft. Geschichte der Weltwirtschaft von der Mitte des 19. Jahrhunderts bis zum Ersten Weltkrieg (Wissenschaftliche Paperbacks Sozial- und Wirtschaftsgeschichte 24). Stuttgart 1989.

Reinhard, Wolfgang: Geschichte der europäischen Expansion. 3 Bde., Stuttgart u.a. 1983–88.

Tomlinson, John: Globalization and Culture. Cambridge 1999.

Voy, Klaus; Polster, Werner; Thomasberger, Claus (Hrsg.): Gesellschaftliche Transformationsprozesse und materielle Lebensweise (Beiträge zur Wirtschafts- und Gesellschaftsgeschichte der Bundesrepublik Deutschland (1949–1989) 2). Marburg 1991.

Kritik und Grenzen der Konsumgesellschaft

Horowitz, Daniel: The Morality of Spending: Attitudes toward the Consumer Society in America, 1875–1940 (New Studies in American Intellectual and Cultural History). Baltimore, London 1985.

Kleinschmidt, Christian: Konsumgesellschaft, Verbraucherschutz und Soziale Marktwirtschaft. Verbraucherpolitische Aspekte des »Modell Deutschland« (1947–1975). Jahrbuch für Wirtschaftsgeschichte 2006, Bd. 1, S. 13–28.

König, Wolfgang: Geschichte der Konsumgesellschaft (Vierteljahrschrift für Sozial- und Wirtschaftsgeschichte. Beihefte 154). Stuttgart 2000, S. 439–56.

Linder, Staffan Burenstam: The Harried Leisure Class. New York, London 1970.

Reith, Reinhold: Recycling – Stoffströme in der Geschichte. In: Hahn, Sylvia u. Reith, Reinhold (Hrsg.): Umwelt-Geschichte. Arbeitsfelder, Forschungsansätze, Perspektiven (Querschnitte. Einführungstexte zur Sozial-, Wirtschafts- und Kulturgeschichte 8). Wien, München 2001, S. 99–120.

Strasser, Susan: Waste and Want: A Social History of Trash. New York 1999.
Weizsäcker, Ernst Ulrich v.; Lovins, Amory B.; Lovins, L. Hunter: Faktor vier. Doppelter Wohlstand – halbierter Naturverbrauch. Der neue Bericht an den Club of Rome. München 1995.
Wey, Klaus-Georg: Umweltpolitik in Deutschland. Kurze Geschichte des Umweltschutzes in Deutschland seit 1900. Opladen 1982.

Abbildungsnachweis

S. 25
Aus: Davidson, Janet F. u. Sweeney, Michael: On the Move – Transportation and the American Story. Washington: National Geographic 2003

S. 34
African American flood victims lined up
Foto: Margaret Bourke-White / getty images

S. 41
Karikatur zur bundesdeutschen Konsumgesellschaft im Simplicissimus, 22. Juni 1957

S. 46
Aus: The Saturday Evening Post, 26. Januar 1926
© 1926. Saturday Evening Post Society

S. 49
DGB – Ausschnitt aus einem Plakat zum 1. Mai zur Forderung der 40-Stunden-Woche, 1956
Foto: ullstein bild / Bunk

S. 75
Foto: Volkswagen Aktiengesellschaft

S. 94
Aus: Zimmerman, Max M.: The Super Market. A Revolution in Distribution. New York u. a.: The McGraw-Hill Companies 1955, S. 16.
Courtesy of The McGraw-Hill Companies, 2007

S. 117
Aus: Life Magazine, 19. September 1907

S. 125
Foto: Deutsches Historisches Museum GmbH, Berlin

S. 155
Aus: Canadian Homes and Gardens. November 1956, S. 45.

S. 191
Foto: Warshaw Collection of Business Americana – Automobile Industry, Archives Center, National Museum of American History, Behring Center, Smithsonian Institution

S. 209
Aus: Endlich Urlaub! Die Deutschen reisen. Hg. von der Stiftung Haus der Geschichte der Bundesrepublik Deutschland. Köln: Dumont 1996, S. 47.

S. 221
Titelbild des Amerikahefts der Internationalen Filmschau, 1. Juni 1921

S. 240
Aus: Wiesinger, Jochen: Die Geschichte der Unterhaltungselektronik. Daten, Bilder, Trends (Kommunikation Heute und Morgen). Frankfurt am Main: Frankfurter Allgemeine Buch 1994, S. 138.

S. 247
© 1973 by Bill Mauldin. Courtesy of the Mauldin Estate

S. 266
Aus: Goebel, Wulf: Alles Banane. Art und Alltag des gelben Dings. Das Buch zur Ausstellung „Alles Banane" im Haus der Kulturen der Welt (Berlin 1994). Heidelberg: Edition Braus 1995

S. 275
Aus: Cross, Gary: An all-consuming century: Why commercialism won in modern America. New York: Columbia University Press 2000, S. 243.